台湾のソーシャルワーカーが支える未来への一歩

私がホームレスだったころ

李玟萱《リー・ウェンシュエン》 著
台湾芒草心《マンツァオシン》慈善協会 企画
橋本恭子 訳

白水社

私がホームレスだったころ
——台湾のソーシャルワーカーが支える未来への一歩

無家者——從未想過我有這麼一天 by 李玟萱

Life Stories of the Homeless in Taiwan
By Win-Shine Lee

Originally published in Taiwan in 2016 by Guerrilla Publishing Co., Ltd.
Japanese translation rights arranged through Power of Content Ltd.
中華民國文化部贊助出版

私がホームレスだったころ——台湾のソーシャルワーカーが支える未来への一歩

目次

第一部　路上の人生　21

東シナ海
福州
馬祖島
福建省
台湾海峡
台北市
泉州
厦門
（アモイ）
金門島
澎湖諸島
松山空港
淡水
基隆市
桃園国際空港
台北市
汐止
桃園市
新北市
龍潭
新竹市
新竹県
宜蘭県
蘇澳
苗栗
苗栗県
卓蘭
梧棲
台中市
彰化
鹿港
彰化県
員林
花蓮港
花蓮県
雲林県
竹山
南投県
澎湖島
嘉義市
嘉義県
台南市
台東県
台東
緑島
高雄市
屏東県
蘭嶼
墾丁
N
0
50km

刊行に寄せて

張献忠（台湾芒草心慈善協会共同発起人）

台湾には個人の住所を持たず、困窮して路頭に迷う人をさす言葉がいくつもある。行政および法律の条文では「遊民《ヨウミン》」[*1]が一般的だが、NGOでは「街友《チエヨウ》」を使用する傾向があり、一般市民からは「流《リュ》浪漢《ウランハン》」「流浪仔《リュウランザイ》」とも呼ばれている。いずれも路上生活者を意味する。

ただし我々の社会では困窮して住まいに困っている人が路上生活者とは限らず、シェルターやネットカフェ、終夜営業店舗（ファストフード店やコンビニ）、安価な旅館、サウナ、環境の劣悪な低家賃の狭小住宅などに寝泊まりする人の方がむしろ多い。これらの人々は路上生活者同様、極端な貧困状態にあり、なんとか雨露をしのげる場所を確保はしていても、少しでも何かがあれば、たちまち居所を失い、路頭に迷うことになる。こうした境遇にある人を、我々はひとまず「遊民予備軍」と呼んでいる。「遊民予備軍」は路上生活者よりもむしろ軽視されやすく、社会的にほぼ不可視化されており、見えないことは、存在しないことにほぼ等しく、社会資源[*2]を適用される対象にもなりにくい。

*1　中山徹・山田理絵子「台湾における社会救助法と遊民支援策」（『社会問題研究』六三巻、二〇一四年三月、五三頁）によると、台湾では中央政府が遊民の定義をしておらず、遊民支援を自治体に委ねているという。「台北市遊民補導辦法」の第二条では、「遊民」を以下のように定義している。「一　街頭および公共の場所に住まうもの、乞食行為を行う者。二　精神病、心身障害の疑いがあって放蕩している者で、保護する者の無い者」

*2　各種の制度・施設・機関・設備・資金・物質・法律・情報・集団・個人の有する知識や技術等を総称していう。

住まいに困っている人たちの全貌を可視化するため、台湾芒草心《マンツァオシン》慈善協会（以下、芒草心協会）は英語の「the homeless」に「無家者《ウーチャーチュー》」（以下、ホームレス）という語を対応させている。「ホームレス」には三つのタイプの居住困難者が含まれる。第一は、路上や終夜営業店舗などで生活する者、第二は、第一の状態にある人専用に設計された保護施設やシェルターに居住する者、第三は、劣悪で収容密度が過度に高い借家または自己空間に居住する者、である。我々は、「ホームレス」という新たな名詞の解釈を通して、居住に困難を抱える人たちの状況と境遇を社会的によりよく理解してもらおうと願っている。だが、単に路上で生活する「ホームレス」を可視化しさえすれば、「遊民予備軍」という別種の「ホームレス」を軽視していいということにはしたくない。また、バックエンドの支援に資源を投入しさえすれば、ホームレスの発生防止といったフロントエンドの仕事を軽視していいということでもない。むしろ確実に、後者の仕事の方がより重要で切迫しているのである。

芒草心協会は当初ホームレスを支援する第一線のソーシャルワーカーによって組織されたのだが、我々は協会設立以前から異なる機関でホームレス支援の仕事に就いていた。だが、長く続けてくると、バックエンド的な援助体制がホームレスの苦境を完全には解決できず、社会的な憂慮も改善できないことがわかってきた。同時に、社会的な排除こそホームレスの社会復帰や支援業務に対して最大の障害であることもわかってきた。

世の中にホームレスに対する排除や偏見があると、ホームレスの社会復帰の可能性は限定されてしまう。学術研究であれ、国内外のホームレス支援者の経験であれ、いずれも「住居」が社会復帰への最も重要な基礎であることを明確に示しており*、安定した住環境があってこそホームレスは心身を落ち着かせ、安定した職業にも就けるのである。だが、ホームレスに対する社会のイメージがネガティブだと、政府は居住施設の増設に資源を投入したがらず、ホームレスが自ら借家を探そうとすると、門前払いをされたり、社会から排除されたりしてしまう。

このような人々と知り合う機会もなく、彼らがなぜホームレスになってしまったのか理解する機会もない人たちは、ステレオタイプのイメージで彼らのことを不潔で、怠け者で、揉め事を起こしやすいと思いがちだ。実際、住まいに困っているホームレスは多いが、路上生活者はそのうちのごく一部に過ぎず、路上生活者のうち精神疾患やアルコール依存症を患う人、あるいは暴力行為を働く人はさらに少ない。ホームレスの社会集団は一般社会の縮図のようなもので、中には様々な人がおり、実際に不正行為を働く人はほんの一握りにすぎない。にもかかわらず、常に過度に誇張された報道によって典型的なイメージが形成されてしまうのである。

さらに深刻なのは、これらのステレオタイプなイメージによって一般市民がホームレスを永遠にネガティブなイメージの一群とみなしてしまい、反対に公園にいる身なりの整った感じのいい人もホームレスであると気づけなかったり、仕事をもつホームレスが見えてこなかったりすることである。実際、多くのホームレスには仕事があり、ただ手にする収入が家賃の支払いに足りないだけなのだが、一律に「食いしん坊の怠け者」というレッテルが貼られ、ひどいことになると水や糞便をかけて追い払われるなど、非人道的な扱いをされてしまう。我々が接したホームレスは、こうしたスティグマ化に対して不満に思うことはあっても、声を挙げるすべはない。

このようなホームレス支援の経験から、我々は「社会コミュニケーション」(social communication)

＊ ホームレス支援において、「住居」の提供を社会復帰への第一歩とする考え方を「ハウジング・ファースト」(Housing First) といい、一九九〇年代にアメリカで始まった。ホームレスを集団施設などに収容してから就労支援を経て自立に向かわせるのではなく、まずアパート等の個室を供与してから本人のニーズに合わせた支援を提供し、地域生活への復帰を図るモデルである。近年、日本でも取り組みが進んでいる。

の重要性を認識するようになり、一般市民がホームレスの境遇やニーズを全面的に理解しないことには、有効な方法によってホームレスの自力更生をサポートすることはできないと思うようになった。見えない片隅にホームレスを追いやりさえすれば、問題は自然に解決するわけではないのである。

　ホームレスに対する一般市民の認識を深めてもらうために、芒草心協会は長い間社会的弱者に関心を寄せてきたライターの李玟萱《リー・ウェンシュエン》さんにホームレスのライフストーリーのインタビューと文章化を依頼した。本書を通して、皆さんに貧困者の生活実態を理解していただきたいと切望している。ホームレスの多様性を可視化させるために、人生の軌跡が特異な人を主人公に選んだ。栄民*や刑余者、精神障害者、身体障害者、中国への投資に失敗した台湾人ビジネスマン、工場の海外移転による失業者などである。職業も人間看板や玉蘭花《ユーランホワ》売り〔第三部参照〕、伝道者、清掃人など多岐にわたる。

　どの物語にもホームレス一人一人の過去・現在・未来が如実に表現され、彼らが「家あり」から「家なし」に至るまでの人生の軌跡とホームレスになってからの生活の実態が描かれている。同時に彼らの真の感情に迫り、彼らの言葉を用いて彼らがいかに自分たちの過去を振り返り、未来を望んでいるかも語っている。

　これらの物語を通して、一般市民の皆さんにホームレスに対するより立体的な認識を持っていただき、ホームレスになってしまった要因をより多くの人に理解していただければと思う。多くの人がホームレスになってしまうのは、一方では、個人的な境遇と選択に関係するが、もう一方では社会構造と産業の変化に密接に繋がっているのだ。例えば、本書に登場する阿明《アーミン》はかつて工場の作業員であったが、工場が中国大陸に移転したため失業してしまった。その他、高齢化や病気も主な要因である。ホームレスの多くは路上生活をする前は、建築作業員など特殊な仕事をしていたが、高齢化や病気のため体力が衰え、このような仕事が次第にできなくなり、失業してしまったのだ。

だが、路上生活者が永遠に社会の片隅に追いやられたままだとは限らない。適切な支援や寄り添いさえあれば、どの人も変われるし、社会復帰も可能である。例えば、本書の阿忠《アーチョン》は度々自殺未遂を図ったが、後にキリスト教会の支援と協力により福音を伝える伝道者になった。また、獄中で長い歳月を過ごした阿新《アーシン》は後に生まれ変わってホームレス仲間に人間看板の仕事を斡旋するマネージャーになった。

このように再起できたケースの背後には、ソーシャルワーカーの長期的な尽力がある。彼らはホームレスとの間に信頼関係を徐々に構築して経済・医療・住居の問題の実質的な解決を助け、彼らに寄り添って様々な心の問題を乗り越え、社会復帰への自信を回復させたのである。ホームレスが自立を目指す途上でソーシャルワーカーの役割はかなり重要であり、しかも彼らの経験の蓄積は障害を打破し、有効な方法を展開させていく上での最大の要となる。

数年前、芒草心協会は韓国のホームレス支援組織を訪問したのだが、そこのソーシャルワーカーはいずれもベテランで、大半が一九九七年の金融危機の後、ホームレス支援の仕事に入り、今やすでに十年以上、ひいては二十年にわたるキャリアを有していた。長年の経験の蓄積によって、彼らベテラン・ソーシャルワーカーはホームレスの様々なニーズを機敏に判断し、資源が調達できたら直ちに計画を実行に移し、ホームレスを無駄なく支援していた。

一方台湾では社会的な支持がなかなか得られないため、近年ホームレス支援のフィールドではソーシャルワーカーが絶えず離職し、新米ワーカーの経験は蓄積されず、ベテランワーカーの経験も伝承されないまま関連業務は深刻な危機に瀕している。ホームレス支援に必要なのはソーシャルワーカー

＊　「栄誉国民」の略。現在の台湾では、抗日戦争や国共内戦を戦った後、中華民国政府の遷都に伴い、台湾に移住してきた外省籍の退役軍人を指す。

の情熱だけでなく、むしろ、一般市民のサポートと資源の投入なのだ。ソーシャルワーカーがホームレスをどのように支援しているのか、一般市民の皆さんに理解してもらうため、本書は特にソーシャルワーカーの物語を五篇収録した。彼らの働きぶりを見て、彼らの価値を理解していただき、さらに多くの力によって専門家をサポートしていただけるよう期待している。

はじめに　一人の「人間」に戻ること

李玟萱

十人のホームレスにインタビューしたとき、私は彼らの真正面にいるのだということをずっと意識していた。

この「真正面」というのは、ジェンダーの違いやインタビューする側とされる側の違いから来るものであり、彼らが人生で経験した危険や苦労と、私の人生が紙のように薄っぺらいことの違いからも来ている。

彼らは私の過去と現在を知らない。だが、「芒草心協会」への信頼から、私のそばに来て座ってくださり、彼らの長い人生を私と分かち合おうとしてくださった。

彼ら路上で生活する友人たちは流動的な状態にあり、路上はすべて彼らの家のように見える。だが、彼らに属する空間は、夜の公園で解体されたダンボール箱のたった一片の厚紙のみなのだ。それは、私がかつて学校で知能テストをしたとき、どうやって畳んだらいいか、どうやって広げたらいいか、やり方がどうしてもわからなかったものだ。だが、彼らにとってはこんなにも具体的な世界なのだ。私がホームレスに向き合ったとき、唯一できたことは、私が彼らの「真正面」にいることで、彼らに気分よく、自在に、のびのびしてもらうことだった。私は彼らのことを「気にかけている」ようなそぶりは見せず、ただ空間を作って、私との距離を好きなように取ってもらうことにした。

こうしたプロセスの途上で、一人一人の反応はまったく異なっていた。ある人は、かつての秘密から些細な手がかりが漏れてしまい、自分の身に面倒が起きるのではないかと恐れ、そのため、いつも私を見て笑っても、質問に答えてくれることはなかった。唯一の女性のホームレスは、物を並べにやってきて、一番綺麗で一番同情を引くものをただ見せようとしただけだった。私はそれを記録したが、彼女が知られたくないと思っている内面の闇をそのままにしておくことはできなかった。

それゆえ、私は総勢十二名にインタビューしたが、最終的に本書に登場するのはこの二名を除いた十名のみである。


傷ついたことやでたらめなこと、ひいては堪え難いと思える人生まで、分かち合おうとするのは容易なことではない。

彼らが思いを訴えることによって、型押しされた人形のような状態から人として当然の容貌を徐々に回復し、さらにはそれぞれの人生の舞台背景に過去の台湾が投影されたとき、彼らは力強く健康になり、顔色はツヤツヤとしてきた。ところが、舞台背景が素早く転換し、その転換速度に彼らがついていけなくなり、足取りが乱れて手にした小道具が一つ一つ失われていくと、彼らはどんどん弱々しくちっぽけになっていった。

ときどきこんなふうに聞く人がいるかもしれない。「ああいうホームレスたちはどうして仕事に行かないの？　糊口をしのぐぐらいの仕事は難なく見つかるでしょうに！」

私も以前はそう思っていた。だが、仮にもこの不景気である。苦労を買って出さえすれば、仕事が見つかるというわけではないのだ。

ある映画監督が撮影の合間にダンボールを抱えて艋舺《バンカ》公園*に行き、一週間寝泊まりしたというのを聞いて、なぜそんなことを経験したかったのか尋ねると、「ぼくは将来、ホームレスになりそうな気がするんだ」という。

私はハッとした。「ホームレスになる」ための敷居は実際かなり低いのだ。人生の途上でうっかりつまずきでもしたら、すぐに敷居の向こう側に転落してしまう。

私が接したホームレスは高齢者と精神障害者を除いて、ほぼ全員仕事があり、部屋を借りている人もたまにいた。ただし、年齢や技能など条件に様々な制約がある中で選べる仕事は、固定的な住まいが持てるほど彼らを長期的、安定的に支えてはくれない。彼らが独力では処理できない問題を様々な資源によってソーシャルワーカーに解決してもらうか、福祉サービスを受けられる条件が整えられれば、彼らはようやく野宿状態から脱け出し、誰から見ても「普通の人」になれるのである。

本書が望むのは、私たちから見ると曖昧で、不可解で、だからこそあっさりと「ホームレス」の名によってパッケージングされ、且つまた避けられてしまう一群を、一人一人の「人間」に戻すことである。

私たちが注意深く見つめるのは本物の人生との出会いであり、一つのイメージやレッテルではない。彼らのことを理解しようとすることで、もしかしたら彼らに対する気持ちは少しずつほぐれていくかもしれない。

* 台北市萬華区の名刹龍山寺《ロンシャンスー》の向かいにある公園。艋舺と萬華は同じで、台湾語の発音は「バンカ」(Bān-huâ／Báng-kah)。清朝時代から「艋舺」と記されてきたが、日本統治時代の一九二〇年、地方行政区域改変により日本語の発音に近い「萬華」に改められた。中国語では艋舺(モンチャー)、萬華(ワンフゥア)だが、両者が同一であることを示すため、本書では台湾語のルビを使用する。

第一部

路上の人生

彼女と出会ってから——王子

六十四歳の王子は、五股《ウークー》〔新北《シンベイ》市西部の町〕の山の上から降りて来た途端、あっという間に世間の最底辺に投げ込まれ、路上生活に入った。

新たな状況に早くなれてほしいと神様が願ったのか、初日の夜、王子を台風に遭わせた。おかげで王子は一睡もできなかった。夜が更けるにつれてますます激しさを増した風雨に全身ずぶ濡れになりながら、王子は「これで死ねれば上々だ」と思った。

王子は以前、坊さんより自分の方がよっぽど優秀で、目を閉じたまま一字も漏らさず大悲心陀羅尼を唱えられるとよく豪語していたものだが、このとき、龍山寺《ロンシャンスー》の向かいに呆然と腰を下ろした彼の胸のうちには、「おれはどうしてこんなになっちまったんだ」という声がぐるぐると鳴り響くばかりであった。

白タクのボス

王子は若い頃、車を一台買って白タクの商売を始めた。自分でも運転すれば、他人にも走らせ、日々多忙ではあったが、気楽に過ごしていた。商売がうまくいっていたころは、乗客の方からやってきたので、客を呼ぶ必要もなく、一日に一万五千元*1〔当時の日本円で約11万円〕ほど稼げた。「一九七〇年代の一万五千っていやあ、すごい金額だった！」

それはまさに十大建設*2の時期にあたり、高速道路がまず基隆《キールン》—台北間で開通し、さらに新竹《シンチュー》、台中まで延び、徐々に南下して、一九七八年に全線が開通したのだった。ただ、白タクの好景気はこの頃までで、「そのあとはバスが出てきて、おれたちの二二〇〇ccのディーゼルオイルじゃ、それに太刀打ちできなかった」という。

白タク商売でどれほど稼げたか王子は口にしなかったが、当時、社会全体が大家楽《ターチャールー》〔私営のロトに似た違法宝くじ〕に熱中して大きな石にさえ神頼みし〔台湾には石の神様（石頭公）を祀る民間信仰がある〕寺廟を見つけては当たりそうなナンバーを求めていたとき、王子はどうやら全部で一、二千万元〔約7700万～1億5400万円〕負けたらしい。

白タクではもはや食べていけなくなった後、王子は思い切って車を売却し、友人と非合法の地下銀行を始めた。やましい事業ではあったが、自分には良心があったと彼は語気を強める。客が金を借りるのを、「やめとけ」と諭したというのだ。「おれの利息は二割なので、一万元借りると、受け取れるのは八千元だけ。十日後には一万元を返さなきゃいけないし、返せない場合は、さらに二千元払わな

*1 台湾ドル（元）、香港ドル、マカオドル、人民元は、中華民国中央銀行「我國與主要貿易對手通貨之匯率年資料」の米ドル換算一覧表をもとに日本円に再度換算し、カッコ内に加えた。年代が明確にわかるものはその年の平均レートに従ったが、「一九七〇年代」のような箇所はその年代の平均レートを算出して採用した。なお、一九六〇年代から二〇一〇年代に至る間、各国とも固定相場制から変動相場制への移行があり、為替レートにはかなりの変動がある。

*2 一九七四年から七九年にかけて進められた国家規模の事業で、交通運輸、重工業・エネルギーを中心とした以下の十項目。中正国際空港・台中港・蘇澳《スーアオ》港・南北高速道路・鉄道線路の電化・北回り鉄路・鉄工場・中国造船場・石油化学工業・原子力発電所。

きゃいけない。利子がどんだけ高かったかってことだ！」

王子は金を借りる人に善意から教えてやった。「地下銀行の取り立ては容赦ないから、ここで借りて返せない場合、他の店に行って絶対借りるなよ。思い切ってトンズラした方がマシだぜ」。インターネットが普及していないＤＯＳの時代であれ、銀行間で互いに資料を交換することがあったため、店を変えたところで、金を借りられないばかりか、その場で捕まる可能性もあったのだ。

地下銀行という商売は損をすることはないので、王子のポケットは金でまたパンパンになったが、常に人を騙しているようで、金を使ってもちっとも楽しくない。だから、博徒相手の商売が一番好きで、四色牌《スースェーパイ》*をやっているところによく入り浸っていた。博徒は勝ったら借りた金をすぐ返せるし、返せないからといって、地下銀行のように彼らの手足を切り落とさなくてもよかったからだ。

「血を吸ってるわけだから、いい結末なわけないだろ」。これが、王子がやってきた高利貸し商売の結論だ。「それに、汗水たらして、苦労して稼いだ金こそ後に残るけど、やましいことをして稼いだ金は残らないよ」

彼の経験談によると、地下銀行で得た棚ぼた式の配当金の札束は水の中に落としでもしたら大きな水しぶきを上げるほどだったという。だが、友人と毎日のように酒場に入り浸った結果、大勢の名花にも出会い、金は瞬く間に使い果たし、結局、共同経営からあっさり身を引くことになった。

親兄弟、つかない決着

まともな道に戻ろうと決めた王子は、新北市の土城《トゥーチェン》区で一〇〇人以上の従業員を抱える布工場を見つけた。そこに入ったとき、彼はすでにある程度の年齢になっていたが、パソコンもわからず、経験値もゼロだったので、清掃人よりはわずかに待遇のいい包装労働者の仕事から始めるしかなかった。

王子は得意気に語る。一反の布は二十数キロもあるので、多くの人は一ヶ月ももたずに辞めてしまう。だが、彼は機械で織られた布を自力で運搬し、裁断、包装するまでの一つの工程を自己鍛錬として自らに強い、その時間をうまく節約できればひと息ついて一杯の水を飲み、一人で一日に五、六千キロの布を処理して十数年皆勤を続けたのであった。当初はもちろん三千元の奨励金がほしかったからだが、後にそれは一抹の栄誉に変わり、会計係が結婚するので、有給休暇を取って披露宴に出てくれと言われても、王子は固辞したほどであった。こうして一歩一歩、組立・修繕課長まで昇進したのだが、株主の問題で工場が倒産したため、離職せざるを得なくなった。

だが、王子がさり気なくいうには、彼にはすでに経験があったため、五股山《メークーシャン》にある別の布工場にスカウトされていったところ、そこでは一ヶ月四、五万元〔約24～30万円〕の給与で布を担ぐ必要はなく、荷物をチェックして、「ペンでサイン」さえすればよかったそうだ。ただ、暇にしていられない王子は時おりフォークリフトの運転を手伝うことがあった。それには確かな距離感覚と高い運転技術が求められ、それがないと布をしっかりと棚に積み上げられないと言われていた。

王子はこの工場に入ってしばらくすると、職場環境や待遇が悪くないこともあり、以前の工場から一時解雇されたベテラン工員を呼んで共に奮闘したので、台湾の失業率を低く抑えた功労者の一人といえるだろう。

それは、蔣経国《チャン・チンクオ》総統の時代で、紡織業は台湾で外貨獲得の主力だった。王子の異母弟二人も同業で、上の弟は自ら起業して経営者になったが、やがて賢い下の弟に会社の金、四〇〇万元〔約240万円〕

＊ 中国の伝統的カードゲームで、台湾でも人気がある。牌の構成は、四色（白黄赤緑）の「帥、将、仕、士、相、象、俥、車、傌、馬、炮、砲、兵、卒」の牌が各四枚ずつ、合計一一二枚となっている。

を持ち逃げされて兄弟は決裂してしまう。しかも、下の弟はその四〇〇万元をすっかり失い、王子の金にまで狙いをつけたのであった。

血の繋がった兄弟ははっきりかたをつけるべきだと言われるが、異母兄の王子は父親の面子を考えて下の弟の世話を買って出て、会うたびに一、二千元の小遣いを渡していた。

ある日、弟がまた友人の車で王子を探しにきた。車がガス欠寸前だと言う。いくら出鱈目とは思っても、王子はいつものように二千元を取り出して弟に渡した。

王子は知らなかったのだが、そこに同乗していたのは、確かに弟の「友人」ではあったものの、弟の債権者でもあり、弟は路上でその友人にばったり出くわしてしまったのだ。弟はその友人に四〇万元の借金があり、相手は当然この天から降ってきた取り立ての機会を逃すはずはなく、弟に即刻金を返すよう迫った。弟は逃げ切れないと知り、時間稼ぎの策を講じるしかなく、「オレは兄貴に七、八千万元〔約４億８００万円〕を借りて、他の仲間と布工場を始めるんで、返せない」と言って、相手を五股山に連れて行き、それが本当であることを確認させようとしたのである。

その後間もなくの旧正月の頃、まだ高雄《カオション》で休暇中の王子に突然社長から緊急電話があった。「工場が火事だ！」工場の幹部だった王子が即刻戻ると、目に入ったのは燃え盛る炎に溶ける工場のトタン屋根だけだった。幸いなことに、発火したのは機材のある側で、布のある側ではなかったことだ。さもなければ、火の勢いはそれ以上に収拾がつかなくなっていただろう。

監視機器を取り寄せてチェックしたところ、放火の疑いのある容疑者が発見されたため、王子はそれをすぐ警察に渡した。警察が即刻逮捕したところ、犯人はなんとあの日、車で弟を連れて王子に金を借りに来た友人だった。

相手は警察で調書を取られたとき、怒りをぶちまけた。「こいつはクズな兄貴で、弟から七、八千万元借りて工場を始めたのに、四〇万元さえ返そうとしない。こんな癪にさわる兄貴は、弟の代わりに恨みを晴らしてやるんだ」

警察の調査で王子には他に十数人の異母兄弟姉妹がいることが判明し、布工場の社長はこうした複雑で危険な家族関係を知ると、あとあと心配しないでいいよう、すぐさま王子を解雇した。ただし、社長は聡明だったので、王子には「健康による辞職」という協議書にサインさせた。そうすれば、雇主が解雇手当を支払わなかったという理由で、王子が後日、労働委員会に行って告訴しても無駄だからである。

金なし、食なし、住居なし

王子はそれまで住み込みで働いていたため、給料のすべてを友だちのもてなしや、ロトなどに使い、これといった蓄えがなかった。落ちぶれて五股の山を下りたのち、龍山寺の向かいで風雨にさらされたまま明け方までなんとか我慢したが、世間体を気にしてやはり異母兄弟を訪ねるのはきまりが悪く、龍山寺のそばでぼんやりと日をやり過ごすしかなかった。それ以上どうしようもなくなって、ようやく他のホームレスと一緒に龍山寺の外周に並び、お供え物の饅頭の分け前にあずかるようになったのである。

そうした状況にもかかわらず、王子はなお発奮して仕事を四、五〇件探したが、どの会社も六十五歳以上の労働者を雇おうとはしなかった。危険である上に、生産力の不足も懸念されたからである。

幸い、六十五歳というのも決して悪くはなく、いい方に考えれば、少なくとも三千元〔約2万3000円〕の老齢年金が受け取れるのだ。だが、どう節約しても、大してもたずにすぐなくなってしまう。

「誰のことも恨めないさ。計画性がなかった自分を責めるしかない。もし二十年前に戻れるなら、賭け事なんか絶対やらない」

彼は今、死んでもかまわないと思っている。

「人間ってそんなもんだろ。金もなく、食い物もなく、住むところもないなら、生きてたくなくなるさ」


王子は真剣にそう思っていたのだ。ある日、西門町《シーメン》の峨嵋《アーメイ》公園までぶらぶら歩いて行ったとき、電柱にぴったり並んだ一本の木が目に入った。こりゃあ最高だ。空が暗くなりさえすれば、電柱に隠れるから、首を吊ってもなかなか見つからない。これでちゃんと死ねる！

夜が迫った頃、王子は近所の金物屋に行って縄を買い、まさにこの世の最後の落ち着き先に向かおうとしたとき、泥酔したやせっぽちの男が真正面からやってきて、王子とすれ違うや突然むやみに殴りかかってきた。

王子は訳がわからないまま殴られた。「兄貴、おれを殴ってなんだってんだ。おれはあんたに何かしたかい。こんなに年寄りのおれを、こんなに殴っていいのかよ」

やせっぽちは殴り終えた後、少しは酔いが冷めたようだった。「あ、すまない、人違いだ！」

こんなふうに一陣の風に祟られた後、地面に打ち倒された王子はこう思った。「おれの人生、ほんとについてない。死のうとしたって邪魔されるんだから」

狼狽《うろた》えて立ち上がり、近くの椅子で休んでいると、隣に座ったホームレスが自分よりもっとボロボロの服を着ているのが目に入り、よけいに訳がわからなくなった。「こいつらは見たところ、おれよりひどいのに、なんでまだ人を殴る力があるんだ？　なんで首を吊りたくならないんだ？」そんなことをずっと考えているうちに、木の下には戻りたくなくなっていた。

後に仏光山《フォークゥアンシャン》〔高雄市にある台湾を代表する大乗仏教の教団〕開山の総長・星雲《シンユン》法師に帰依したあるおばさんと出会ったとき、王子は彼女から命を粗末にするなと諭《さと》された。「さもないと、来世もそんなふうに死ぬことになりますよ！」

燈塔に出会う

路上生活者は通常、いい情報は互いに知らせ合うものだが、王子はほとんど人と喋ることもなく、頭さえ上げようとしないのが習慣になっていた。路上で知り合いに見つかるのを恐れていたのだ。そのため、萬華《バンカ》社会福祉センター（以下、萬華社福センター）に行って「丐幫《カイパン》のリーダー」〔野宿者集団のリーダー〕と呼ばれる張献忠《チャン・シェンチョン》に生活上の支援を求めていいということもまったく知らなかった。

ある日の夜中、艋舺《ベンカ》公園で寝ていると、隣で寝ていたホームレスが王子を起こした。社福センターの人が来て「旺旺《ワンワン》集団」*の救済金五〇〇元〔約1750円〕を配っているという。「彼が献忠だよ。何かあれば、頼っていいんだ」。これが初めての献忠との出会いだった。

あの日、王子の手持ちの金はわずか一〇元〔約35円〕だけで、以前ならたった五〇〇元など目にも止めなかったが、今や「この五〇〇元は天よりもっと大きく見えた！」王子は善意の人に感謝し、張献忠のことも記憶に留めた。

＊ 台湾旺旺集団は、旺旺食品株式会社および、食品の製造販売を中心とする企業グループで、一九九〇年代以降は中国を中心に業務を展開している。傘下には台湾の全国紙「中国時報」や、台湾のテレビ局「中国電視公司」（略称「中視」）などメディア企業を収め、社会福祉事業として中視愛心《チョンシーアイシン》基金会を運営している。

艋舺公園での寝泊まりについて、王子にはある考えがあった。「今のおれにはできないが、正直言って、ホームレスは自衛グループを組織すべきだ。ちょっと集まって、夜間あちこちパトロールして、他の人が安心して寝られるようにするんだ。じゃないと、警察はおれたちの安全を管理してくれない！」

新聞にはホームレスが公園で殴り殺されたという記事がたまに掲載される。それはいずれも事実であり、王子も一度遭遇したことがあった。

あの晩、夢うつつに遠くから聞こえてきた物音に王子が驚いて目を覚ますと、三、四人のチンピラが公園の入り口から棒を片手にやってきて、「なに寝てんだよ！」と叫びながら、ダンボールを敷いて地面に寝ていたホームレスに激しく殴りかかったのだ。

あるホームレスの年老いた母親は、毎日龍山寺にお参りに行くのを楽しみにしていた。社会局〔台北市政府の社会福祉業務を担当する部局〕が老人施設への入居を手配しても固辞するので、息子は母親と一緒に野宿せざるをえず、ホームレス仲間も彼女の世話をしていた。その結果、この九十歳を超えた老母まで殴られたのである。「お前らのおばあさんみたいな人まで、殴るのかよ？」と、息子は怒り狂った。こう激怒されると、なんとこのチンピラたちはさらに激しく殴りかかったのだ！

王子はこの様子を見て、すぐさま公園の椅子の下に潜り込み、ようやく難を逃れたのであった。

夜は落ち着いて眠れず、早朝五時にはまた公園の管理人に起こされるので、眠気がまだ深いのに寝袋を片づけるか、ダンボールに座ってうとうとするか、あちこちあてもなく出歩くしかない。そんなある日、王子が艋舺大道にある燈塔《トウンター》教会に差し掛かったとき、中から歌が聞こえてきた。

野の花は　美しく装い　空の鳥は　暮らしのためにあくせくすることはない
慈愛に満ちた天の父は　毎日いつも見ていてくださる　世の人を愛してくださる　人々のために
永遠の道をご用意くださる
必要なものはすべて　天なる父はすでにご存知だ　もし悩みがあるなら　彼に取り除いてもらいなさい
慈愛に満ちた天なる父は　毎日いつも見ていてくださる　それは全能なる主　彼を信じる者は真に幸福なり〔『野地的花』歌詞：葉薇心、作曲：呉文棟〕

王子は入り口のところで聞き入ってしまい、聖歌隊が繰り返し歌うのを何度も聞き、気づいたときには教会の中に入っていた。

燈塔教会は、同じように路上で物乞い生活をしたことのある王愛敏《ワン・アイミン》牧師が、アメリカから台湾に戻ってホームレスのために創設した教会である。入り口には、「お腹が空いたら、食べに来てください。喉が渇いたら、飲みに来てください」という看板を掲げ、現在は盧光武《ルー・クワンウー》牧師が責任者を務める。

盧《ルー》牧師は王子に言った。「困ったことがあればすぐイエス様に求めてください。きっと助けてくださいます！」

王子はまだどんな教義も理解していなかったが、この一言は心に届いた。

ある日、王子にはわずか七元〔約25円〕の小銭しか残っておらず、夜の公園で思い悩んでいた。「あと七日しなければ三千元〔約10万円〕の老齢年金がもらえないのに、七元でどうしたらいいんだ」

普段、龍山寺で饅頭の配給にありつけなかった朝は、一杯一〇元〔約35円〕の白粥を食べに行くことになっていて、時には広州街《クワンチョウ》に行ってやはり一〇元の饅頭を買うこともあった。そして、再び龍山寺に戻って水を飲み、食べた物の体積を膨張させるのである。「兵役についたことがあるからさ、どうやったら一食で一日もつかわかるんだ」

だが、その日はたった七元しか残っていなかった。「イエス様、イエス様、私のことをちょっと助けてくださいませんか。牧師様がおっしゃっていました。困ったことがあれば、あなたにお願いしなさい、そうすればあなたは与えてくださいますと。ご存知でしょうが、私はあなたのことを騙しているのではなく、本当に困っているのです」。王子は祈った。

彼はそこに座って途方に暮れたまま、前の方で得体の知れない小さなものが通りすがりの人たちにあちこち蹴られて、自分の目の前に飛んできたり、遠くまで飛んでいったり、踏みつけられたりしているのを眺めていた。「おれはゆっくり近づいていって、あたりを見回し、それを踏みつけたんだが、拾おうとはしなかった」

なぜ拾おうとはしなかったんですか？「みんな凶悪な顔つきだったから、もし拾ってみてそれが金だったりしたら、ただじゃすまないだろ」

しばらく観察を続けてから、王子はしゃがみこんで靴紐を結び直すふりをすると、何気ない感じでその正体不明の物体を手に摑み、公園の外までゆっくり移動した。王子はその物体が小さく折りたたまれていたと強調した。「おれは開いて、開いて、開いてみたんだ」。そうしたら、なんと千元札だったというわけだ。

「おれは死ぬほど嬉しかった！　ああ、イエス様、私はあなたを信じます。イエス様、私はあなたを賛美し、あなたに感謝します！　心の底から感謝します。あなたは本当に私を助けてくださいました。私に喜びを与え、生きていけるようにしてくださいました」

王子はいう。「不思議だろ！　本当に不思議だ。これは絶対イエス様の御恵みだ。そうでなきゃ、艋舺公園にいるのはホームレスばかりだし、すかんぴんに金なんかあるわけないだろ」

　イエス様の心遣いを肌身で感じた王子は、燈塔教会に出入りするようになった。

王子と王女

教会には精神状態があまりよくない劉《リョウ》さんという女性がいた。王子は彼女と話をしたことはなかったが、顔は覚えていた。

　燃えるように暑いある夏の日、王子が公園の日陰に座っていると、劉《リョウ》さんが目眩を起こして倒れそうになったのが目に入った。近づいていくと、劉《リョウ》さんは、症状が出てきたのですぐ病院に運んでほしいと言う。劉《リョウ》さんは実は長いこと恐怖症を患っていたのだ。この病気にかかると、突然、自分はもう死ぬんじゃないかとか、心臓病の発作が起こりそうだとか感じるらしい。

　王子は急いで劉《リョウ》さんを車に乗せて中興《チョンシン》病院の救急診療外来に連れて行き、ポケットにわずかに残っていた老齢年金で彼女の医療費と薬代を支払った。

　その日以来、劉《リョウ》さんは毎日艋舺公園まで王子に会いに来るようになった。そうして、自分の人生を洗いざらい語ったのである。彼女はかつて重い交通事故に遭い、おそらく脳に障害を負ったのであった。ある男と結婚した後、男の子をひとり生んだが、父親が誰かはわからない。十数年前に家を追い出され、当初は台北駅に住んでいたが、後にソーシャルワーカーが彼女を低収入戸*として手続きし、西園路《シーユアンルー》にある風呂・トイレ共同の安アパートを世話してくれた。その後、劉《リョウ》さんが産んだ女の子も「ホームレス人生の後輩」になり、ある男性ホームレスとの間に子どもをもうけたものの、養育能力がないため政府に渡してしまったそうだ。劉《リョウ》さんはときおり街角で自分の娘に出くわすことがあるという。

王子は毎朝、劉《リョウ》さんのこうした物語を聞き、さらに教会が提供してくれる無料の昼食と夕食を彼女と共にし、夜九時になると彼女を公園近くのバス停まで紳士的に送り、彼女が家に帰るのを見届けた。

しばらくして、王子は胆嚢結石で市立病院に入院し、手術の準備を進めたが、家族の付き添いがなかったため、手術同意書にサインしたのは結局、盧《ルー》牧師だった。

手術の前、医者は規定に従い、手術中に起こりうる危険について王子に繰り返し言い含めたが、王子は「どうでもいいです。できることなら、手術して心臓が止まってしまえばいい！　そうでなきゃ、心臓を取り出してくださってても先生に感謝します」と言った。王子にとって、生きるも死ぬも、どうでもよかったのである。

医者は言った。「我々はそのようなことはできません！」

手術後、王子から聞いたのは、「おれの弟も長庚《チャンケン》病院で胆嚢《たんのう》を切ったことがあったけど、四、五日ですぐ退院して、腹にちっちゃな傷がたったひとつ残っただけだった。おれだって胆嚢手術だったのに、おれの腹は上から下まで切られて、入院は一ヶ月になった」ということだ。弟は見舞いに来て王子を慰めて言った。「この病院の手術室に入ったら、出てこられるとは思うなって言われてる。兄貴は出てこられたんだから、ラッキーだぜ！」

まだ生きていられるというのは、いったい運がいいことなのか、それとも悪いことなのか？　手術が終わった日のことを、王子はこう喩《たと》えた。「息ひとつするだけで痛いんだ。咳すると、死ぬほどい・た・い！」あまりに痛くて、七階の病室まで登っていき、窓から飛び降りたいとさえ思ったほどだが、どうにもならなかったという。

翌日、劉《リョウ》さんがやってきた。王子には世話してくれる人が必要だと、牧師が彼女に知らせたのだ。

「おれは生ける屍同然で病院で一ヶ月寝たきりだった。劉《リョウ》さんはその間、毎日二十四時間つききりで看病してくれたんだ」

劉《リョウ》さんの精神状態にはしょっちゅう問題があったものの、聡明な彼女はすぐに王子と以心伝心でコミュニケーションできるようになった。一言喋るだけで王子の傷口は痛むので、何かほしいものがあれば、彼女にちょっと目配する。それだけで十分だった！

盧《ルー》牧師もよく王子の見舞いに来て、自己負担分の医療品を買ってくれた。

毎回、牧師が来るときの最初の一言はいつも「ご飯食べた？」だった。劉《リョウ》さんはいつも「まだ！」と答える。

「どうしてまだなの？」

「お金がなくて！」

牧師はすぐ彼女に千元〔約3500円〕を渡した。

王子は感心して言った。「まったく、劉《リョウ》さんは稼ぐのが上手くてさ、おれの入院中、かなり稼いだんだ。おれの弟が見舞いに来たとき、彼女は弟に言ったんだ。まだ飯食ってないって。本当はとっく

＊　家庭総収入の全世帯人員の平均が、一人一ヶ月あたり最低生活費以下であることが戸籍所在地の主管機関によって設定され、かつ家庭財産が中央、直轄市主管機関による当該年度の一定金額を超えない者をいう。低収入戸への補助としては、「生活扶助」として現金が給付されるほか、住宅手当が提供され、「医療補助」も申請できる。参照：中山徹・山田理絵子、前掲論文（『社会問題研究』六三、二〇一四年二月）六〇～六五頁。

に食ってたのに」

なぜまだ食べていないと言いたがったのだろう？　劉《リョウ》さんは言う。「お金が欲しかったから」

「劉《リョウ》さんはお布施をもらうことに慣れちゃったんだ」。王子がからかった。

確かに面白いエピソードではあるのだが、王子の目には突然涙が浮かんだ。「おれは本当に劉《リョウ》さんに感謝している。あのときはどうやっても動けなくて、飯を食うのも、薬を飲むのも、大小便もすべて彼女に頼りきりだった。おれはこう思ったんだ。今回、おれがもし立ち直れたら、おれの残りの人生、なんとしても、劉さんのために稼ぐんだって！」

王子はもちろん盧《ルー》牧師の恩にも報いたかった。

入院中の後半、王子は不眠症に陥り、「牧師さん、眠れないんです」と電話で助けを求めたことがあった。

「どうして眠れないの？」

「横になって眠れないんです」

話が嚙み合っていないようだったので、盧《ルー》牧師は言った。「すぐ行きます」

そのとき既に夜の十一時か十二時だった。

牧師は疲れて休みが必要だったし、翌日は説教をしなければならなかった。その上その日、牧師が病院に呼ばれたのは二度目だったのだ。だが、盧《ルー》牧師は少しも断ろうとはしなかった。

牧師が急いでやってくると、王子は空中を指差して言った。「見てください！　前の方に女の子がいるでしょう。白い髪を長々と伸ばした。おれの方にまっすぐにやってくるんです。おれが目をパチクリして見てみると、こっちの方にはなぜか裸でおれの三倍くらい太った外人がいて、まっすぐ歩いてくるんです。すごく怖い。こっちの方にもひげもじゃのやつがいて、おれの顔の上に飛んでくる。あっちには縛られた女の子がいて、押されて行ったり、押されて来たり。上も下も、右も左も、みんなそうなんです。ひっきりなしにやってきて、おれの目の前に来るとすっと消えてしまう……」

盧《ルー》牧師は王子の語る光景を聞き終えて、ただこう言った。「さあ！　あなたのために祈りましょう」祈りが終わって王子が周囲を見渡すと、どんな恐ろしい光景もすっかり消えていた。牧師はそれでも王子のそばでおしゃべりを続け、王子が安心して眠りについたのを確認してようやくそこを離れた。

王子はかつて盧《ルー》牧師が自分に対してなぜこんなによくしてくれるのか、合点がいかなかった。「あなたは特別な人だから」と、盧《ルー》牧師はいう。

王子は、自分が特別だとは少しも思わず、ただ不甲斐なさを感じていた。

だが、彼は盧《ルー》牧師と劉《リョウ》さんの二人は、生涯を通して真の友人になるだろうと思っている。

王子の紳士的な態度

退院後、王子は劉《リョウ》さんに尋ねた。「あんたのところに引っ越して行ってもいい？　寝るところは別々で」

引っ越していくや、王子はすぐに水回りや電気の問題を改善し、壊れたテレビも修理し、劉《リョウ》さんの洋服が汚れれば洗ってあげた。外の食事は硬くて嚙み切れないのが嫌で、王子は家に戻るとすぐ炊事をしたが、これは兵役時代、一度に十数卓分の料理を任されていた王子にとって、どうってことなかった。二人が知り合ったとき劉《リョウ》さんは痩せっぽちだったが、今や王子のおかげでふくよかになり、それは萬華中の人たち全員の知るところだ。

「彼女は無給の使用人を手に入れたみたいだ」。ときおり、王子は感心したようにこう言う。この使用人はその上、お嬢様を連れて遊びに行くこともある。「おれは昔、アウディを運転してたんだ。台湾で行ったことがないのは離島くらいさ」。それで、劉《リョウ》さんが外出したいといえば、王子はすぐなんとかしてお金のかからないルートを調整する。昼間は西門町でウィンドーショッピングをし、夕方は公園に行くか、龍山寺の地下街に歌を聴きに行くかし、時には小銭を使って長距離バスで基隆《キールン》までちょっとした遠出をすることもある。

劉《リョウ》さんは洋服を買うのが好きで、王子は三千元〔約1万円〕の老齢年金を受け取るたびに、すぐ彼女に一着百元の新しい洋服を買ってあげる。彼女はそれをとても喜ぶ。

端から見れば、二人はいつもべったりで、とても幸せそうだが、王子は言う。「彼女は根っからの『強力接着剤』で、三分でも人が見えないとダメなんだ。たとえちょっと外の空気を吸いに行くだけでも、彼女はすぐ『あなたと一緒に行く』って言うし、パンを買いにくんでさえ、おれと一緒に店に入る始末さ。彼女を外で待たせちゃいけないんだ」。王子は愚痴をこぼしているように見えるが、それを誇りに思っていることは、誰の目にも明らかだ。「以前、劉《リョウ》さんは教会に行っても五分もするとすぐ立ち上がって出て行った。牧師さんが証人さ。長くてせいぜい十分だ！　でも、今はおれと一緒なら、一度座ると一、二時間はずっと座っていられる！」

いつもべったりの二人だが、ただ一つの場合に限って、王子は彼女の視界を離れることが許されている。それは、王子が盧《ルー》牧師の右腕を務める時だ。

盧《ルー》牧師が担当している燈塔教会は小型の艋舺公園のようなもので、あてもなく外を放浪する鬱々とした失意の人たちが集まっている。中にはひとたび金を手にするやすぐ酒を買い、酒を口にするや「おれの方が総統よりすげえ」となるボスもいて、牧師が一言喋ると、五倍は返されるほどだ。時おり牧師は我慢できずにそれを遮り、助けを求める。「お黙りなさい！　誰かこの人を静かにできる？」そんなとき、王子はいつも立ち上がって、相手の肩を軽く叩き、声をかける。「おい、兄弟！　くさくさするよな！　外で一服しようぜ！」

王子はもともと節約のために禁煙したのだが、今ではこうした信者仲間のためにまた一口二口吸うようになった。相手があだこうだ無駄話をしているとき、王子はただ静かに耳を傾け、しばらくしてからようやくこういう。「喉、渇いてないかい？　冷たいものでも飲もうぜ」。返事がどうあれ、王子は相手を向かいの屋台に連れていく。

劉《リョウ》さんは、王子が盧《ルー》牧師の手伝いに行くとわかっているので、王子が戻ってくるのをいつも教会の中でおとなしく待っている。

「それ以外は、何が何でもべったりなんだ」と、王子は言う。

そんなふうにしっかりマークされて、疲れないのだろうか？　「おれの人生でこれといって感謝する人はいないけど、盧《ルー》牧師の他に一番感謝してるのは、劉《リョウ》さんなんだ。おれは彼女のために生きて、死ねるし、これからの人生は何がなんでも彼女に嫌な思いをさせたくない」。以前、艋舺公園の男が時々劉《リョウ》さんをいじめたり、ナンパしたりすることがあったが、今では王子が守っているため、もうそんなことをする人はいない。

ただし、二人の同居は、燈塔教会の創立者である王《ワン》牧師からすると、やはり好ましくないようだ。王《ワン》牧師は一度、アメリカから台湾に戻ったとき、王子にこう言った。「私はいつかあなたたちの結婚の立会人になりたいのです。でも、あなたたちはまだ夫婦ではなく、同居しているだけです。これは罪になります」

王子の答えはこうだった。「牧師様、イエス様は罪がないとおっしゃっています。私たちの心には邪悪なものがないので、罪がないのです。安心してください、イエス様が証言してくださいます。私と劉《リョウ》さんはただの……イエス様もご存知です！　これは恩返しであり、私はこの先ずっと彼女の面倒をみます。彼女が女性だからどうというのではなく、私たちは手を触れるくらいで、そのほかのことはとても単純で、いつまでもずっと一番の友だちなのです。劉《リョウ》さんはいつまでも私の恩人です。この先、私はほかの誰かと知り合いになることはないでしょう」

言い終わると、王子はまた我慢できずに前言を翻した。「実はあるんだよ。他の女と知り合うことが……。でも、劉《リョウ》さんは見てるんだ。この年増なら大丈夫、でも若すぎる女だと、彼女はおれを引っ張っていくんだ。『だめ、彼女と話しちゃだめ、行こう！』って」

実際、萬華一帯の人たちはとっくの昔から彼らを夫婦と認めているのだが、王子はこう言い張る。「今でもおれたちは男女の友だちだ。おれは彼女の男女の友だちをすごく尊敬している」と。「彼女がいやということを、おれは無理強いしない」とも強調する。

なんのことか話についていけないでいると、王子は例を挙げた。「彼女はものを二口嚙むとすぐ捨てちゃうんだが、おれはそれをみんな拾って食べるんだ」

王子はまた両指を揃えてこめかみのつぼのところをちょっと押さえて言った。「彼女の頭には問題がある。でも、自尊心もあるから、間違えたことをしたときに、直接言うことはできない。例えば、朝起きたとき彼女の口臭はひどいんだが、おれは彼女が臭くても嫌な顔はしない。ただ、『歯を磨きに行きな！』って言うだけだ。でも、おれのベイビーはこう答えるだろう。『磨かないでいいでしょ！　歯はたったひとつしかないんだから！』って」

ホームレスの多くはいずれもこんな感じだ。深刻な歯周病のため歯がひとつひとつ抜けてしまっても、義歯を入れるお金がないのである。

泣くに泣けず、笑うに笑えずの王子はすぐさま洗口液を買い求め、劉《リョウ》さんの口腔が清潔を保てるようにした。だが、膵臓が良くないため、劉《リョウ》さんの口からはよく腐臭がする。毎回、劉《リョウ》さんが王子に近づいて話をするとき、「おれはいつも口を閉じ、息をしないで、彼女の話を聞くんだ。だって、『あっち行けよ、あっち』とか、見下げることはできないから」

王子はすなわち王子であり、何をするにしても優しい紳士なのだ。

彼女より長生きすること

王子は以前は「死んでもかまわない」と言うのが口癖だった。一度、チンピラの揉め事に巻き込まれ、相手に「銃が目に入らないのかよ、土下座してみろ！」と言われたことがある。王子は平然とこう答えた。「お願いだ。銃があるなら、すぐ撃ってくれ。おれはお前に感謝して、ご祝儀だってくれてやる！」

だが、今は違う。「おれは死ねない。劉《リョウ》さんより長生きしなけりゃ、彼女の面倒が見られない。だから、体には気をつけなきゃ」。王子が九十三歳のホームレスに若さの秘訣を尋ねると、毎日十五分間深呼吸しろと言う。「膀胱のところが硬くなるような感じで」。その老人は「丹田」という言葉を知らず、「膀胱」と言う。医者は、朝の空気が心臓に良いというので、王子は毎朝早起きして体を動かす。病気になるとおとなしく病院に行き、福保*で処方された薬を飲む。

王子は今でも社会局に紹介された清掃の仕事をして貯蓄に励んでいる。

「路上に出てきたばかりのときは何もわからなくて、ただ工場の仕事を探そうとしていたんだが、ダメだった。おれを使ってくれるところはひとつもなかったんだ。今はちょこっと掃除に行ってる。おれはそれが好きだ。健康のためになるべく運動したいし、社会局がおれの健康を守り、給料までくれることに感謝してる！」

新たな仕事を得た王子は、もはや以前のように稼いだ分だけ使うというようなことはない。「劉《リョウ》さんが今一番必要なのは歯を作ることだ。歯がないとものを食べるとき、飲み込むしかない。でも、入れ歯は一揃えで数万元もするから、真面目に貯金しなくちゃ」。そのため、同じ清掃の仕事を、月にわずか十日しかしないホームレスもいる中で、王子は週末と国定休日を除き、休むことはない。おまけにできるだけ残業も引き受け、ときには一ヶ月に最高二十八日働くこともあり、毎月、一万元〔3万5000円〕あまりの給料をもらっている。

早朝、清掃に出かけるときも、劉《リョウ》さんはべったりなんですか？「彼女は朝寝坊が好きで、掃除もできない。それに、この給料じゃ、低収入戸の資格がなくなるかもしれない。でも、おれは外出するとき彼女を寝かしたままにはしておかない。彼女を連れてって、ゴミ袋を取ってもらったり、ゴミを捨てたりするのを手伝ってもらうんだ」

私は、「誰が誰にべったりなの？」と突っ込みたくなったのを飲み込み、心から羨ましいとだけ言った。「お二人はまさに夫唱婦随ですね！」

「そうだよね、金はあんまりないけどさ」

＊　原注　福保は、第五類被保険者に属し、「社会救助法」の規定する低収入戸（世帯）に適用される。主な対象が低収入戸（世帯）で、社会福祉の一種とみなされるため、「福保」と簡略される。

一度は生きていたくないと思った王子だが、苦難の中で劉さんという王女に出会ってから、ちゃんと生活して、長生きしようと決めた。そうしないと、一生王女の世話ができないから。

故郷に帰りたい――周爺さん

ホームレスとおしゃべりするときはいつも、彼らの本名は明かさず、迷惑がかからないようにしている。ただし、周《チョウ》爺さんは例外だ。「私のことを他の人に話してもいいよ。私は国家にも神様にも忠実だから。本当だよ。あなたが交番に行っても私が悪事を働いた証拠は見つからない」

四川省巴県出身の周爺さん

ホームレス絵画教室で周《チョウ》爺さんと知り合って以来、先生がどんなテーマを出しても、周《チョウ》爺さんが毎回の授業で描くのはいつも幾重にも折り重なるエメラルドグリーンの連山ばかりで、一学期の授業がまだ終わらないうちに、緑色のクレヨンをほぼ使い果たしてしまった。教壇に立ってみんなに絵を見せてくれるとき、「これは私の故郷で、山ばかりなんです」と説明し、その後に続くのはいつも、「あと二、三年してお金が十分溜まったら、帰っていきます」という一言だ。

周《チョウ》爺さんが帰りたがっている故郷は、四川省の重慶から三〇キロほど離れた巴県《パーシエン》〔現重慶市巴南区〕で、家では稲、高粱《カオリャン》、トウモロコシ、粟などの作物を栽培していた。「重慶の賑やかなところだけで、台北五つ分くらいの大きさなんです。土地で穫れるものも当然多い。四川、雲南、貴州、この三つの省の田んぼじゃ、ワンシーズンに十年食べても食べ終わらないほどの収穫があります」。周《チョウ》爺さんが中国大陸の省について触れるとき、まるで私たちが彰化《チャンフォア》、雲林《ユンリン》、嘉義《チャーイー》〔いずれも台湾の地名〕というように、知り尽くした感じだ。

一九二二年生まれの周《チョウ》爺さんは、幼い頃、故郷の小学校で学んだことがある。一番よくできた科目はなんだったのだろう？「野菜の栽培だね。一番好きだったのはサツマイモ。手間がかからないから。あと、落花生もね。植えても手入れが楽なんだ」

それはどんな科目なのだろうか。森林小学校*というわけでもないだろう。

周《チョウ》爺さんの家には、兄が一人、姉が二人いたが、兄のするべき仕事はとりわけ多く、山に入っては薬草を摘み、山を降りてはそれを乾燥させ、さらに重慶市に行って薬屋に売っていた。「朝ご飯を食べると、兄ちゃんは薬を担いで出ていき、私と父ちゃんは畑仕事、母ちゃんと姉ちゃんは家で料理を作ったり、洗濯をしてたんだ」。この平凡なイメージは、おそらく彼にとって最も幸福な家族像ではないだろうか。

そんなに忙しいのに、なぜ学校に行く時間があったのか、私は聞いてみた。「時間はないよ。だって田んぼを耕さなきゃいけないし！」

先生が家に来るようなことはなかったんですか？「先生に一毛〔一元の十分の一〕あげれば大丈夫だった」

どうしてお金をあげる必要があったんですか。「国からもらえるのがスズメの涙だったからね！」

* もともとは戒厳令解除後の一九八九年、人本教育《レンペンチャオユー》基金会によって台北県〔現新北市《シンペイ》〕汐止《シーチー》に設立されたヒューマニズムを教育理念とする実験的な教育機関を指すが、現在の台湾ではオルタナティブな教育理念のもとに人文精神や生態系を重視し、探究心の養成に力を入れた開放的な学校を「森林小学校」と呼んでいる。

あのお金がなかったら、先生はきっと生活できなかったよ」

周《チョウ》爺さんはほとんど学校の授業には出なかったが、両親は読み書きができたので、農閑期を利用して教えてくれたという。特に母親は漢方薬の知識も豊富だった。「四川省の人はね、あまり咳をしないんだ。なぜって、田舎の母親はみんな、子どもがどんな病気になったら、どんな薬を飲ませればいいか知ってるから。例えば、十八種類の薬草を指でつまんで水を注いで搔き混ぜ、塩をちょっと加えて飲めば、咳はすぐ止まるんだ。それと、生姜も細かく砕いてから、水を加えて沸騰させ、塩を入れれば……」

周《チョウ》爺さんが九十三歳になっても声がまだよく通るのは、母親が小さい頃、体の基礎を作ってくれたからかもしれない。

捕まって少年兵に

お兄さんが家にいないとき、使い走りをさせられていたのが周《チョウ》爺さんだった。六歳になったある日、母親が言った。「坊や、五斤のお米を買ってきて、ご飯を炊いてくれないかい？」

周《チョウ》爺さんは長い道のりを必死に歩いて米を買いに行った。帰りの路上を軍用車両が一台通過したとき、兵隊が親切そうにこう言った。「坊や、おいで。坊やのお米はぼくが車で家まで届けてあげるから」

結局、車はその後二日間走り続けた。

「変だと思ったんだ。半日もあれば歩いて家に帰れるのに、車でこんなに長くかかって、なんでまだ着かないのかって」

道中でさらに男の子たちが続々と車に乗ってきて、ついに小さな飛行場に到着したのだった。兵隊は、「みなさん、国がみなさんを連れてきたのです。我々が進んでそうしたわけではありません。（我々が望んだのではありません）」と言う。数人が抱き上げられて車を降ろされると、今度はわずか十人がけの小さな飛行機に抱き上げて乗せられた。飛行機は飛び立った後、こまめに着陸して給油し、どれだけ飛んだかわからないうちに、ようやく到着した。

飛行機を降りると、兵士がやってきて一人一人に饅頭一個と豆乳一碗が与えられた。「おまえたちはもう無事だ」。あのとき踏みしめた大地はハルピンだった。

捕まって二年後に、長官から派遣された人が子どもたちにカードを配り、出生地を書かせると、飛行機に乗せて一週間ほど故郷に返してくれた。

周《チョウ》爺さんが突然、家の入り口に現れたとき、家族は皆仰天した。当時、どの家もかなり離れていたため、周《チョウ》爺さんが連れ去られるのを見た人は一人もおらず、息子の消息がまったくわからなくなった母親はこれ以上ないほど嘆き悲しんだのだった。兄もまた驚いて、「弟がいなくなった、弟がいなくなった」と、しきりに叫んだ。二年後に再会できるなど誰が予想しただろう。だが、周《チョウ》爺さんは一週間後、元の飛行機でハルピンに戻された。こうして別れたまま、八十年あまり、家族には一目たりとも会っていない。

ハルピンに戻った周《チョウ》爺さんは八歳で幼年兵に編入させられた。「背が高い部隊が一つ、低い部隊が一つ、私は中間だった」

幼年兵が毎日したことは、教練について拍子木と帆布を組み合わせた訓練機で飛行機の操縦を学ぶことだった。周爺《チョウ》さんは、この陽春型の自家製飛行機をバカにしてはいけないという。滑空機能はかなりよかったそうだ。

この一軍の幼年兵は別名を「小児拐《シャオアルクァイ》」〔児童誘拐〕といって後衛を担い、将来、戦場に出すための備蓄兵力であった。銃がない場合、彼らは日本人が捨てた刀を拾いに行き、斬り殺しの訓練をした。

周爺《チョウ》さんは十六歳になってようやく本物の飛行機を操縦したのだが、主な敵は四川方言で「ちび鬼」と呼ばれる日本人だった。「ちびっていうのは、ヤツらがすごくちっちゃかったから」

三年の歳月、彼は南京、上海、北京、天津など、あちこちを飛び回った。当時の航空委員会秘書長は宋美齢《ソン・メイリン》女史で、総指揮は周至柔《チョウ・チーロウ》、つまり後の初代空軍総司令官だ。大隊長は日中戦争で初勝利を挙げた第四航空大隊長の高志航《カオ・チーハン》だった。彼の物語は台湾映画の経典『筧橋英烈伝』*になり、多くの観衆の涙を誘った。

生涯唯一の恋

高志航が殉職してまもなく、周爺《チョウ》さんは部隊を離れた。もはや食うべき大鍋の飯も、着るべき軍服も失った彼は、東北地方の百姓のところに駆け込み、「私は野菜が作れます」と言って、仕事を探した。

孫文の肖像入り五元札は日給としては悪くなく、三日は飯が食えた。

東北での十年間、周爺《チョウ》さんは多くの女性と知り合った。「あの子たちの話は聞いていてすごく心地いいんだ」。ただ、最後に生家を離れる際、母親から外で女の子といい加減なことをするんじゃないと言われたことに応え、女性と付き合うことは一度もなかった。

反対に、後に香港と南京に戻った数年の間に、周《チョウ》爺さんは南京で一人の女性に恋をした。それは、生まれて初めて好きになった人で、また生涯唯一の人だった。

あの年、周《チョウ》爺さんはまもなく四十歳になろうとしていた。南京で筵《むしろ》を作ったり、木工の仕事もしたことのある周《チョウ》爺さんは、香港にやってきて水道・電気工事の仕事をしていた。ある日、彼が再び南京に戻ってバスに乗っていたとき、急ブレーキがかかり、そばにいた女子高生が重心を崩して転びそうになった。周《チョウ》爺さんは慌てて彼女を支えて言った。「気をつけて！」女子高生はお礼を言ったあと、訛りの強い周《チョウ》爺さんに尋ねた。「四川の方ですか？」

女子高生は四川省の成都出身で、空軍軍人の父親の異動に伴って南京にやってきたのだった。同郷人との出会いはことのほか嬉しかったようで、彼女は周《チョウ》爺さんに連絡先を教え、その後たまに二人でお茶を飲んだり、映画を見たり、地元の言葉でつきぬ話題に花を咲かせたりした。

意気投合したこの女の子のために、周《チョウ》爺さんは一年近く南京に滞在したが、結局、香港に戻らざるを得なくなったとき、彼女は自分より二十歳も年上の周《チョウ》爺さんに尋ねた。

「結婚してるんですか？」

「まだだよ」

「今、結婚できるでしょ」

「金がないんだ」

「お父さんに聞いてみる」。彼女の父は南京に家を二軒所有していた。

「よせよ」

＊　張曾澤《チャン・ツェンツェー》監督、一九七七年の台湾映画。同年、優れた映画作品に贈られる金馬賞の最優秀作品賞を受賞。

「ここにいて、私と一緒になって。お父さんに助けてもらうから」

彼女は将軍の娘のわがままから、周《チョウ》爺さんが止めたにもかかわらず、年齢差のあるこの恋をどうしても父親に認めさせようとした。だが、父親の答えは、「わけのわからんやつと関わるな」だった。まったくの庶民であると自覚していた周《チョウ》爺さんは、相手方の家族を出世の道具にしていると思われたくなかったので、きっぱりと彼女に告げた。「ありがとう、もうおれのことは探さないで」

放浪後の定住

中国大陸がまもなく陥落しようとしていたとき、敗戦で傷ついた多くの国民党軍とその家族は、台湾に来られない場合、難民として香港に押し寄せた。香港政府は一般市民に影響を及ぼさぬよう、彼らには市街地から遠く離れた辺境で一国をなしているような調景嶺《ティウキンレン》に暫定的な住居を割り当てた。周《チョウ》爺さんは香港にいた頃、友人とずっとそこに住んでいた。

香港政府はもともと二年もすればこれらの人々を中国大陸に送り返せるだろうと考えていたので、水道や電気の設備を整えることはまったくなかった。だが、歴史の巨大な歯車は一回りするのに十年もかかったのである。その間、台湾の民間組織「中国大陸災胞救済総会」が救援食糧の提供を引き受けたが、十二年後になってようやく、香港政府はこうした住民がすでに一万人を超えた地域に水と電気の供給、および道路の建設を開始し、住民たちはようやく無期限で居留できるようになった。

周《チョウ》爺さんは香港時代に頑張って広東語と英語を学び、あちこちで水道・電気工事の仕事をし、台湾にも二、三度来たことがあった。松山飛行場そばの、ある富豪の家にエアコンを設置するためである。彼はいっそのこと台湾に留まろうと考えたこともあったが、香港の親友が癌を患ったと知るや、やはり香港に帰って彼の世話をしようと決めたのだった。「癌のことはわからないが、感染るわけじゃないから」

親友の病状は重く、進行も早かったため、三ヶ月であっというまに逝ってしまった。周《チョウ》爺さんは涙が枯れるまで泣き続け、五十過ぎになってようやく来台し、定住したのである。

「定住」を決めたのは、実を言えば、ある大型台風のためであった。その時の降雨量は凄まじく、海水も満潮に達した上に、もともと貯水可能な地域にビルを建てたため、雨水を排出できなくなり、台北盆地全体が丸々三日間浸水してしまったのである。

周《チョウ》爺さんは当時、円山《ユエンシャン》〔台北市の基隆河南岸の小高い丘〕の下にある長屋に住んでいたのだが、そこには中国大陸からやってきた人たちが集まって暮らしていた。夜中に周《チョウ》爺さんが目を覚ますと、部屋が浸水し、寝床は浮いていた。幸い政府が災害救助の装甲部隊を出動させ、米軍も救命ボートで饅頭を配ってくれたので、断水・停電のまま家に閉じ込められるという窮地からようやく救われたのだった。

あの時の台風で水死した人はかなり多く、四人の女性が溝に落ちたまま浮かび上がってこなかったのを周《チョウ》爺さんも目撃している。おそらく道が見えずに空足を踏んでしまったのだろう。それに引き換え、周《チョウ》爺さんの証明書類がすべて水に流されてしまったことなど、取るに足らない損害だったが、それらをなくした周《チョウ》爺さんは、香港には戻れず、台湾に定住せざるを得なくなった。

八十歳の人間看板

円山を離れ、仕事に合わせて台北のあちこちに住むうち、周《チョウ》爺さんには数人の友人ができた。あるとき、木柵《ムーチャー》の工場で「老柴《ラオチャイ》」と呼ばれる工員が周《チョウ》爺さんの同僚を通して金を借りにきた。息子と娘に殺されそうなので、大急ぎで金を作らなければいけない、という。普段から困った人を放っておけない周《チョウ》爺さんは、中国大陸時代から香港、さらに台湾に来てから貯めたお金を一度に引き出して、自ら老柴《ラオチャイ》に渡したのだった。

その後、老柴《ラオチャイ》は連絡を断ち、しばらくして多くの人が彼を救うために金を貸したことがわかった。そのうち三五〇万元〔当時の約1750万円〕が周《チョウ》爺さんが貸した分だった。

それからまた何年も経って、ある人が中壢《チョンリー》で老柴《ラオチャイ》を見かけたところ、両脚とも不自由になっていたという。騙された友人たちは憤慨して、死んじまえと言っていたが、周《チョウ》爺さんは、「死んでも、死ななくても、私はあいつに顔向けできる」と言った。

中壢で老柴《ラオチャイ》を見つけたのとは別に、台中で周《チョウ》爺さんの別の知り合いに出くわしたという人がいた。その知り合いとは、あの南京の初恋の人である。

周《チョウ》爺さんとずっと一緒に商売をしていた古い仲間が彼女にこう尋ねた。「周〇〇さんを覚えてますか?」

「覚えています」あの年に別れたとき、彼女は母親の胸の中で三日三晩泣き明かしたのだった。

今やその女性の髪は真っ白で、二男一女、三人の子どもがおり、子や孫に囲まれて暮らしているという。

仲間は周《チョウ》爺さんに、彼女に会いに行けと何度もたきつけ、あれこれ言い聞かせたが、周《チョウ》爺さんは行かなかった。同僚は苛立って爺さんに毒づいた。「おまえ、バカだな！　彼女のために一生独身で、ようやく見つかったのに、どうして会わないんだ?」

周《チョウ》爺さんに葛藤がなかったわけではない。実際、彼は台中まで出向いたのである。だが結局は、一通の手紙を同僚に頼んで彼女に渡してもらっただけだった。内容は紳士的で、周《チョウ》爺さんは心に秘めたあの女の子のために家族の平安を祈ったのである。

さほど親しくないある同僚が、年老いた周爺《チョウ》さんには台湾には肉親が一人もおらず、寄る辺ない身の上であり、一夜にして全財産を騙し取られたことを知り、ホームレス支援に特化した燈塔教会に行くよう、紹介してくれた。恩に感じた周爺《チョウ》さんは、まもなく牧師の導きの下に洗礼を受け、キリスト教徒になった。

「神様は私にとてもよくしてくださる」と、周爺《チョウ》さんは言う。

どんなふうに？　「私の父親は亡くなったが、神様が父親になってくださった。その上、教えてくださったのは、悪いことはしない、人は騙さない、本当のことを言う、嘘はつかない、喧嘩はしない、金の無駄遣いはしない、飯を食うときに祈りなさい、なんであっても祈りなさいってこと。私が覚えられたのはせいぜいここまでだけど」

その後、ある人が周爺《チョウ》さんを萬華社福センターに案内し、ソーシャルワーカーの張献忠《チャン・シエンチョン》に会わせてくれた。献忠《シエンチョン》は、当時八十歳の周爺《チョウ》さんにはもう他の仕事は無理だと知り、わずかの生活費を稼げるよう、人間看板の仕事を紹介した。

「相当疲れるんじゃないかなと思ったけれど、献忠《シエンチョン》は、ゆっくりやればいいよって」。周爺《チョウ》さんは日給六〇〇元〔約1800円〕から少しずつ始め、今日でもう十三年だ。

人間看板の仕事と同時に、献忠《シエンチョン》は周爺《チョウ》さんのために毎月一万一千元〔約3万8500円〕の低収入戸補助金を申請してくれた。大家は、「金額が少なすぎるから、もっと申請してあげる」と言ったが、周爺《チョウ》さんの答えは、「ダメだよ。政府の規定はこの金額なんだから」である。大家は、「あんたは根っからの庶民だね、私が行ってあげるよ」と言い、最終的には許可が降りて、毎月一万八千元〔約6万3000円〕になった。

今や九十三歳の周《チョウ》爺さんは、毎月、低収入戸補助金に頼って生活している。「私に飯が食えるうちは、献忠《シエンチョン》を煩わせない。他のヤツは献忠《シエンチョン》に頼んであれやこれや福祉金をもらってるけど、私はもらわない。飯が食えなくなるまでは、献忠《シエンチョン》のところには行かないよ」。献忠《シエンチョン》のところに行くと、四、五斤の米をもらい、バスに乗って錦州街《チンチョウチェ》に借りているバス・トイレ共同の部屋に帰ってくる。

家賃と基本的な出費を除いて、周《チョウ》爺さんは極力節約し、二年したら飛行機代も貯まるので、四川の実家に帰るつもりだ。

「二万五千元〔約8万7500円〕だって。ちゃんと問い合わせたんだ」

だが、すでに家族はいない。帰ってどうするのだろう？　「帰って母ちゃんの墓参りに行きたいんだ。ちょっと撫ぜて、線香をあげて、それから、ぎゅっと抱きしめたい……」

彼の名は周至銘《チョウ・チーミン》という。一つの時代を生きた名前である。

四川省出身の周爺さんは、戦乱の時代に生まれ、六歳で幼年兵に取られた。一度ほんのしばらく家に戻されたが、その後八十年以上一度も家族には会っていない。彼の願いはお金を貯めて家に帰り、母親の墓参りをすることだ。

苦労人たちの面倒を見る——阿新

阿新《アシン》と一旦おしゃべりを始めると、事情聴取をしているような錯覚に陥る。言葉が少なく、一言聞くと、一言返ってくるだけだからだ。

こんなに実直な人が騙されるなんてわからなくはないが、やはりため息が出てくる。

騙されて投獄される

阿新《アシン》は早くに母を亡くし、父は再婚した。新しい母は夜八時台の連続ドラマに出てくるような継母で、あの手この手で前妻が残した子どもをいじめた。そこで、阿新《アシン》は十歳あまりで彰化《チァンホア》県員林《ユンリン》の家を飛び出し、がむしゃらに生きてきた。

生活はずっと苦しかったが、ケーブル運送の仕事をするようになってようやくゆとりが出てきた。ひたすら運んで、運んで、これなら自分でもできるだろうと思い切って起業し、鉄道局と電信メーカーからケーブル盤を専門に回収する事業を始めたのである。商売の経験を積んだ後、阿新《アシン》はさらに別会社を立ち上げて同時に稼いだ。ただ、金儲けのことはわかっても、蓄財のことはわかっていなかったので、阿新《アシン》のポケットが札束でいっぱいになると、投資や出資を求める人が群がり、賭場や茶室*1、酒場などで有象無象とも関係し、「稼ぐそばから使ってしまった」。

幸い金の卵を産むケーブル回収会社では終始正しい経営がなされ、台湾全土で展開していた商売はいずれも不正がなく、損失もなかった。

だが、会社が創業二十周年の年、最も信頼していた倉庫主任の謀略により、阿新《アシン》は思いもよらず鉄道局から公共財横領で控訴され、十一年の刑を受けたのである。

うまく儲けようとして、反対に二重の損害を被った阿新《アシン》は当然不服で、二名の弁護士を雇って上訴し、三、四年後にようやく横領罪に変更され、刑期は一年九ヶ月に短縮されたのだった。だが、弁護士が出廷するたびに五万元〔約17万5000円〕かかり、弁護士を雇うだけで数十万元支払うはめになった。

入獄前に阿新《アシン》はまず新北市土城区《トゥーチェン》の留置場に四ヶ月拘禁された。同房の仲間が彼より二ヶ月ほど早く釈放されることになったので、阿新《アシン》は家族の住所や電話番号を伝え、妻に面会に来てほしいとの言づても頼んだ。

ところが、妻は面会に来るどころか、この男とだんだん親しくなってしまい、バイクも一台買い与えるほどだった。

留置所から出た後、阿新《アシン》はこのことを知って前後の見境がなくなってしまったが、妻の方は里長*2の監視カメラに男との親密な様子が写っていても決して認めようとせず、義母さえこの男の味方をする

＊1 風俗産業の一つで「阿公店《アコンティエン》」ともいう。店内は個室で酒を供し、女性がつくこともある。売買春が行われる場所でもある。

＊2 「里」は台湾の行政区画の一つ。「市」の下部には「区」が設置され、「区」の下部に「里」が設置されている。台北市の場合、区が一二、里が四五六。里長は里民に選出され、任期は四年。

始末であった。

　彼女らの言い分を飲み込めない阿新《アシン》は、男の家まで押しかけて罪を大々的に咎めるつもりだったが、相手はおそらくそれを予期したのか、早々とトンズラし、家も売りに出していた。だが、阿新《アシン》は何と言っても三十年近く樹林《シューリン》に住んでおり、かつての経済力や人脈もあり、権勢は相当なものだった。男が毎日夕方に子どもを学校に迎えに行くと、阿新《アシン》のために聞き出してくれた人がいたのである。阿《ア》新《シン》はすぐに学校の向かいで待ち伏せし、男を見つけるやいなや隠しておいた刀で相手に迫った。だが、隣が交番だったため、まるでブラックユーモアの喜劇よろしく、阿新《アシン》はその場で逮捕されてしまった。刑期は即刻半年加算され、さらに服役する前の不法占有罪も加えて合計二年余りの判決が下されたのだった。

　阿新《アシン》は入獄前に男を「家庭妨害」で告訴し、妻は出廷したが、男の方は召喚できないまま、訴訟の途中で入獄し、服役することになった。結局、証拠不十分で、男には問題がないとされたが、阿新《アシン》と妻の親権争いは彼の収監期間が半年を超えるため、裁判官は三人の子どもの親権をすべて母親のものとした。

　阿新《アシン》は前科もなく、獄中の態度もよかったため、一年あまりで仮出所できたが、そのときすでに六十歳になっていた。しばらくしたら、あの男だけでなく、二人をこっそり一緒にさせた義母を探し出して復讐してやろうかと思ったが、少し考えてやめた。「おれももう年だし、三人の子どもも大きくなったし、もうあいつを探して仕返しする気はないよ。いつまでもムショに入ってられないし。死ぬまでとか?」

艋舺公園の恩人たち

萬華《バンカ》の龍山寺《ロンシャンスー》地区にやってきた阿新《アシン》は、「女房は人に盗られて、何もかも無くなった。でもまあ、いいか！　ここに寝泊まりするさ」といって、艋舺公園に空いている場所見つけた。夜九時以降はダンボールを敷いて眠り、翌日、食事の時間になると他のホームレスについてボランティアが配る弁当の列に並ぶ。他のホームレスが大理街《ターリーチェ》の人安《レンアン》基金会＊に彼を案内してくれてからは、無料の愛心弁当を食べるようになった。食と住の問題がなくなり、阿新《アシン》は心理的に少し落ち着いた。

一ヶ月後、阿新《アシン》がなかなか仕事を見つけられないのを見て、親切なホームレスが、「困ったことがあれば、すぐ献忠《シエンチョン》を探しに行きな！」と、萬華で生きていくための大事な情報を教えてくれた。

献忠《シエンチョン》は阿新《アシン》のために人間看板の人材を募集しているポスティング会社を探してくれた。ただし、数ヶ月待たないと仕事の機会はないという。幸い彼が眠る場所には毎朝五時過ぎになると八十代、九十代の老人五人が集まり、夜の八時、九時頃までおしゃべしりした後、ようやく一人一人帰途につくことになっていた（そんな訳で、この場所は空くのだろう）。老人たちは動作が緩慢で、一日中そこにいて、買いたいものや食べたいものがあるとすぐに阿新《アシン》を手招きして手伝いを頼む。出所後の苦しさや仕事を待つ焦りは、この老人たちが彼のことを後輩のように扱ってくれたおかげで、ようやく少し

＊　財団法人人安社会福利慈善基金会（Zenan Homeless Social Welfare Foundation）は、曹慶《ツァオ・チン》氏が一九九〇年に始めたホームレス支援のボランティア活動を出発点に、二〇〇二年五月三十一日に設立された。現在では台湾の十八箇所で「平安ステーション」を展開し、「食事、医療、防寒」サービスを提供する他、心理的なケアや就労支援などを行っている。二〇一二年以降は、シングルマザーの支援にも力を入れている。

は軽くなった。正月にはみんなが二万元〔約7万円〕近く集めて、阿新《アシン》にお年玉をくれた。

三年が過ぎ、阿新《アシン》がついに人間看板の仕事で安定した収入が得られるようになったとき、未だ健在で阿新《アシン》とおしゃべりできたのは、残念なことにおじいさんが一人とおばあさんが一人だけだった。

人間看板界の人事部長

阿新《アシン》の人間看板の仕事は朝九時から午後五時半までで、一時間立つごとに十分間のタバコ休憩があり、トイレにも行ける。昼にも一時間の休憩があるので、実質立っている時間は六時間に満たない。人材派遣のポスティング会社が時々パトロールにやってくるものの、人がそこにいさえすれば問題はない。いずれにせよ、人に看板を挙げてもらう最大の狙いは広告を打つことで、万が一誰かがその場にいない場合、看板は警察か環境保護局にすぐさま没収されてしまう。

ポスティング会社は以前よく車で萬華地区に出向いて人を探していたが、自ら会社まで応募に行く人はごく僅かだった。その後、会社は阿新《アシン》の責任感と卑しくない人柄を知り、毎日、彼に頼んで仕事のできる人を探してもらうことにした。そうすれば、ポスティング会社は人材を確保し、管理・配分する労力をかなり軽減することができるのである。阿新《アシン》もこれなら、一人でも多くの路上生活仲間のために仕事の機会を確保できると思い、二つ返事で承諾し、直ちに社福センターや人安基金会、艋舺公園などホームレスが集まる場所にチラシを置いた。

阿新《アシン》を通じて仕事のチャンスを求める人は次第に増え、ポスティング会社は一人当たり日給八〇〇元〔約2800円〕を支払ったが、阿新《アシン》はその中から一銭たりともピンハネしようとはしなかった。「だってここのヤツらはみんな苦労してるから」

ポスティング会社の仕事は毎週火曜日と木曜日で、阿新《アシン》は仕事のある日は朝六時、時間通りに龍山寺の向かいに出かける。人間看板やチラシ配布を希望する人には彼のところまで受付しに来てもらい、それから人材の割り振りを始める。七時になるや、ポスティング会社の社員が車でやってきて、各人にまず二〇〇元〔約700円〕の賃金を支払い、彼らを車に乗せて各地の交差点に連れていく。それは台北から桃園までの範囲で、退勤時間になると一人一人を迎えに行き、再度六〇〇元〔約2100円〕を支払うことになっている。

ポスティング会社で人間看板をする人の中には、それまで阿新《アシン》のような役割を果たす人はいなかった。おそらくそれは、現在の企業で言われる「ヒューマン・リソース部門」のようなものだろう。阿《ア》新《シン》はこの仕事を生き生きとこなし、今では毎回常に六、七〇人が固定的な仕事に就いている。ポスティング会社の女社長は彼のリクルート能力と組織力に感謝し、阿新《アシン》には応募者一人当たり一〇〇元〔約350円〕を渡している。一週間に勤務日が二回あれば、阿新は現在のリクルートの仕事だけで一ヶ月に四万元〔約14万円〕あまりを稼ぐことができ、その場でもらえるのだ。自分で看板を挙げないですむばかりか、彼の両隣に寝泊まりするホームレスにも手伝ってもらうようになった。さすがに人が多くなれば、処理すべき雑事も増えるからだ。

では、今は家を借りて住むようになったのですか？

「いいや」

毎月四万元以上もらえるのでは？

「でも、ここの人たちの面倒をみなきゃ」

阿新《アシン》はどうしても艋舺公園で寝泊まりを続け、少しでも彼ら労働者のそばにいようとしている。「ぶっちゃけ、基金会でも教会でも、どこでも寝られるのに、おれがなんでここに残ろうとするのかって？　こいつらの面倒をちゃんとみたいからだよ」

毎回、六時に集合するとき、阿新《アシン》はいつもシャオピン〔中華パン〕や肉まんを買って、作業に出る人たちに配り、夕方、車が戻ってくると、また彼らのために軽食用の腸詰めを買う。朝晩を加えると大体二千元〔約7000円〕の出費で、一ヶ月に八回はある。

彼ら「ヒューマン・リソース部門」の六、七十人の生活困窮者について、阿新《アシン》は一人一人の状況を知り尽くしており、一時的に急な入り用のある人は、いつも彼のところにやってくる。「おれは今、基金会で飯を食って、足りないものがあればすぐ社会局に行ってもらう。残った金は善行に使うんだ。金なんて、おれにとっては無常なもんで、暮らしていければそれでいい」

阿新《アシン》がリクルートした人の中には、八十歳以上が三、四人、七十歳以上も数人いる。中には体を動かすのに骨の折れる人もいるが、皆とても真面目に看板を挙げ、チラシを配っている。阿新《アシン》は毎回会社の車で巡回に出るとき、いつも会社の人に誰々は足が不自由なので椅子の準備をして休ませてあげてなど、逐一注意している。

台風の日も彼は皆を守り、風雨のさなかに街頭で看板を持たせるようなしんどいことは絶対にさせない。「台風の日はどこを摑めばいいんだ！　立ってることさえできないのに、看板まで持てるかよ。万が一看板が風に吹き飛ばされて、人にぶつかったらどうすんだ？　ああいうことは、誰にもやらせない」

もっとも、阿新《アシン》にも彼なりの決まりがあった。

「働きたくてやって来るヤツにはこう言うんだ。お前らが普段酒を飲むのはかまわない。でも、看板の仕事をするときは絶対に飲むな。もしおれに見つかったら、二度と使わないからな」
規則を破りがちな人もいるが、もし相手が本当に苦しんでいるなら、阿新《アシン》は心配して再度機会を与える。阿新《アシン》がそうしたいなら、女社長も彼の言うことを聞くのだ。だが、また破れば、心を鬼にせざるを得ない。

一度、ある男が人間看板の仕事に登録し、朝の出発時に二〇〇元〔約70円〕の頭金をもらった後、仕事の途中で逃げ出してしまったことがある。これはすでに二度目だった。夜、阿新《アシン》がこの男を見つけたとき、相手の口調がすこぶる挑発的だったため、阿新《アシン》は激昂し、こらえきれずに拳を振り回した。

「殴るぞ。食う金がないから、お前はおれのところに来たんだろうに。看板やりたいなんて騙すんじゃねえよ。二度も放り出して。こういうことじゃ江《チャン》さんが困るんだよ。もしうまくいかなくなって、江《チャン》さんが商売やめたら、他のヤツらはどうすんだ?」

阿新《アシン》は現在すでに事業の版図を三つのポスティング会社にまで拡大し、江《チャン》さんの会社はそのうちの一つだ。彼女は人柄があっさりして、工員の待遇もよく、支給すべき金が滞ることはない。以前、ポスティング会社は「艋舺」の人と聞いただけで、雇用したがらなかった。野宿者や酒飲みは会社によく迷惑をかけるからだ。だが、江《チャン》さんは彼らがいずれも困窮していることに同情し、阿新《アシン》を通してもっぱら彼らに仕事を任せようとしてくれ、彼女の会社だけで毎回四〇件の求人がある。

苦労人が苦労人の面倒をみる

艋舺公園での暮らしが長くなると、生活困窮者の中には確かに労働能力のない人がいることもわかってきて、阿新《アシン》はたまに五〇〇元〔1750円〕、千元〔3500円〕、時には数千元あまりの金を彼らに渡すことがある。食事を提供する基金会が物資購入の必要があるときは、時おり直接金を払って賛助したり、社福センターには最近困っている人はいないか、積極的に尋ねたりしている。

阿新《アシン》は自腹を切って援助したいとは願っても、ポスティング会社の金を騙し取って飯を食うような人のことは許さない。「一人の人間が、大勢の苦労人に迷惑かけちゃダメなんだ」

阿新《アシン》の報酬がここまで手厚くなったため、競争相手も出てきて、日給八五〇元〔約3000円〕で釣ろうとする人もいる。だが、相手の気性が荒いため、今のところ二十数人の人材しか集まっていない。

「おれはここに住んで長いから、誰とどんなふうに接したらいいか、みんなわかってるんだ」。そのため、阿新《アシン》の手のうちにある人材は常に安定し、途切れることはない。だがそのことが、萬華の地蔵廟前にいるチンピラ三人をおびき寄せ、強請《ゆす》りやピンハネをやりたいと思わせてしまったのだ。彼らはポスティング会社が阿新《アシン》に渡す金を分捕ろうとしたり、阿新《アシン》が人間看板やチラシ配布の人に渡す賃金から五〇元をピンハネしようとしたのである。

「おれの金で困ってる奴らの面倒をみるのは、おれの望むところだが、あいつらチンピラは何もしないで金だけ欲しがってる。そんなこと無理だろ！　びた一文だってやるもんか！」

阿新《アシン》の身辺にいたホームレスもこれを耳にして憤懣やるかたない様子で、地元の角頭《ガタオ》〔ヤクザ組織のリーダー〕に出てきてくれるよう手を回してくれた。この角頭《ガタオ》は、チンピラたちにただこう言った。「こちらは真面目な方なんだから、お前らはこんな卑劣なことをするんじゃない」。この一言ですぐ収まりがついたのだった。

阿新《アシン》は礼儀に則り、一席設けて角頭《ガタオ》に食事を振る舞い、ホームレスの苦労人たちと自分からの謝意を伝えた。

落ちぶれて路頭に迷ったとはいえ、義理堅い阿新《アシン》が出会った貴人は少なくない。後に阿新《アシン》が兄貴分と認めたある人は、夜になるといつも萬華にやってきて大家楽をしたり、お茶を入れたりする。彼は阿新《アシン》のことが気に入り、阿新《アシン》が落ちぶれていたとき、手厚く世話をしてくれ、自分の家で暮らすよう誘ってもくれた。だが阿新《アシン》は、やはり大勢の面倒をみるという責任感から、それを断わった。時間が経つうちに、阿新《アシン》はこの兄貴分が信用の置ける人であることを知り、数万元を彼のところに預け、必要な時に都合よく使えるようにしている。

なぜ自分の口座に預けないのだろうか？　なんと阿新《アシン》が以前やっていたケーブル盤回収とは別会社の経理担当者が、阿新《アシン》の稼いだ金をすべて株の購入に充て、納税しなかったため、国税局から十倍にあたる金額、つまり「数百万元の十倍！」の罰金を科されたことがあったのだ。破産宣告された阿新《アシン》の名義ではいかなる財産も二度と所有できず、さもなければ政府によって即刻自動的に差し押さえられてしまうだろう。

現在、ポスティング会社の人材を世話しないでいい朝、阿新《アシン》は六時過ぎに萬華の寺廟巡りを始める。龍山寺、祖師廟、地蔵王など、全部で六ヶ所だ。彼の住居には料理を作る場所がないため、果物を買ってお参りに行くのだが、阿新《アシン》はこの儀式を運動だと思って、糖尿病を患っている体に注意したり、自分と苦労人たちのために敬虔に祈る。

一巡りして公園に戻ってしばらく休むと、特に世話を必要とする人がいなければ、賭け事もせず、酒も飲まない阿新《アシン》は人安基金会に行って手伝いをする。そこでは毎回、七、八〇人が食事をするため、なんらかのいざこざは避けられず、阿新《アシン》が仲裁することになっている。

阿新《アシン》が獄中にいたとき、娘は母親同様、彼のことをまったく構わなかったが、息子はお金を持って面会に来てくれたことがあった。彼は、父親の罪が従業員による罠であったと知っていたのだ。息子はすでに仕事を始めて独立したそうだが、阿新《アシン》はやはり息子の結婚や出産のために貯金できたらと思っている。他の心配はない。

「ただそれだけだ。ちょっといいことをして、健康であれば、それでいい。おれは思うんだ、今みたいに安定した暮らしが続けられれば、これから息子に少し残せる、って……」

最もシンプルなスタイルで生きてこられた人は、私利私欲がなく、もう自分のことを考えなくてもいいのかもしれない。

もともと一介の人間看板に過ぎなかった阿新は、責任感があり、品行方正でもあったため、やがて人間看板界の「人事部長」となった。責任者として、この仕事をホームレスに割り振り、60～70 名の生活困窮者の面倒を見た。

天理と私欲の戦い――強哥

強哥《チャンコー》との話が長引くと、注意しなくとも自然に目に入るのは、彼が深呼吸をせずにはいられないということだ。それは、どうも彼がホームレスになったばかりのとき、余計なお節介をしたことの後遺症らしい。

それは二〇〇八年の、ホームレスがまだ台北駅の地下駐車場に寝泊まりできた良き時代のことである。精神障害のある六十過ぎの女性ホームレスがいた。彼女の長い髪はもつれあって箒《ほうき》よりもずっと硬くなり、どのくらいとかしていないか、洗っていないかわからないほどだった。酒に酔った三人のホームレスが、汚い彼女を駐車場から追い出そうとしたとき、義侠心のある強哥《チャンコー》はそばにいて、我慢できずに余計なことを二言三言口にしてしまったのだ。「外は雨が降ってるし、彼女をここで寝かせてやったって、別にいいだろ?」三人のホームレスは不服そうだったが、そばに寝ている他の者も皆、強哥《チャンコー》に同意したので、下品にわめきちらして怒りを露わにしたまま立ち去った。

目を覚ましたとき、強哥《チャンコー》はなんと中興病院に横たわっていた。というのは、夜中にみんなが熟睡しているのをいいことに、あの三人のホームレスが鉄パイプや棍棒を手に、血胸〔外傷などにより胸腔内に血液が貯留する疾患〕と肋骨陥没を起こすまで強哥《チャンコー》を滅多打ちしたからだ。幸い病院に運ばれたとき、同情した医師が「助けなかったら、死んでしまう」と言ったので、健康保険証もなく、家族と連絡を取りたがらない強哥《チャンコー》になんとか緊急手術が施され、その後、集中治療室に入れられたのだった。加えて、萬華社福センターのソーシャルワーカーの助けもあり、一命をとりとめたのである。

言ってみれば、真に運がよかったのはあの三人の酒に酔って強哥《チャンコー》を殴ったホームレスであった。もし数年早ければ、強哥《チャンコー》は退院後、絶対に彼らの手足をへし折っていただろう。

チンピラ学生

強哥《チャンコー》は高校時代、最終的に四つか五つ学校を変わったのだが、自分でもはっきり覚えていない。だが、高二の頃から悪くなったことはわかっている。最初はただ授業をサボることだった。サボった後は、クラスメートに台中の成功路《チェンコンルー》にあるビリヤード場に連れて行かれ、そこでぶらぶらしたり、酒を飲んだりしていた。「英語でsnooker（ポケット・ビリヤード）ってやつだよ。あそこはゴロツキやチンピラの溜まり場だったんだ」。スヌーカーをして、勝って金が入るや、隣の有名なダンスホール「セレナーデ」に飛びこんで、午後三時から六時までの「ティーダンス」〔ダンスホールで午後の遅い時間帯に行われるダンスパーティー〕に加わった。強哥《チャンコー》はそこでヤクザ組織の人物と知り合う。

当時、ヤクザ組織は台湾掛と外省掛*に別れ、両者の間には明確な境界線が引かれていた。南投《ナントウ》竹山《チューシャン》出身の強哥《チャンコー》は台湾掛のグループ「百花小九《バーフェショウギュウ》」に加わって「小九仔《ショウギュウア》」と呼ばれ、一九六〇年代半ばにはその一帯でいっぱしの人物になっていた。「毎回、喧嘩になると、『お前どこのやつだ？』

* 「掛《クア》」はもともと暴力団の派閥を意味する。第二次大戦後、中国各地から台湾に移住した外省人の子弟は「眷村《チュエンツン》」と呼ばれる軍人村で生活していたが、自分たちの生存と利益、現地勢力との対抗のために団体を形成していった。外省人子弟のグループは「外省掛」、対抗する現地勢力のグループは「本省（台湾）掛」と呼ばれた。

って聞かれて、『小九仔』っていうと、みんなすぐわかるんだ」。強哥《チャンコー》と同じ学校のチンピラたちはほとんど彼とつるんでいた。「おれたちは、今のテレビに出てくる十六、七歳の『黒服』みたいだったが、当時は『チンピラ学生』って呼ばれてた。このレッテルを貼られたら最後、大人になってほとんどがヤクザになったよ」

ヤクザ組織に入るには、何か儀式とか訓練があるのですか？

「別にないよ。たったひとつの条件だけで。つまり、『度胸がある！』ってこと。殴れて、殺せれば、兄貴分に重用され、もらえる金は多く、毎日うまいものが食えて、酒も飲めた」。盟約を結ぶ儀式も不要で、兄貴分が酒席を買って出て、みんなで一杯飲めば、それで加入と見なされた。

強哥《チャンコー》は退学させられて雲林《ユンリン》の高校に転校した後、大学に受かるわけはないとわかっていたので、また別の兄貴分とつるんで、徴兵前の時間をヤクザ社会にどっぷり浸かって出鱈目に過ごした。「この世界にはたった二つの財源しかない。『博打』と『女』だ。店を任されると、営業時間は店の近くで、警察や怪しいヤツがいるかどうか監視するんだ。そうすると、兄貴は生活費をくれるってわけさ」

終わらなかった兵役

強哥《チャンコー》は、海軍での三年間の兵役をくじで引き当て、ようやく士官学校に振り分けられたかと思うと、補導長と考え方が合わずに脱走した。一週間後に家族から戻るよう忠告されたが、軍事法廷で一年の判決を受けた。当時、軍事法廷で下される刑罰はほとんどが僻地での苦役で、強哥《チャンコー》は嘉義《チャーイー》県布《プー》袋鎮《タイチェン》の海岸埋め立て地にある励行大隊に送られた。「ああ、本当にキツかった！　海の埋め立てに堤防建設、テレビで見る外国の奴隷労働キャンプよりもずっと苦しかった。労働量から管理システムまでまったく人道的じゃないんだ」

天日製塩場の土は湿っぽくて塩分も含むため、特に重い。全員が天秤棒を担いで走らされたが、それは必要からではなく、長官の悪辣な懲罰によるものだった。動作がほんの少し緩慢になっただけで、班長の手にした天秤棒で殴られるので、兵隊の中にはあまりに辛くて、逃げ出すものもいた。「でも、捕まって戻されると、死ぬほど殴られるんだ。文字通り殴り殺されることもある。さもなければ、太ももをめちゃくちゃ打たれて、皮膚は火傷したみたいになった。卵を太ももに置いたら、「ジュー」ってすぐ焼けちまうほどだ」

打ち殺されたらどうするんですか？　「死体を海に捨ててから、脱走や失踪、入水の報告をする。全部そんなふうに処理するんだ。死んだヤツは多いよ」

そんなに苦しかったのに、なぜ逃げなかったのですか？　「逃げられないよ。もし逃げられるなら、きっと逃げてた。あそこじゃさ、一〇〇人のうち九九人まで、みんな逃げたがってた。あんまり辛いんで」。幸い、強哥《チャンコー》は学生時代スポーツが好きで、体が屈強だったため、何とか耐えられたのである。一年経たないうちに減刑されて陸軍に戻り、「『石の兵隊』になって、河辺で採石したんだ。今の採石場と同じだよ」

なぜ兵士が採石をしなければいけなかったのですか？　「長官にやらされたんだ。あいつ、こっそり商売人に売ってたんだぜ。でも、おれはまた逃げた！」強哥《チャンコー》はせせら笑いながら言った。

強哥《チャンコー》は脱走した後、台北のヤクザ社会に戻り、たいていいつも民生東路《ミンシェントンルー》や新生北路《シンシェンペイルー》のあたりでぶらぶらしていた。「あのあたりは性風俗の密集地、閩南語《ミンナン》で『猫仔間《ニャオアギン》』ってやつだ。売買春があるところはヤクザ社会で、アパートの中は複雑だった」

実際、そのエリアは完璧な生態系をなしていて、ビジネス連鎖の中でセックスワーカーからヤクザ、旅行代理店、日本人観光客、土産物屋などが繋がっていた。「『Omiyage』買うのを紹介したり、日本人の客に女を探してやったり、今の林森北路《リンセンペイルー》のあたりと同じだよ」

現在、非常に有名なある旅行代理店は、当時、ちっぽけな店構えに過ぎず、もっぱらセックスワーカー相手にブラックマーケットの商売をやっていたが、セックスワーカーが客からもらった米ドルや日本円のチップをその店に持って行って台湾ドルに変えると、中間利益は驚くほどだったという。そこで、強哥《チャンコー》を呼んで一緒に金づるを恐喝した人がいたのだ。

強哥《チャンコー》は「銃」のジェスチャーをしながら、「あの頃、これはまだなかった」と言った。「実際、あるにはあったが、多くはなかったんだ。ほとんどが外省掛から流れてきたやつだ。あいつらはだいたい軍人の身内だから。台湾掛のほとんどは、せいぜい刀や短刀、一尺八寸〔約五五センチ〕～二尺四寸〔約七三センチ〕の刀で、昔、日本のヤクザが使っていたやつだ」

強哥《チャンコー》がもっぱら身につけていたのは「扁鑽《ピーツン》」〔日本の忍者が使った両刃の道具「くない」（苦無・苦内）に似た小型の武器〕で、あの頃は数千元、数万元を脅し取れれば万々歳だった。旅行代理店も「ヤクザの共食い」になるため警察には通報せず、あるとき社員が殴られて怪我をしてからようやくしぶしぶ通報するという具合だった。

もしガサ入れにあわなければ、事件が起きることもなかっただろう。

あの時代、林森北路には米兵が出入りするバーが多く、彼らはよくそこでのんびり酒を飲み、ビリヤードに興じていた。こうした場所に頻繁に出入りしていた強哥《チャンコー》はスヌーカーが上手く、よくアメリカの軍人と五〇ドル〔約1万8000円〕、一〇〇ドル〔約3万6000円〕と賭けていた。

あなたは高校だってまともに出ていないのに、英語はそんなに得意なんですか。

「いやあー、ブロークンさ。どっちにしろ、通じりゃいいし、そうでなきゃ八哥《パークー》もいたし」

八哥？　モノマネができる八哥鳥《パークーニャオ》〔ムクドリ科のハッカチョウ〕のこと？

強哥《チャンコー》はアルファベットを並べて言った。「“bar girl”だよ」

彼は思い出に浸りながら、自慢げに言った。「やればほぼ必ず勝った。今じゃ年とってテクニックもあの頃のままってわけじゃないが、それでも時々アムウェイ盃〔台湾のアメリカ企業アムウェイ協賛による女子ビリヤード世界選手権〕は見に行くんだ」

ただ、ある日警察のガサ入れにあい、強哥《チャンコー》はまず「脱走兵」の件で派出所に連行された後、旅行代理店の件も照合されて殴られた。「なんてこった、もちろん拳骨で頭を殴られたんだけど、木の板でも足の裏をイヤというほど殴られて、仲間のことを吐くよう強要された。おれは言わなかったね。若かったから、仁義を通したんだ」

恐喝罪で一年二ヶ月の判決を受け、さらに陸軍第一軍団留置所のことを持ち出されて、脱走兵の罪で軍事法廷により一年四ヶ月の判決を受けた。「当時、総司令官は郝伯村《ハオ・ポーツン》だった。でも、……おれはまた逃げたんだ。今度は『脱走』だった。脱走兵みたいな逃げ方じゃなくて、留置所からの脱走だ」

そんなに上手く逃げられるんですか？　「難しいさ。第一軍団留置所はすごくでかくて、三、四メートルの高い壁があるし、憲兵も監視してる。おれは公務の出張を利用して逃げたんだ。体が丈夫だったから」

そんなにたくさんの脱走記録があるのに、あえてあなたを出張させたのですか？　「だっておれの刑期は短かったから」

強哥《チャンコー》は脱走後、当時そこでダンサーをしていた恋人を頼って、台北の漢口街《ハンコウチェ》にある「東方グランド・ダンスホール」に逃げ込んだ。だが、ある晩、ガサ入れで危うく捕まりそうになったところで、恋人から軍に戻るよう必死に説得されたのだった。

「おれは個性が強く、やることは衝動的だけど、感情は大事にするんだ」。愛する恋人の哀願には逆らえず、彼は留置所に出頭することにした。幸い当時の軍事法廷は腐敗しており、恋人があり金数万元を持って強哥《チャンコー》に同行してくれた上、彼女がとても綺麗だったため、長官は寛大な態度で対処してくれた。

脱走兵の刑期が満了して兵役に戻ると、強哥《チャンコー》は陸軍から海軍に戻された。

「ところが、おれは左営《ツオイン》の海軍エリアに戻った翌日、すぐ逃げたんだ。今度は台中まで」

でも、あなたはさっき恋人が台北にいるって言ってたでしょう？　「ああ、そうだけど、何人もいたんだよ。おれ、条件よかったし、若かったから！　今日はここで寝て、明日はあそこで寝てって、その方がわりと安全だろ」

その恋人もセックスワーカーだったが、強哥《チャンコー》は真面目にこう言った。「おれがムショの中にいるときは別として、どんな女と付き合おうと、おれは女を休ませて、仕事はさせなかった。おれはヒモにはなれないんだ」

あなたの恋人は皆セックスワーカーだったんですか？

「おれが素人の女に出会えるわけないだろ。高校時代の初恋の相手は南投信義郷《ナントウシンイーシャン》の客家《ハッカ》だったけど、そのあと台中市議の嫁になった。あの初恋の相手は別にして、それからはもう素人の女に近づいたことはない。女運は切れ目がなかったけど、おれにはある種のタブーがあったんだ」

理由を尋ねると、強哥《チャンコー》は言った。「今でもずっと廟に行くのが嫌だってのと同じで、一種の罪悪感とか劣等感だね。どっちにしろ、もうワルなんだけど、ワルくなり過ぎないってことさ。『盗賊にも盗賊の道理』って知ってるだろ」

警備総本部初の脱走犯

翌年の冬、強哥《チャンコー》は台中であるヤクザの兄弟分を殺そうとした。「一般的に外省掛は隠語であいつみたいなヤツのことを『跑二牌《パオアーパイ》』って呼んでる。本省掛がいう『抓耙仔《ジャオベーア》』〔告げ口や密告をする人〕、つまり、外の利益を得るために自分の組を売るヤツのことだ」。ただし、強哥《チャンコー》は彼に重傷を負わせただけで、死なせはしなかった。

ところがその年末、強哥《チャンコー》は有名な酒場「酔月楼《ツイユエロウ》」で日本人と衝突を起こし、ベロベロに酔っ払った状態で警察に捕まった。もともと脱走による軍法三年の判決に加え、二年の再教育を受けることになっていたが、その後、例の抓耙仔《ジャオベーア》がこの情報を耳にして警察に通報したため、さらに「殺人未遂」の六年が加わり、計十一年となった。

再教育では何をするんですか？

「訓練だよ。おまえチンピラか？　よし、おれがおまえを懲らしめてやる！　おまえボスだって？ここに来たら誰がボスかわかるか！　って具合でね。今みたいに獄中で手工芸品を作らせてくれるのとは訳が違って、あの頃の再教育は肉体的にも心理的にも相当きつかった」

強哥《チャンコー》はさらに説明してくれた。再教育隊には二種類の人間がいて、一つはチンピラ、一つは泥棒で、この二種類はヤクザの地位として天地ほどの開きがあったという。立派なヤクザの親分は、三つの罪は犯してはならぬと警告する。第一が泥棒で、聞こえが悪い。第二が「薬物」。ヤクは人の一生を台無しにするからだ。「おれみたいなヤツはこれまでどんな悪事もみんなやってきたけど、兄貴分がやるなと言ったヤクだけは、本当に興味がなかった」。実際、誰にもやれるわけではないが、留置所では出廷するときを狙って、ヤクを肛門の中に押し込むか、口に含む人もいたという。あるいは、家族と接見するとき、豚肉の中に隠し、危険を冒して中に入れることもあったそうだ。「すごく高いんだ。一個五〇〇ミリグラムのカプセルが八千元〔約2万8000円〕もする」

第三が、一番ヤバイやつで、良風美俗の壊乱だ。「特に性暴力で、ヤクザの世界では『バナナ事件』っていうんだが、性暴力でムショにぶち込まれると半殺しの目にあう。歯ブラシで性器をこすられたりもする。こういうヤツが留置所に入るとすぐ、裁判に入る前に、中央台の警察が他のヤツに根回しして、そいつを処罰させるんだ」

再教育の後、強哥《チャンコー》はその他五、六〇人と共に景美《チンメイ》の警備総本部軍事法廷に移された。「だって一般の軍人監獄はおれらみたいな『悪ガキ』が好きじゃないから。管理が難しいだろ」

ただ、警備総本部って、「思想犯」を監禁するところですよね?

「そうだよ、中には美麗島事件*の黄信介《ホワン・シンチエ》だの林義雄《リン・イーション》だの、施明徳《シー・ミントゥ》、姚嘉文《ヤオ・チャーウェン》、呂秀蓮《リュー・ショウリエン》、陳菊《チェン・チュー》だのがいて、おれたちは留置所の同級生さ。そうそう、あの頃、あの人たちはおれに頼ってたんだぜ!」

警備総本部に移送された後、強哥《チャンコー》はまず洗濯場で働き、三軍総合病院など国軍病院のシーツや衣服の洗濯とアイロン掛けをやらされた。ところが数ヶ月後、長官から突然、学力テストを受けるように言われた。強哥《チャンコー》はもともと高校程度の学歴を持ち、字もきれいだったので、「監視室」の仕事に移って、美麗島事件の思想犯の監視を専門にやれというのである。

思想犯は警備総本部の保安処でとてつもなく痛い目に合わされ、供述を取るために、男なら捕まるとすぐ殴られた。テレビで見るように電話帳を体に押し付けて金槌で殴るのだが、そうすれば傷跡は残らない。「女なら殴られないが、その代わり、服は全部脱がされて、冷房を一番低い温度まで下げ、扇風機で風を送られるんだ。情報を提供して、供述書にサインしないと、見逃してもらえなかった」

毎週水曜日の面会時間でさえ、監視室には常に一部の隙もない布陣が敷かれ、強哥《チャンコー》はマジックミラーを通して彼らを監視した。後ろには四台の録音機器が設置され、それが作動すると同時に強哥《チャンコー》も要点を速記する。毎回一人を担当し、時間は一人当たり三〇分だった。強哥《チャンコー》は彼らが何を喋るか聞くだけでなく、ちょっとした合図や合言葉、あるいは手のひらに字を書くなど、細かいことにも注意した。

軍法処の長官はこれら政治犯の監視記録を非常に重視し、毎回面会が終わるとすぐ、強哥《チャンコー》は退出する前にそのメモを警備総本部総司令の陳守山《チェン・ショウシャン》に提出するのだった。

面会の交代時に強哥《チャンコー》が監視室の入り口でタバコを吸いながら待機していると、美麗島事件の思想犯たちとばったり出くわすことがあった。彼らはいつも言ったものだ。「(日本語で)陳さん、(台湾語で)お手柔らかに!」

強哥《チャンコー》もいつもこう答えた。「簡単ですよ、三〇分の録音は一分だって逃げられませんから、言うべ

＊ 蒋経国統治下で戒厳令下の一九七九年十二月十日、世界人権デーに高雄市で起きた反体制運動弾圧事件。「高雄事件」とも呼ばれる。「美麗島雑誌社」のメンバーを主とする党外分子(非国民党籍)が高雄市で集会とデモを企画し、言論の自由と民主化を要求したところ、台湾当局によって激しく鎮圧され、市民らと衝突した。二百人近くが負傷し、台湾政府は党外分子を逮捕した。黄信介、施明徳、林弘宣、林義雄、姚嘉文、呂秀蓮、張俊宏、陳菊の八名が軍事裁判にかけられた。弁護人には、陳水扁《チェン・シュイビエン》、謝長廷《シェ・チャンティエン》、蘇貞昌《スー・チェンチャン》らがいた。

きことは言って、言っちゃいけないことは、身振りですればいいんです。身振りは録音できませんから。私が助けられるのは、これだけです」

強哥《チャンコー》はこの監視の仕事のために党外の内幕にかなり通じているようだったが、彼は人間性を見尽くしたように、ただ黄信介や姚嘉文、林義雄のことを尊敬しているとだけ言った。特に林義雄のことを。強哥《チャンコー》はちょうど彼の隣の部屋で、風呂場も同じだったが、林義雄はとてももの静かで人とあまり話さなかったという。国民党のある大物が何度も面会にやってきて、林義雄に頼んだことがあった。林の妻の方素敏《ファン・スーミン》が夫の代わりに選挙に出て民意代表の座を争うことのないよう、妻に諦めさせてくれというのだ。交換条件として林義雄の禁錮期間を数年短くすると持ちかけたが、彼は淡々と「私は命だって要らない」と答えたのだった。

「ああ、おれみたいな人間はこの話を聞いて、林さんがヤクザの親分にしか思えなかった。本当は知識人なのに」と、強哥《チャンコー》は言う。

この大事な仕事のおかげで、長官は強哥《チャンコー》に度々特別待遇を与え、夜になると彼を誘って飲んだり、喋ったりすることもあったという。一九八一年に強哥《チャンコー》が警備総本部にとって史上初の脱走犯になるとは誰が予想しただろう。長官たちはひどく緊張してこのニュースを明るみに出そうとはしなかった。脱獄の動機は、家族が面会に来たとき、彼の兄が商売で事を起こし、今も拘留されていると話したことだ。それを耳にするや、強哥《チャンコー》は苛立って正気を失い、即刻、兄の仇を討ちたくなったのである。だが、警備総本部が監禁していたのは思想犯だったため、警備はことのほか厳重で、四カ所の守衛所の他、最上階では憲兵が二十四時間監視していた。ただちょうど折りよく、いつも強哥《チャンコー》を帯同して門外に報告書を提出しに行く外省籍の老兵がその日は時間がなく、新米の大尉が彼に付き添っていた。一九八〇年五月十日、強哥《チャンコー》は逃げた。

「ああ、とんでもないことになっちまった！　本当に上手く逃げられなかった。以前、軍法処でも逃げたことはあったけど、警備総本部から逃げるのはわけが違う」。探し出されて尋問を受けたのは彼の身内だけでなく、身内の友人にまで及んだ。さらに一般的な刑事事件の八号内線*を使って全国に指名手配されたのである。「なんてったって、おれがあの中でやってた仕事はデリケートすぎるからな」

十数日後、強哥《チャンコー》は故郷、南投竹山《チューシャン》で逮捕された。「言ってみれば、家族がおれを売ったんだよ。プレッシャーが大きすぎて。警備総本部だなんて、冗談だろ！」

逮捕される前の晩、家族が強哥《チャンコー》に電話をよこした。大事な話があるという。強哥《チャンコー》も家に戻って幾ばくかの金を持ち出したいと思っていた。結局、兄のやっているお茶屋の二階にようやくたどり着いたところで、四方八方からサーチライトでリビングまで照らされ、一巻の終わりだった！　家には子供がいるので、兄は強哥《チャンコー》に抵抗するなと懇願した。

警備総本部台中分所の検察官は自ら隊を率い、憲兵や警察官がすぐさま駆け上がってきた。当時、南投竹山鎮から外部に通じる二つの道路は、一つは台中、一つは雲林方面だったが、全面封鎖され、状況はかなり緊迫しているようだった。

強哥《チャンコー》は逮捕された後、まず警備総本部台中分所に連行されてひどく殴られ、すぐまた台北の警備総本部に回されて厳しい取り調べを受けた。逃走後、強哥《チャンコー》が監視の内容を漏洩したかどうかが懸念されていた。「おれが誰に漏らそうってんだ？　おれは兄貴のことが心配だっただけだ」。長官は安心

＊　原注　刑事警察局犯罪捜査管制センターの通報システムの別称。犯罪情報を即座に伝達することで、犯罪を迅速に阻止し、警察署間の人員や車両の配備を迅速に調整する。

せず、彼に警告した。「これからお前を司法に送る。お前がもし機密を漏洩したのであれば、我々は以後お前を処分することができる」

「おれだってそれを信じたさ。あいつらが民進党や思想犯に対して取った手段は、おれが一番よく知ってるから」。結局、脱走罪により八ヶ月の判決が下され、さらに二年間の再教育が加わり、強哥《チャンコー》は一九八七年になってようやく社会に戻れたのである。但し、拳銃所持のため即刻逮捕され、保釈された後、保釈金を放棄したまま逃走したので再逮捕され、銃砲弾薬所持および恐喝罪により懲役二年あまりの判決を受け、さらに再教育が加わった。

また再教育ですか？　再教育はあなたにとってまったく役に立っていないようですが。

「あの頃のおれにとっては無用だった。『やりたいことをやって捕まっても、どうでもいい。せいぜいぶち込まれるだけだ』って考えてたから」

二年あまりの刑期を終えた後、再教育を受ける必要があったのに、記録から漏れていたようで、刑務所を出たとき警察官は誰も外で待っていなかったという。

誰かに聞かなかったんですか？　「もちろん聞くわけないよ。ちょっとだけ歩いて、本当に誰もいないってわかると、すぐにタクシーを捕まえて逃げたんだ」

ただし、二年の再教育をしないですんだ強哥《チャンコー》はまもなくまた高雄で事件を起こした。「今度は拳銃所持だ」

拳銃って簡単に買えるんですか？　「簡単には買えないよ。ルートが必要だ。実は、警察官は銃を売ることが多くて、捕まえた犯人にわざと売ることもある。以前、検察官が銃を売ってる警察官のことをちゃんと知ってたのに、ちょっと金をもらって、処分なしってことがあった」

いくらくらい出せば銃が買えるんですか？　「時代によるよ。一九八七年から八九年くらいにかけては一番安かった。あの頃の台湾には銃器が一番溢れていたんだ。大陸のブラック・スター〔タイプ五四拳銃〕とレッド・スター〔ソ連製のマカロフを模倣した中国製の拳銃〕が密輸されてたから」。ヤクザの世界では、やはりこれは中国大陸が台湾を攪乱しようとしているからではないかと疑っていて、そのため、少し安いものは七、八千元〔約3万4000〜3万9000円〕ですぐ買えたし、コネがなくても、三万とか五万とか出せば手に入ったのである。

強哥《チャンコー》はあるとき高雄のカラオケ店で人と衝突し、相手がトイレに入っている間に銃を持って侵入し、流血するまで銃で頭を殴ったことがあった。さらに流血の跡を相手に始末させてから、相手と三人の手下に酒をおごって飲んだのである。だが、殴られて傷を負った相手は、カラオケ店の監視カメラの映像を手に入れて警察に通報し、その上、三千元〔約1万4400円〕がなくなったが、きっと強哥《チャンコー》が取ったのだろうと無実の罪を着せたのだった。

出廷したとき、拳銃所持、暴力、傷害、恐喝などの罪を強哥《チャンコー》はすべて認めた。「だが、おれは裁判官に言ったんだ。もしあいつから三千元を奪ったというなら、トイレから出た後、あいつに酒を奢れるでしょうか？　ああいう店で酒を飲む場合、数千元ですむと思いますか？」だが、裁判官はありうるとして、さらに「盗匪罪」が加わった。「あの頃はまだ、懲治盗匪条例*があったから、たったこれだけで七年以上だ」。結局、あれもこれも合わせてまた十一年になった。

一九九七年に台湾では大規模減刑が実施されたが、強哥《チャンコー》は減刑されなかった。

＊　一九四四年、日中戦争に対処するため「時限立法」として制定されたが、治安刑法の性格が色濃く、時宜に合わない条文が多く含まれるため、二〇〇二年に廃止された。

なぜ減刑が行われたんですか？

「江南《チャンナン》事件*1だよ。陳啓礼《チェン・チーリー》と呉敦《ウー・トゥン》、張安楽《チャン・アンルー》が減刑されたんだ。実際、張安楽にはその資格はない。主犯は陳啓礼と呉敦だったから」

張安楽に話が及ぶと、強哥《チャンコー》はまったく納得できない様子で言った。「今度のひまわり学生運動*2だって、張安楽みたいなやつはおれたちヤクザに言わせると、ぺっ、ゲス野郎だ。クソ共産党から政治利益をもらうためにガキと張り合うなんて。これはヤクザにとって一番のタブーで、普通のヤクザが聞いたら唾を吐くだろう。クソ、昔だったら殺されてたぜ」

強哥《チャンコー》は義憤にかられてこう言った。「学生が学生運動するのは自分たちの世代と将来のためで、何が悪いってんだ？　おれにはチャンスがなかっただけで、あったら学生たちに味方して中国側に付くヤクザと闘ってたぜ。学生はあいつらをあえて殴ろうとはしなかったが、おれみたいな年季の入ったヤクザはビビってなんかないさ。警察だっておんなじだ。来たらやってやる」

強哥《チャンコー》は減刑にはあずかれなかったものの、馬英九《マー・インチュウ》が法務部長〔法務大臣〕だったときに刑期を数ヶ月短縮したため、監禁は十年あまりとなった。結局、若い頃から二〇一一年五月、最終的に釈放されるまで、前後の再教育期間は除いて、彼が獄中で過ごした歳月は延べ二十三年にのぼる。

出所後、古いヤクザ仲間たちは大っぴらに彼を崇拝した。なぜなら他のヤクザは皆、数年のムショ暮らしの後、出てきてから精神的な問題を抱えてしまうのに、強哥《チャンコー》だけは刑期が二度にわたり、いずれも十年を超えたのに、娑婆に戻ってからも正常だったからである。おまけに、強哥《チャンコー》は獄中でも特別な破壊分子だったため二坪の独房に入れられ、獄友とさえ接触できず、唯一話ができた相手は壁だけだった。

どうやって持ちこたえたのですか？

「意志力だよ！　復讐したかったんだ！　おれを陥れた奴を出所してから探し、見つかり次第、必ずいっぱい食わせてやるんだ、と」

だが、強哥《チャンコー》はその人を殺していない。「おれがなんであいつを殺すんだ？　おれはあいつに一生の傷を追わせたいだけだ！　銃弾が身体を貫通してもどうってことないし、どんな後遺症も残さないけど、貫通しないで骨に当たれば、一生の傷になる！」

＊1　「江南案」は、一九八四年十月十五日にアメリカのカリフォルニア州サンフランシスコで、中国系アメリカ人作家・江南（本名は劉宜良《リョウ・イーリャン》）が中華民国国防部情報局に雇われた台湾のヤクザ組織「竹聯幫《チューリエンバン》」の陳啓礼《チェン・チーリー》と呉敦《ウー・トゥン》に刺殺された事件。劉宜良は、台湾・中国・アメリカの三重スパイであり、彼が一九八三年にアメリカで発表した『蔣経国伝』に、蔣家のイメージを著しく損なう内容が含まれていたため、台湾当局を震撼させ、情報局長汪希苓《ワン・シーリン》らが陳啓礼と呉敦に刺殺を命じたのである。張安楽《チャン・アンルー》も竹聯幫のメンバーだったが、実行犯ではなく、陳啓礼から機密を吹き込んだ録音テープを託されただけであった。張は同年、「薬物販売」の嫌疑でアメリカの法院に起訴され、十五年の刑を言い渡された。その後、中国大陸に渡って、ヘルメット・スポーツ機材・消防機材などの製造・販売をグローバルに展開する「韜略《タオリュエ》グループ」を設立し、同時に政治活動にも力を入れ、「中華統一促進党」を組織し、党総裁となった。二〇一四年のひまわり学生運動の際には、中国との貿易サービス協定批准に反対する学生たちの運動に批判的な立場で、立法院に赴き、学生たちと対話を試みた。

＊2　二〇一四年三月十八日夜、台湾の与党・国民党が中台間でサービス業を開放しあう「サービス貿易協定」をわずか三十秒で強行採決しようとしたことに反発して、学生たちが立法院に突入。二十三日間にわたって占拠した。多くの市民からの支持もあり、与党側は審議のやり直しと、中台交渉を外部から監督する条例を制定する要求を受け入れた。議場に飾られたひまわりの花がシンボルとなり「ひまわり学生運動」と呼ばれる。（二〇一五年三月十七日、朝日新聞朝刊オピニオン1）

四千万元の学費

強哥《チャンコー》の射撃の腕前はずば抜けて優れており、裁判官でさえ法廷で、「あなたの腕前は正確だ！」と苦笑したことがあった。

射撃の神業的技術に頼って、強哥《チャンコー》は入監前に「役人同士の騙し合い」に介入してうまく始末したことがあり、出所後に処理費として一千万元〔約2700万円〕あまりを受け取っていた。おまけに旧友の助けで、ファイブスタッドポーカー場や雀荘の経営を任され、計二千万元〔約5400万円〕を貯めてうまく投資の元金にしたのであった。

兄と一緒にしばらく担ぎ屋をやって、アクセサリーの商売を覚えた後、強哥《チャンコー》は一人で上海に渡り、場所を借りて店を開いた。扱ったのは専らイタリアから輸入した中級のシルバー・アクセサリーだ。

「中国の銀は皇帝が毒を盛られるんじゃないか心配して、それを試すのに使ったんだが[*1]、外国の銀は食器だから高級なのさ！」

強哥《チャンコー》はまともな商売を四年あまり続け、自分の店で働いていた黒竜江省出身の女性と結婚もし、彼女には責任者まで任せて、現地の公安機関から少しでも難癖をつけられないようにした。その後、義母の切々とした頼みに負け、黒竜江省で工場勤めをして、毎月数百元〔一元は13円相当〕しか稼げないという妻の弟を上海に呼び、毎月人民元二千元〔約2万6000円〕で手伝ってもらうことになった。

あるとき、強哥《チャンコー》が妻を連れて台湾に戻ったとき、勤務時間中に店員から国際電話があり、義弟《おとうと》が店を開けず、連絡も取れないという。納得のいかない強哥《チャンコー》が、まず鍵屋に頼んで店を開けてもらえと指示したところ、店内はもぬけの殻だった。

強哥《チャンコー》は翌朝早く上海にすっ飛んで戻ったが、家の金庫はこじ開けられ、中の金塊や現金の米ドルは一切合切奪われて空っぽだった。損失は一千万人民元〔約1億3000万円〕にのぼり、その上、義弟が顧客から前もって受け取った手付金とメーカーから受け取った品物の代金はそこに含まれていなかった。

奥さんはなんて言いました？「知らないって」

義弟さんもまったく見つからなかったんですか？「中国大陸には二六の省と直轄市がいくつかあるんだぜ。見つかるわけないだろ！」

訴えることも諦めた。「台湾ならおそらく少しは簡単だろうが、あっちじゃ訴えても勝てないよ！昔、あんなにたくさんの台湾企業がメディアに訴えていたけど、効果があったかい？ないだろ。おれもその中のひとりってわけさ」

そのときの大騒動で強哥《チャンコー》の結婚はダメになり、家族や友人との関係も壊れてしまった。なぜならみんなが嘲笑したからだ。「初めっから結婚するなって言っただろ。大陸のやつは信用できないって！」

強哥《チャンコー》は後にまた再起を図って台湾各地を飛び回り、宝飾品の商売を続けたが、「問題はあの頃の心の持ちようだった。いわゆる『欲速則不達』[＊2]というやつで、早く昔の栄光に戻ろうとすればするほど、ますます天地を恨み、ますます自暴自棄になった。もともと四千万元〔約1億8000万円〕以上もあったのに、なんでこんなことになっちまったんだって、いつも思わずにはいられなかった」

＊1　銀の成分はヒ素などの毒物に反応するため、古代の皇帝は下人に銀の箸で毒見をさせたと言われる。
＊2　早く目的に達したいのに、間違えて最初の目標から離れてしまうこと。

街友との出会い

ある日、強哥《チャンコー》は商売の事後処理をやり終えて中国大陸から台湾に戻り、台北にちょっと寄ってみようとその場で思いついた。ちょうどそのとき駅の近くで「赤シャツ軍」[*1]の姚立明《ヤオ・リーミン》教授の講演に出くわし、好奇心から近づいて聞いてみようとすると、以前、再教育隊で一緒だった仲間に出会ったのだ。「あのバカやろうは、なんとまだおれのことを覚えていたんで、どうでもいいことをしゃべって、あいつとあいつのダチに酒をおごるハメになったんだ。あのとき、あいつらは二人とも赤シャツ軍のハチマキをしていた。一日一千元で名目は『補助費』ってことだ」

お金をもらって街頭で抗議する人って、本当にいるんですか？　「今度のひまわり学生運動にもいるよ。金をもらって彼らを助けたいと思ってるヤツが。アシストだよ！」

強哥《チャンコー》はこの旧友とその友だちのおかげで初めて「街友《ホームレス》」のことを知ったのだった。「昔は流浪漢《リュウランハン》って呼ばれてたが、その後、無業遊民《ヨウミン》になり、それからまた街友に変わったんだ。流浪漢はわりとロマンチックだけど、街友は民主的だ」

翌年、強哥《チャンコー》が台北に来ると、「またあのバカやろうとそのダチに出くわしたんだ。あいつらは朝から晩までずっと台北駅のそばにいるから」。その頃、強哥《チャンコー》は気がくさくさとして、毎日、金があればすぐ彼らと酒を飲み、金がなければぶらぶらしていた。「人間ってやつはさ、性根が悪いから、自堕落に甘んじると、面の皮がだんだん厚くなってきて、少しずつホームレスになっちまうんだ」

だが、強哥《チャンコー》は後になってようやく、あの連中がホームレスの中で最も悪辣な一団であることを知るのである。「吸血鬼だよ。もっぱら『ホームレスがホームレスを食う』ってのをやってる。あいつらは一つの集団なんだ」

その連中は十人ほどからなり、毎日台北駅の北一門のところに集まって、食べたり、飲んだり、遊んだりしていた。その上また新たに加わったホームレスに手を下し、納付が完済していない労工保険[*2]を代わりに全額支払って、保険金が降りてくると、お互い二等分するという。だが、「結局、そうではなくて、一〇〇万元〔約270万円〕降りてきたら、相手に渡すのはたった五万元〔約13万5000円〕だった」

強哥《チャンコー》は彼らとグルになって悪事を働きたいとは思わず、たいていの時間を一人で過ごした。だが、ホームレスたちは皆彼がかつてヤクザだったことを耳にしており、彼に対してとても礼儀正しく、食事をするのでさえ誰かが彼のために弁当を受け取ってきてくれるほどだった。

あるとき、強哥《チャンコー》が弁当をもらう列に並びに行くと、なんと時の副総統、呂秀蓮が人安基金会のところで弁当を配り、ホームレスの面倒をみていた。以前、警備総本部にいたとき、強哥《チャンコー》は監視の最中に呂秀蓮や陳菊と出会うことがあったのだ。毎朝、彼女たちも屋外に出るとき、強哥《チャンコー》からラケットを借りて監視室のそばのグラウンドでバドミントンをしたり、ときには花壇にきれいな花が咲いているのを見て、強哥《チャンコー》にあれがほしいと言うこともあった。何度か話をする機会があり、強哥《チャンコー》は呂秀蓮をとても尊敬していた。「さすがハーバード卒だけのことはあって、とてつもなく博識だった」

*1　原注　二〇〇六年八月十二日に、前民主進歩党主席の施明徳《シー・ミントゥー》が起こした政治的要求運動。台湾総統の陳水扁に対し、国家機密費案件や腹心および家族関連の不正行為案件の責任を取って、自発的に政権の座から降りることを要求した。この運動は数ヶ月続いた。

*2　「台湾省労工保険弁法」によって定められる。保障される内容は、疾病、傷病、障害、出産、死亡、老齢等への給付。

今回、呂秀蓮が萬華を訪れたとき、強哥《チャンコー》は至近距離にいて基金会の親しいソーシャルワーカーに呟いた。「彼女はまだおれのことを覚えてるかな？」ソーシャルワーカーにたきつけられて強哥《チャンコー》が弁当の列に並び、ついに彼の番が来たとき、呂秀蓮は彼のことをじっと見つめて言った。「顔に見覚えがあるみたい」

「まさか、人違いですよ」

このエピソードを私に教えてくれたとき、強哥《チャンコー》は嬉しそうな笑みを浮かべて言った。「彼女の表情からわかったんだ、おれのことをまだ覚えてるって」

放蕩息子の改心

実のところ、強哥《チャンコー》は基金会が提供する弁当をただ待っていたわけではなく、真面目に仕事を探し、肉体労働をしたことがあったのだ。「一日千百元〔約3000円〕だったけど、変形性関節症のために耐えられなかったんだ」。その後、ビル管理人の仕事に応募し、以前買った高級な服をビシッと決めて面接に行ったが、前科の有無を問われて、正直に「ある」と答えたため、管理委員会から断られてしまった。二度目はその手は食わず、「ない」と答えたが、二十数年の極道のバックグラウンドと多くの前科のために、「良民証」〔刑事犯罪記録の有無を証明する公文書。正式名称「警察刑事紀録證明書」〕はとても出してもらえず、管理員とガードマンの仕事はいずれも望めなくなった。

なぜヤクザ社会に戻ろうとしなかったんですか？

強哥《チャンコー》はしばしの沈黙の後で、こう言った。「ああ、お袋もかなり年だし、この年までまともに親孝行してこなかったから。聞こえは悪いが、少なくとも台湾人が言う『送到山頭《ソウダウサントウ》』、つまり、親の死に目には会いたいってことだ。万が一また捕まったら、会えないだろ」

さらに、強哥《チャンコー》にはありがたいと思っている人たちがいた。病院には彼を血胸の状態から救ってくれた人がいたし、社福センターも清掃員の仕事を手配してくれた。一ヶ月休まず働けば少なくとも一万五千元〔約4万円〕にはなる。「正直なところ、飢え死にしない程度に食べられるだけだよ。時々、路上で昔のことを考えると、本当にまた悪事を働きそうになるんだ」

強哥《チャンコー》はとても真面目な表情で四字熟語を教えてくれた。「天人交戦！」〔良心と邪悪な考えの戦い〕である。

「おれがたらふく食いたくないとでも？ 女に囲まれたくないとでも？ そうしたいさ！ 良心に誓って言えば、今までずっと足掻いてるし、プレッシャーも大きい。……おれはいつだって好きなときに戻れるんだ」

けれど、「酒をたくさん飲んだときと同じだよ。翌日目が覚めると、昨日は英雄みたいだったのに、今日はまるで能無しさ」。ヤクザの生活は彼にとって、最終的には空しいものでしかなかったのだ。

その後、お母様が亡くなったのに、なぜもう戻らなかったのですか？

「台北地方検察署の『更生保護会』*のおかげだよ！」

この民間の基金会の陳《チェン》さんというソーシャルワーカーが強哥《チャンコー》のことをとても気遣ってくれたという。「おれみたいなヤツは、他人からよくされるのが怖いんだ！」

基金会は新年や祝祭日のたびに刑余者にプレゼントを送ってくれる。母親の葬儀費用を工面していたとき、強哥《チャンコー》の手元には金がなく、基金会に補助金を申請できるかもしれないと考えた。親孝行の

＊ 財団法人台湾更生保護会は一九四六年に設立され、全省各地の検察署に十九分会が設置された。更生保護法が一九七六年に施行されると、台北分会が翌年、台北地方検察署内に設立された。仁愛の精神によって刑務所出所者らの自力更生、社会生活への適応、再犯防止などの指導を行っている。

ためだ。だが、ソーシャルワーカーの陳さんは、強哥《チャンコー》の家には他に五人の兄弟がいるので、資格がないと教えてくれた。

以前、萬華社福センターを通して区役所に申請した時も、強哥《チャンコー》は同様の理由で断られていた。希望が破れて情緒不安定になりかけ、強哥《チャンコー》はソーシャルワーカーに対してひどいことを言い放った。

「もう付き合うのはやめだ。何が更生保護会だよ、これからおれは一人でやりたいことをやっていく」

強哥《チャンコー》の当時の状況は、「生きてく価値も、親も妻も子もなく、閩南語《ミンナン》でいう『無某無猴《ボボーボガウ》』〔妻も子もないひとりぼっち〕だった。ヤクザ社会はこの手の人間を一番好む。だってこういうヤツが一番怖いから。なんの心配もないから、なんでもするだろ」

だが、陳さんは、「もう後戻りはできませんよ、お母さんが天国で見ているから」と、切々と訴えたのだ。

強哥《チャンコー》によると、当事者にしかこの言葉の効き目はわからないという。

「お袋がまだ生きていたときは死に目に立ち会いたいと思ってた。いなくなった今、お袋はやっぱり天の上からおれのことを見てるんだ」

「街歩き」のガイドとして

現在、強哥《チャンコー》は萬華コミュニティ大学と芒草心協会の訓練を受けて、「街歩き」（Hidden Taipei）のガイドとなり、毎回一団体につき二千元〔約5400円〕の収入を得ている。彼のコースのテーマは、「弱者と台北市社会局のコラボレーション」であり、萬華の老人、ホームレス、セックス・ワーカーを紹介することだ。ある日、強哥《チャンコー》はガイドをしていて大学生に話したことがあった。「西園路《シーユアンルー》のあたりは中国大陸から来た女の子で、西昌路《シーチャンルー》の方はみんな台湾の女だ……」すると、思いがけないことに、大学生は萬華のエロティックな話題に特別な反応を示し、多くの眼差しには隠された興奮が垣間見えた。これによって、強哥《チャンコー》は自分のガイドに自信を持ったのだ。「おれのセールスポイントは、まさに会社のブランド『Hidden Taipei』みたいに、街の背後に隠れた現象の紹介だ。これは、おれが経験してきたことばかりだし、詳しく知ってることだ」

強哥《チャンコー》は華西街《ホワシーチエ》の夜市や龍山寺の歴史・文化は紹介しない。「だってそんなのネットで調べられるだろ」。彼が提供したいのは、彼個人が自らその場で観察したことだ。例えば、ツアーコースの出発地点である艋舺公園については、こうだ。「この公園には毎日いつも何百、何千にも上る人がいますが、みんなホームレスでしょうか？　違うんです！　寝袋の数を見れば計算できますよ。夜九時半に寝袋を広げ、朝六時半前に起きなきゃいけないんですが、本当のホームレスはどれくらいでしょうか？　百人もいません。全体の十分の一にも満たないんです。他は皆、老人で、博打をしたり、将棋をしたり、当たりそうな宝くじを売ったり、歌を歌ったりしています」

「この中の十分の一はいずれも六、七十歳以上の老人とか、身体障害や精神障害のあるいわゆる社会的弱者です。彼らは雨露をしのげる場所を探してます。もし彼らにここで寝るなというなら、彼らはどこで寝ればいいんでしょう？　地域の公園ですか？　そこの空間を占拠してしまったら、子どもたちはどうやって遊びますか？　そうしたら、地域に影響が出てきます。ここは本当に小さな艋舺公園ですが、雨露をしのげるほんの小さな場所をあの人たちにあげても悪くはないですよね？　他の人のことは傷つけませんから」

だが、強哥《チャンコー》は一方的にホームレスの肩を持つわけではない。ガイドグループの研修生が彼にこう尋ねた。「ホームレスにいい人はいないんですか？」「いません。道というのは、自分で歩いてきた結果で、今日、このような状況にたどり着いたわけなんです。可哀想な人には憎むべきところが必ずあります。私と同じように、それは他でもなく報いであって、生きた報いなんです」

強哥《チャンコー》はさらに解説を進め、いい人はいないが、「本性のいい人」はいるという。それは、社会で援助を受けてから恩とは何か理解した人のことだ。

本性の悪い人は？　「恩知らずで、例えば社会救済の弁当をもらったとき、肉をちょっとだけ食べて、他の食べたくないものを地面に捨てるようなヤツ。今でもまだこういうことはあるよ」

強哥《チャンコー》は立ち去る前にガイド専用のカウボーイハットをかぶったが、彼のキラキラ輝く眼差しに似合い、表情には自信とクールな感じが漲っていた。「おれは芒草心協会のソーシャルワーカーに言ったんだ。ツアーが多ければ多いほど、おれはこの仕事が好きになる。毎日ガイドの仕事をさせてほしい、って。だって金が入るだろ！　金を稼げば、お袋の葬式代を立て替えてくれた人に返せるんだ」

返し終えたら、将来何かしたい計画はありますか？

もともとただその日暮らしができて、病気さえしなければいいと思っていた強哥《チャンコー》だが、社会局のボランティアをしたいという。

「どんなことでもいいけど、社会的弱者を助けられれば、それでいい。訓練を受けた後、社会局が何をしているか、よくわかったんだ」。強哥《チャンコー》にとって、社会から得たことは社会で用い、受けた恩には報いたいということなのだろう。

言ってみれば、それは早期のヤクザ社会が最も強調した「義侠心」のようではないか！

（本書の出版時に強哥《チャンコー》は職を変えて『ビッグイシュー』の販売員になっていた。）

飢餓の味——趙おじさん

趙《チャオ》おじさんの「趙」は、養父母の姓である。彼の生家には他に八人の兄弟がいて、両親は彼を育てられなかったため、同じくミャンマーに暮らす華僑の夫婦に売ったのだった。この夫婦に子どもはいなかった。

生みの親にとって、これはもしかして天の憐れみだったのかもしれない。というのは、趙《チャオ》おじさんは幼い頃、虚弱体質でうまく育たず、生母は観世音菩薩を義理の母とするしかなかったのだ〔観世音菩薩が義母になると、子どもは育てやすくなると言われている〕。だが、しばらくして息子は趙という姓の人に買い取られた。大人たちに売り買いされたことなど、まだオムツをしていた趙《チャオ》おじさんには知る由もなかったが、大きくなって外に出ると、いつも知らない女の人がついて来る気配を感じていた。ただし、その女性が趙《チャオ》おじさんに話しかけてくるようなことはなかった。

「黒白」を超えたマカオ水上警察

一九六七年、ミャンマーで華人排斥運動が起きたとき、趙《チャオ》おじさんはまだ十七、八歳の若造だったが、幼い頃からミャンマーの強い日差しを浴びて肌が真っ黒だったため、ミャンマー人の群衆に紛れて街中の暴動を見ていても華人であることを見破られる心配は少しもなかった。母親は家で唯一の成年男子である趙《チャオ》おじさんが他の華人同様、暴動のさなかに惨殺されることを恐れ、日給五元〔約160円〕、パイナップルパンが一つ一毛〔約30円〕のあの時代に、二千マカオ・ドル〔約65万円〕を支払って彼をマカオに密入国させたのだった。

マカオにミャンマー人は多く、若造だった趙《チャオ》おじさんはすぐにミャンマー人互助会に加わった。サッカー好きだった彼は、互助会の仲間とともにマカオの七チームを相手とするリーグ戦に参戦したが、その中には「マカオ水上警察隊」（以下、「水上警察」は「水警」と略記）のチームも含まれていた。水警のトップでポルトガル植民地官僚の署長は趙《チャオ》おじさんをしばらく観察しているうちに、水警に尽力してもらおうとスカウトすることにし、この故郷を離れた若者の親代わりとして面倒をみようと申し出たのだった。三年後、趙《チャオ》おじさんは白い帽子を被り、月給一一五マカオドル〔約3万7000円〕の水警になった。

マカオ水警の主な仕事は密入国者を捕まえることだった。一九七〇年代、マカオの黒社会〔ヤクザ社会〕は勢力を増していたが、特に香港政府がその直前、黒社会の大物たちの追い出しを図ったため、海を越えてマカオで一旗揚げようとするものがいたのである。当時、マカオのようなほんの小さなひとつの島に、十四K・水房・友聯・大圏・勝義会といった五つのヤクザ組織が存在しており、たとえ警察官であれ黒社会に入ってヤクザとしての地位を確保しなければ生き延びられず、実際、十中八九はそうしていた。そのため、趙《チャオ》おじさんも四年後には「勝義会」に加わったのである。水警でもある趙《チャオ》おじさんは黒社会と白社会〔警察〕の違いはわきまえていたが、一方で、勝義会の会長のことは尊敬していた。

入会の儀式は本部で行われた。血酒を交わし、鶏の頭を切り落として関羽を拝み、宣誓をしてさらに「六」という縁起のいい数字の含まれたご祝儀を会長に渡すのである。趙《チャオ》おじさんは三六〇マカオドル〔約12万円〕を包んだという。「あれは、会長には必要のない金だった。三六〇ドルなんて、もらっても仕方ないだろ。三六〇〇ドルだって要らない。でも、必ず渡して心意気を示さなけりゃいけないんだ」。組織は一旦入ると生涯にわたる。

警察官でもあり、黒社会の一員でもある趙《チャオ》おじさんは、喧嘩や暴力をする役目ではなかった。毎晩決まって十二時に当直の番が回ってくると、水警として珠海《チューハイ》を渡ってくる密航者をマカオの海岸で捕まえ、そこから警察署に連行するのではなく、陸上にある勝義会の小部屋に案内するのである。当時、マカオの人口はわずか四〇万人ほどで、島の大部分は田地だったため、密航者の大半は珠海から最も近いマカオを踏み台にして、最終的に目指したのは隣の繁華な香港である。

海岸の小部屋で行われたのは、まずヤクザの助けを借りて密航者から香港の受け入れ先の親戚や友人の電話番号を聞き出し、一人につき一万二千香港ドル〔約65万円〕を要求することだった。それを手にした後で彼らをこっそりと香港に送り届けるのである。

趙《チャオ》おじさんが当直をしていたときに、密航者が特にひどい目にあったということはない。実際、マカオの五つのヤクザ組織では、毎晩日が落ちると誰かが海岸まで車を走らせ、面倒でも密航者が上陸するのをのんびりと待ち構え、それから金をせしめるのだった。

パトロール中の水警は、ヤクザ組織と一緒になって密航者を海岸の小部屋に連行するようなことはなかったが、ヤクザ組織から金をもらって見て見ぬ振りをしていた。ゆすり行為が暗闇で堂々と行われていたのである。

ある日、趙《チャオ》おじさんは女性密航者を一人捕まえ、いつものように勝義会の小部屋に送って行った。だが、ゆすりの電話をし終えてまもなく、窓の外に水警車のライトが点滅しているのが見えた。「まずい、仲間を捕まえちまったんだ」
なんとこの女性密航者の親戚が水警界の高官だったため、小部屋の仲間は直ちに連行されてしまった。

水警の制服を盾に危機を逃れてきた趙《チャオ》おじさんは、捕まった仲間に毎日食事を届けていたが、拷問は実に恐ろしく、仲間は遂に趙《チャオ》おじさんのことをバラしてしまった。

幸い親代わりの署長が、報告が上にいかないよう根回ししてくれたため、趙《チャオ》おじさんは僻地の水警に二年間飛ばされただけですんだ。署長は同時にこの時期、ポルトガル人の医者を見つけて趙《チャオ》おじさんの眼疾診断書を偽造させ、早期退職の手続きを取らせてくれた。三千マカオドル〔約68万円〕を支払ったとはいえ、おじさんは少なくとも退職金の三分の一に当たる二万数千マカオドル〔約500万円〕を手にすることができたのだった。

「黒白」から「黒」だけに

「黒白」二つの世界を同時にまたにかけていたため、趙《チャオ》おじさんは親方日の丸的な状況を失ってしまったが、幅広い人脈が彼の人生に意外な収穫をもたらすことになる。

ある日、趙《チャオ》おじさんがマージャンをしていると、仲間が突然、隣に座ったもの静かな女性を指して、こう言ったのだ。「こちらはあんたのお母さん、生みの親御さんだよ！」

ミャンマーの排華暴動のとき、趙《チャオ》おじさんの生家の人々はなんと海南島に逃げ帰り、さらにマカオで教職についている叔父を頼りに一人一人援助を申請し、この島にやってきたのだった。マージャン友だちはちょうど彼らと知り合ったばかりだったが、おしゃべりしているといくつか引っかかることがあり、「あなたの息子さんは毎日私と麻雀をしています」と切り出してみたのだった。こうして、母と子は対面できたのである。

　趙《チャオ》おじさんはそこでようやく、幼い頃いつも彼の後をつけていたあの女性が生母であることを知ったのだ。

　ただ、もともと心臓疾患を抱えていた母親は、実の息子とようやく会えたというのに、それから何年もたたずに、階段を上っていたとき、心臓発作で亡くなってしまった。


　水警を退職した後、趙《チャオ》おじさんは正式に「黒社会」だけの人間になった。彼はカジノで働いたり、バーの用心棒をしたり、勝義会の会長の投資に伴って様々な仕事をした。会長が広州でマッサージ業に投資すると、彼のお供でマッサージ・ガールの物色に出かけたりもした。このときおじさんは、十数人の色とりどりの美女の中から後に妻となる女性を見初めている。会長の同意を得た後、趙《チャオ》おじさんは一万二千人民元〔約180万円〕をはたいて珠海の税関を買収し、広州で見つけた新婦をマカオに密航させ、結婚した。もちろんマカオ水警に迷惑をかけるようなこともなかった。

　数年後、彼の妻は旅行中に台湾が気に入った。当時、台湾の身分証明書は簡単に取れたため、二人は相談の後、まず妻が先に台湾に移住し、趙《チャオ》おじさんはマカオに留まって、会長とマカオのグランド・リスボア・ホテルのカジノの仕事を続けることになった。カジノのオーナーは、まさに香港映画の中によく登場する「カジノ王」何鴻燊《スタンレー・ホー》〔一九二一－二〇二〇年〕である。彼は、マカオ全体のカジノ経営権を独占してマカオ一の金持ちになり、ひいては中国人民政治協商会議全国委員会常務委員にもなった。

　趙《チャオ》おじさんの仕事場は一般客には入れない「バカラ」*のVIPルームで、テーブルに着くには当時、最低五千マカオドル〔約90万円〕が必要だった。遊びの規模も、勝敗の規模も大きく、客は元手が足りなくなると、現金二〇万ドル〔約3700万円〕を身につけた趙《チャオ》おじさんを探してやりくりするのである。これが、会長の請け負ったカジノの高利貸し業だったが、カジノのオーナーには一年に二百万マカオドル〔約3億700万円〕を支払わねばならなかった。

そんなに莫大な現金を扱えたなんて、会長はあなたのことをきっと信頼していたんですね？

「マカオはこんなに小さいんだから、逃げられないだろ？　大陸に逃げたって、捕まっちまうよ」

黒社会にとって、捕まえることは朝飯前なのだ。

離陸する台湾経済の陰で野良犬を世話する人生

二年後、ある程度の金を貯めた趙《チャオ》おじさんは台湾に飛んで、妻と定住することになり、台北県樹林市《シューリンシー》〔現新北市樹林区〕に落ち着いた。二人とも俊英街《チュンインチェ》の小さなPCボード洗浄工場で「夜八時から朝八時」までの遅番で働き、一人当たりの月給は台湾ドルで四万元〔約22万円〕強だった。

これは現在の大卒初任給の二倍に当たる額だ。趙《チャオ》おじさんは鼻で笑う。「台湾経済が離陸《テークオフ》した時代は四万元でも労働者は全然見つからなくて、社長は金を抱えてあちこちで人を引き抜かなきゃいけなかったんだ」

遅番で昼夜逆転の生活とはいえ、妻と一緒に仕事ができて、趙《チャオ》おじさんはいつも幸せだった。幸せすぎて、毎朝バイクで帰宅する路上で野良犬に餌をやるようになっていた。おまけに、一つの道で餌をやる犬は四十数匹になり、3DKの自宅でも三十数匹の捨て犬を飼っていた。恐ろしいのはそれからで、世話を始めたばかりのおじさんは犬の去勢を知らなかったため、まもなくさらに三十数匹増えて、全部で百匹以上になり、一日に二箱計四十八缶のドッグフードを買わなければ間に合わなくなった。

初心者の趙《チャオ》おじさんは「ペットショップ」でドッグフードの缶詰が買えることも知らず、毎日二倍の金を出してスーパーマーケットで購入し、一日一二〇〇元〔約６４００円〕、一ヶ月で三万六千元〔約１９万円〕を費やしていた。

趙《チャオ》おじさんは多くの野良犬を救っただけでなく、見送った犬も多かった。木の下まで抱えて行って、ひとことふたこと言葉をかけてから埋葬したこともあれば、川に流したこともある。車に轢かれて障害を負った犬は育てられず、樹林駅裏の動物病院に運んで安楽死させてもらった。そのために必要な薬は一瓶二千元〔約１万円〕以上で、大型犬になると三瓶は必要だった。

犬を飼う費用は、もともと真面目に働いた給料でまかなえていた。ただ、気むずかしい趙《チャオ》おじさんはどんなことでも耐えられたが、唯一耐えられなかったのは人から文句を言われることである。働いて三年経ったある日、社長が彼のそばで延々と文句を言っていると、彼はさっさと立ち去ってしまい、妻だけが工場に残って必死で働くことになった。

もともと犬が好きだったのは妻の方なのだが、彼女は趙《チャオ》おじさんが家で飼うのは二匹のポメラニアンだけで十分であり、外の野良犬にまでお金やエネルギーを注いで世話することはないと思っていた。だが、趙《チャオ》おじさんはこれらの野良犬に強い責任感を抱いており、たとえ仕事がなく、また母親の心臓病の遺伝で、時折、喘息気味になっても、毎日百匹以上の犬を世話し続けたのである。

日曜日に妻のお供で西門町に洋服を買いに行ったり、映画を見に行ったりしても、夕方六時になると急いでそこを離れた。犬が家で食事を待っているからだ。だが、これほど大きな責任は誰もが負え

＊　原注　一種のポーカー遊び。世界各地のカジノで非常に人気がある。バカラのできるテーブル数はマカオが世界一である。

るわけではない。趙《チャオ》おじさんがたまたま用事でマカオに戻ったとき、二、三日して妻から早く台湾に戻るよう電話があった。「犬の世話、私には無理だよ」

しばらくして、妻は趙《チャオ》おじさんに聞いた。「犬と私、どっちがいいの？」

そこで、彼らは三千元〔約1万3000円〕で公証人になってくれる人を新聞で見つけ、それぞれが犬一匹を連れて樹林市の役場に行って離婚手続きをした。彼らが笑いながら説明するので、市の職員は二人が冗談を言っていると思ったほどだった。

「死ぬまで」飼う

離婚後、趙《チャオ》おじさんはマカオに戻った。その五年後に台湾で第三回総統選挙が行われたとき、すでに一度負けている国民党の連戦《リエン・チャン》・宋礎瑜《ソン・チューユー》の総統・副総統ペア〔二〇〇四年、第十一回台湾総統選〕は、再び苦戦に陥っていた。ミャンマーで国民党に加入した趙《チャオ》おじさんは、「厳しい選挙戦から国民党を救うのは自分の責任である」と思い、台湾に戻って神聖なる一票を投じることにした。もっともこれは男の面子という政治的理由であるが、もう一つ別の理由があった。実は、前妻のことを依然として気にかけていたのである。なんといっても十年を共にした伴侶であった。

前妻はとっくの昔に引越していたので、趙《チャオ》おじさんは一時的に台北県の新荘《シンチュアン》にバスルーム・キッチン共有のアパートを借りて身を落ち着けると、前妻を見つけ出す前に、まずは「野良犬の世話」というかつての愛着を取り戻し、それから旧知の保険のセールスマンを通して前妻を探したのだった。

前妻は桃園《タオユエン》市の中壢《チョンリー》区に引っ越していたが、再会後、気に入った借家に趙《チャオ》おじさんを案内した。趙《チャオ》おじさんは過去五年間にマカオで稼いだ貯金をすべて前妻に渡し、自分はただ毎月十五日に前妻と中壢駅で待ち合わせて八千元〔約2万6000円〕の生活費を受け取ることにした。

前妻は復縁には触れず、趙《チャオ》おじさんも多くを語らず、金を受け取るとすぐ台北に戻った。

前妻は、趙《チャオ》おじさんが受け取った金で家賃を払っているとばかり思っていたのだが、彼女にはあえて言わなかったものの、実際、これらの金で趙《チャオ》おじさんは野良犬を世話していたのだ。彼は新荘のアパートも解約していた。「どうせ一日数時間寝るだけなのに、こんな金使う必要はないから」

趙《チャオ》おじさんはこうして毎晩、台北駅で寝泊まりする生活に入った。


一体なぜ野良犬のために自分に苦労を強いるのでしょう?

「たぶん借りを返しているんだろう」。趙《チャオ》おじさんが幼かった頃、ミャンマーでは犬を殺したり、食べたりしてはならなかったのだが、成人してから中国大陸で初物を味わって以来、おじさんはこの味にハマってしまったのだ。広州の妻の実家に行くと、義母が必ず犬肉のご馳走を準備してくれていた。

ところが、台湾に来てから元気のいい野良犬にどれほどたくさん出会っても食欲はわかず、反対に彼らを世話したいという考えが芽生えたのだった。この決意を表明するために、趙《チャオ》おじさんは観世音菩薩の前で余生は野良犬を「死ぬまで」飼うと誓ったのである。

心身の疲弊と自殺未遂

台北駅裏に住むようになってから、趙《チャオ》おじさんが野良犬を世話するエリアは中山堂と二二八公園一帯に集中した。後に台北市政府が野犬狩りを徹底するようになり、犬の数が次第に減ってしまうと、もともと犬だけが好きで、猫は嫌いだったおじさんは野良猫まで世話するようになった。以来、すでに九年が経ち、犬を世話して来た時間と変わらなくなっている。

彼はオス猫を「仔仔《ザイザイ》」、メス猫を「囡囡《ノイノイ》」と呼んでいるが、これは広東語の「男の子」と「女の子」に対する愛称で、時にはベイビーと呼ぶこともある。

野良猫が次第に増えてきたのが目に入ると、毎月たった八千元の生活費では一匹を満腹にできても、別の一匹は養えないことがわかり、それに耐えられなくなった趙《チャオ》おじさんは、三年前、ついに心身疲弊して自殺を考えるようになった。

公路局〔中華民國交通部公路總局〕に勤める、同じく愛猫家の陳課長が趙《チャオ》おじさんに自殺願望があると知り、十日続けておじさんに寄り添い、一緒に猫の餌やりルートを歩いて、最後に毎月八千元を支援して猫の世話を助けようと決めたのだった。趙《チャオ》おじさんはキャットフード缶の領収書を彼女にきちんと見せ、陳課長の方は、猫が死ぬようなことがあると二千元〔約6500円〕余分に渡して、趙《チャオ》おじさんに荼毘にふすよう頼んだ。

ところが突然、陳課長は消えてしまう。一ヶ月、二ヶ月が過ぎ、数ヶ月もの間、姿を見せることはなかった。聞くところによると、彼女は大病を患ったという。趙《チャオ》おじさんは彼女の病状を心配しただけでなく、再び猫の世話というプレッシャーにも押しつぶされてしまった。

中山堂には五、六年世話をした二匹の囡囡《ノイノイ》がいて、趙《チャオ》おじさんとは父娘のような間柄であった。来る日も来る日も、何時間も一緒に過ごし、趙《チャオ》おじさんが大木の下の石のところで昼寝していると二匹の娘たちも彼の上に腹ばいになる。

陳課長の後ろ盾を無くした趙《チャオ》おじさんは、これ以上嫌なものは見ないで命を絶とうと再び決心し、八月のある日に決行することにした。父性愛あふれる趙《チャオ》おじさんは、三ヶ月前に長女の方を近所の心ある銀行員に頼んで引き取ってもらい、幼い次女だけを自分の身辺に残しておき、毎日、彼女に話しかけた。「食べな、好きなだけ。二缶で足りなけりゃ三缶でも。もう少ししたら、お前と一緒に逝くんだから」

一日、また一日と趙《チャオ》おじさんはこう語り続けたが、まさに八月のある日、おじさんがまだ海に飛び込む前になんとこの次女の方が先に逝ってしまったのだ。

趙《チャオ》おじさんは三日三晩泣きあかし、涙も枯れ果ててしまった。

時折、猫に食べさせてと言って趙《チャオ》おじさんに三〇〇元〔約1000円〕や五〇〇元〔約1700円〕を渡してくれる法鼓山《ファークーシャン》〔台湾の大乗仏教団体で、創設者は聖厳法師〕の女性信徒が、「彼女はあなたの身代わりで亡くなったんですよ」と言った。

その信徒はさらに聖厳法師《シェンイエンファーシー》〔一九二九－二〇〇九、江蘇南通人、俗名は張保康〕の本を趙《チャオ》おじさんに贈って励ました。「あなたはまだ猫を飼う責任を全うしていないので、自然に亡くなるまで続けられれば、来世ではきっといいことがあるでしょう」

実際、この信徒のように猫が好きで金銭的に援助してくれる優しい人がいなかったわけではないし、長い間、おじさんが野良猫に餌をやっているのを路上で見ていた人が、時折自ら三〇〇元、五〇〇元を出して、缶詰を買ってくれたこともあったのだ。

だが、趙《チャオ》おじさんは若い女性が猫のそばを通り過ぎるとき、思わず「わあ、可愛い！」「ああ、可哀想！」と甲高い声で叫ぶのを聞いて、遠慮なくこう言ったことがある。「お姉ちゃん、向かいはコンビニでしょ。もし猫のこと可哀想って思うなら、猫缶を買って来てよ」

「あ、ごめんなさい、今日はお金がなくて」

「だったら余計なこと言わないで、見てるだけにしたら。本当に猫が好きで可哀想と思うなら、食わせてやってよ。口先だけで可哀想なんて言わないでさ」

ところがある日、猫に餌をやっている趙《チャオ》おじさんのところに不思議な男が突然やって来て、一五〇〇元〔約5000円〕を差し出した。おじさんは最初、来意の不明な彼の申し出を断ったが、謎の男の方も譲らない。

「冬は寒いから、これ使って」

二週間が過ぎた。謎の男はまた趙《チャオ》おじさんに無理やり一千元〔3500円〕を握らせて言った。「おれが誰かは聞かないで。昔はその筋じゃ知られた人間だったんだ。今、あんたに金をやるけど、後でここを離れれば、おれはあんたのことをすぐに忘れる。あんたもおれのことを覚えておかなくていい」

謎の男が何度かふらりとやってきた後、趙《チャオ》おじさんは彼に野良猫の援助を頼むことにした。

謎の男は、こう尋ねた。「以前、公路局の課長は毎月いくらくれたんだい?」

「八千元」

「わかった。助けてやるよ」

こうして支援が八ヶ月続いたある日のこと。趙《チャオ》おじさんは、ソーシャルワーカーの張献忠《チャン・シエンチョン》のおかげで低所得者として認定されたことを謎の男に告げた。

「よかった。これであんたも落ち着くね。おれは別の人を助けるよ」

あれから二年になるが、その後、謎の男を見かけたことはない。

ソーシャルワーカーの介入

「張献忠《チャン・シエンチョン》」という名前は、趙《チャオ》おじさんが台北駅で寝泊まりするようになってまもなく、ホームレス仲間の口からよく聞くようになった。だが、人に助けてもらうのが苦手なおじさんはほとんど援助を求めようとしなかった。基金会や教会が提供する愛心弁当さえ行列に並んで受け取ることを遠慮したし、ましてや一個数十元の駅弁など買おうとはしなかった。「弁当は食い終わったら、うんこになってすぐになくなる。でも、猫には五〇元〔約180円〕で缶詰三個買えるし、少なくとも二匹は食べさせられる」

一匹狼の趙《チャオ》おじさんは毎日いつも二〇元〔約70円〕の缶コーヒーだけで過ごし、たまに饅頭を一つ食べることもあった。時には、空腹を我慢してまでわずかの金で猫の缶詰を買い、自分はゴミ箱をあさって食べたこともある。

早くから趙《チャオ》おじさんのことを気にかけていた張献忠は、半ば冗談のように言った。「ホームレスの中で趙《チャオ》おじさんだけがいつまでもゴミ箱をあさって、食べてるんですよね」「願ってのことだ」。おじさんはただ冷ややかに答えた。これ以上献忠から関心を持たれる機会を、きっぱり退けたのである。

これとは別に、趙《チャオ》おじさんの戸籍が新北市にあることが災いして、台北市のソーシャルワーカーである張献忠はなかなか力を発揮できずにいた。*だが、彼はそれでもなんとか尽力し、趙《チャオ》おじさんは三ヶ月二千元〔約7000円〕の補助金を受け取れるようになったのである。おじさんは社福センターに行って、誰とも面倒な話をせずにサインだけすればよかった。

ソーシャルワーカーのサポートを求めようとしなかった趙《チャオ》おじさんではあるが、本当に死ぬかも

* 台湾でホームレス支援の根拠となる法的枠組みの一つが「社会救助法」であり、自治体に支援を委ねている。だが、当該自治体に戸籍の有無を設ける制限扶助主義を取っているため、例えば、台北市以外に「戸籍」を持つ者に対しては制限的である。参照：中山徹・山田理絵子「台北における遊民支援の制度的枠組みと補完的生活支援」（『社会問題研究』二〇一三年二月）四四頁。

しれないという恐怖に直面したとき、ようやく張献忠と頻繁に交流せざるを得なくなる。

趙《チャオ》おじさんは深刻な糖尿病を患い、心臓にはカテーテルを装着し、心身障害者手帳も受け取っていた。ある晩、台北駅西区の駐車場でそろそろ休もうとしていたとき、突然冷や汗が流れてきた。そばにいたホームレス仲間はおじさんが酒に酔っているのだと思い、特に注意しなかった。そのとき、彼の瞳孔はすでに虚ろだったのだが、幸い十数分後にまた目を覚ましたのだった。

その後、台北駅の駐車場はホームレスの寝泊りを許さなくなり、全員が駅の周辺に追いやられたが、趙《チャオ》おじさんは東一門にいたとき、また同じような状況に見舞われた。

こうした不意の出来事は、ホームレス仲間にとって見慣れないことではなく、駅で十数年間暮らしていた趙《チャオ》おじさんも自分の目の前で多くの人が死んで行ったのを目撃している。あるときなど、ホームレスが三々五々集まって酒を飲み、ちょっと言い合っているうちに、誰かが瓶をたたき割って、それを別の誰かに突き刺したことがあった。刺された相手はその場で亡くなった。

一度、趙《チャオ》おじさんの倒れた状況がかなり深刻だったとき、幸いにも彼を南港《ナンカン》病院に運んでくれた人がいたのだ。よりによって集中治療室に十四日も入院することになり、退院するとき、治療費と薬代は五万元〔約15万円〕ほどだった。

献身的に趙《チャオ》おじさんの治療に当たった劉《リョウ》医師が、「医療費はどうしますか？」と尋ねてきた。

「電話します」

「どこに？」

「警察に来てもらいます。私には支払えないので、捕まえてくれって」

劉《リョウ》医師は思わず吹き出してしまった。「大丈夫ですよ。下に相談窓口があるので、ソーシャルワーカーに聞いてみてください」

問題を引き継いだソーシャルワーカーの鐘《チョン》さんも経験豊富で、状況を理解するとすぐに手続きをして費用を支払ってくれた。

ただし、健康保険料を支払えない趙《チャオ》おじさんは、毎月、薬を受け取るのに自費で二千元〔約7000円〕以上を負担せねばならず、再び相談窓口の鐘《チョン》さんを訪ねるしかなかった。一回、二回、そして三回目のとき、鐘《チョン》さんは言いにくそうにこう告げた。「社会局の規定で、援助できるのは三回までなんです。それともこうしましょうか、私から萬華社福センターの張献忠《チャン・シエンチョン》さんに電話して、福保を出してもらうっていうのは」

趙《チャオ》おじさんは、「要りません、薬が出ないなら、けっこうです」と言い残して、その場を立ち去ろうとした。

結局、この薬は一定期間飲み続けなければならないと、鍾《チョン》さんから何度もなだめすかされ、おじさんはしぶしぶ受け入れたのだった。

そうしたことがあってから、張献忠《チャン・シエンチョン》はおじさんのために福保の手続きを取ってくれただけでなく、自ら動いて古いエリアで安い賃貸住宅を借りられるよう掛け合い、十軒長屋の一間に住めるようにしてくれた。安普請とはいえ、おじさんにはなんとか身を置く場所ができたのである。

一番大事な財産は缶詰

安アパートに住むようになってから、趙《チャオ》おじさんが毎日猫に餌をやるルートは、アパートのある大同区《タートン》興城街《シンチエンチエ》を出発点とし、バスに乗って萬華一帯までとなった。お昼頃には必ず中正区《チョンチェン》に到着するはずだ。そこには猫だけでなく、ついでに九年間世話をしてきた鳩や雀もいる。その後で台北駅の地下鉄地下街の出口にも回ることになっている。

そこにいる三匹の猫は世話して最も長い。台風の日は野良猫もそれぞれ雨宿りの場所を探すが、おじさんは必ず外出し、自分で去勢したこの三匹に餌をやる。そのうちの一匹はメスの囡囡《ノィノィ》だ。彼女はかつて病気のために草むらに座り込み、十二日間も飲まず食わずで、骨と皮ばかりにやせ細り、声も力も出なくなったことがあった。芝生の向こうから遠い目で趙《チャオ》おじさんをじっと見つめる彼女に、おじさんの心は痛んだ。獣医さえ野良猫には治療費を使う必要はなく、死にゆくままにしておけばいいとアドバイスしたほどである。

趙《チャオ》おじさんは来る日も来る日も芝生の外側から彼女を見守った。十三日目になったとき、囡囡はなんとゆっくりと歩いて来たのである。その瞬間、おじさんはこらえきれずに泣き出し、急いで缶詰を開けて彼女に食べさせた。「死ねなかったってことは、福があるってことだ」。現在、囡囡の毛色は美しく、以前にも増して趙《チャオ》おじさんにべったりである。

ルートをぐるっとひと回りして大同区に戻ると、そこが餌やりルートの最後の駅だ。ただし、缶詰は足りなくなってしまうので、二日に一度しか餌をやれない。

以前、趙《チャオ》おじさんは毎日、缶詰を入れた大きな袋を二つ抱えてルートに沿ってえさやりをしていたが、ショッピングカートを買うよう勧めてくれる人がいた。それを引くことで力を節約できるからだ。だが、おじさんはそれだと簡単に盗まれるのではないかと心配し、断った。ところが、糖尿病が日増しに重くなり、両足の神経は知覚がほぼ麻痺して足元はフラフラ、よろよろし、一歩進むごとに一息入れなければならなくなり、おじさんはようやく妥協して、毎日、缶詰でいっぱいのカートを引っ張って街に出るようになったのである。

あるとき、猫に餌をやっていて、趙《チャオ》おじさんは突然、何の前触れもなく倒れてしまった。おじさんの表情がたまらなく苦しそうだったのを通行人が目に止めて、救急車を呼び、中興病院に緊急搬送してくれた。一時間の応急処置でようやく危険な状態から脱したが、医師によると、あと五分遅れていたら命はなかったという。

趙《チャオ》おじさんは集中治療室に十二日間入院し、張献忠《チャン・シエンチョン》が見舞いに行くと、こういった。「おれの一番大事なのはカートの缶詰だ。あんたが代わりに持っていって」

「缶詰」は、趙《チャオ》おじさんの一番大事な財産なのだ。

自分がゴミを食べても、猫は飢えさせない

毎月一万元〔約3万5千円〕あまりの低収入戸補助金を受け取れるようになって以来、趙《チャオ》おじさんは前妻からお金を受け取ることはなくなった。餌をやる猫の数は増えることはあれ、減りはせず、毎日二十数匹分の缶詰代はほぼ五、六〇〇〇元〔約1万7000〜2万1000円〕で、毎月一万五千から一万八千元〔約5万3000円から6万3000円〕あればなんとかなる。そこで趙《チャオ》おじさんは、心あるお母さんたちから小額の援助を受けることにした。

その中には、お掃除のおばちゃんや街中の伝統市場で玉《ぎょく》を売る女性もいて、毎月固定で缶詰代千元〔約3500円〕の寄付がある。時には、趙《チャオ》おじさんの顔色がよくないのを見て、「おじさんも少し栄養をつけて」と、二千元〔約7000円〕足してくれたこともあった。おじさんがつけている観音菩薩のネックレスも玉売りの女性からのプレゼントだ。

以前、趙《チャオ》おじさんが缶詰を買って猫に食べさせているのを見たホームレスが、腹立たしそうにこう

言ったことがある。「バカか、お前だって腹一杯食ってないのに」。趙《チャオ》おじさんは嘘をついた。心あるお母さんたちを手伝って猫の世話をし、一ヶ月五百元〔約1800円〕もらっているのだと。そうして、やっと納得してもらえたのだった。

だが、おじさんは内心こう思っていた。「クソッタレ。一ヶ月五百元で誰がこんな手伝いなんかするかよ」

一度、唯一おじさんとウマの合うホームレスがいい仕事を見つけたからと言って、猫の缶詰を四十八個中山堂に届けてくれたことがあった。二人はこのいい知らせを一緒に喜んだ。

この友人は趙《チャオ》おじさんのことを本当にわかっていたから、おじさんにご馳走するのではなく、猫缶を二箱持って来てくれたのだ。「当たり前さ、可哀想なのは猫であって、おれじゃない」

「猫の世話は一番楽しいよ。あいつらが食べるのを見たり、あいつらとおしゃべりしたり。丸一日誰とも話さないことがあるけど、どの猫も少なくとも二十分はおれに付き合ってくれる。猫がおれにベタベタしてくれれば、それ以上嬉しいことはないよ」。趙《チャオ》おじさんは満足げにこういう。

猫の世話はあまり目立たないようにしたいので、趙《チャオ》おじさんは新しい服をめったに買わない。一着九九元〔約350円〕でも、低収入戸補助金の千元があれば十着は買える。だが、おじさんは他人を刺激せずに、ただ一日一日野良猫の世話をしていきたいと願っている。

実のところ、趙《チャオ》おじさんは台湾にとどまってホームレスをする必要はまったくないのだ。マカオに戻りさえすれば、社会局に行って台湾ドルにして一〇万元〔約35万円〕の政府の配当金が受け取れ、社会住宅の家賃も全額免除してもらえる。* かつてのボスと一緒に仕事だって続けられるのだ。カジノでは、他のことはさておき、間違いなく三食食べられるだろうし、ましてや、「カートを一つ、袋を二つ」といった趙《チャオ》おじさんの典型的なホームレス・スタイルを目にした人からすぐさま距離を置かれるような無礼な対応を受けることもないだろう。趙《チャオ》おじさんは以前、向かいからやって来てすれ違いざまに彼を避けた女性に怒りを抑えきれずにこう言ったことがある。「俺は鬼かい？　あんたに向かって一文くれとも言ってないのに、避けなくたっていいだろ」

だがやはり、趙《チャオ》おじさんは観世音菩薩に誓ったことをしっかりと守り、「死ぬまで世話する」という約束を守り続けている。野良猫と野良犬を世話するために自分も野宿する日々を続け、いつの間にか十五年がたった。

趙《チャオ》おじさんの目下の最大の願いは、猫たちの目の前で心筋梗塞を起こし、猫たちに看取られて逝くことだ。そうすれば、猫は利口なので互いに知らせ合い、その他の二十匹あまりもいつもの場所でおじさんの餌を無駄に待つようなことはないだろう。

趙《チャオ》おじさんがそれでも心配しているのは、倒れてもすぐには死ねず、植物人間になって、自殺しようにもできなくなることだ。そこでおじさんは酒瓶をこっそりと懐に隠し持ち、自分は酒を一口飲んだだけで動悸がしてしまうタイプなんだと言っている。つまり、心臓の具合が悪くなって病院に搬送されたら、その酒で自分の心臓を止めてしまいたいのだ。「そのときがきたら、おれのことを祝ってくれ。カートを引っ張る必要もなく、猫の苦痛は見えなくなり、叫び声も聞こえなくなるからだ」

平凡な人間には、おじさんがここまで野良猫や野良犬に全身全霊を注ぐのは一体何が原因なのか、ほとんど理解しがたい。死ぬ直前の最後の一瞬まで世話をすると菩薩に誓ったのはなぜなのか。

趙《チャオ》おじさんの答えはこうだ。「なぜって、おれはホームレスで、飢えの味を知ってるからさ」

＊　原注　マカオ政府は近年、観光・ギャンブル産業による税収の大幅増に鑑み、二〇〇八年から毎年マカオ住民に利益を分配している。

マカオ出身の趙おじさんは、野良猫や野良犬に全身全霊を注ぎ、そのために路上生活するようになった。彼はかつて観世音菩薩に死ぬまで世話をすると誓ったのである。

八〇〇万元はおれのもの——越さん

現在、台南市富台新村《フータイシンツン》と呼ばれる眷村《チュエンツン》〔国民党軍の兵士とその家族が生活する軍人村〕の外回りには、それをぐるりと囲むようにトタン屋根の台湾式軽食店が並んでいる。だが、眷村内の国営住宅が改築される前、このトタン屋根の中で暮らしていた一千世帯あまりの人々は、もともと中国大陸から難を逃れて台湾にやってきた「外省人」であり、台湾式の味など食べたことはなかったのだ。*1

「海上の蘇武」の子孫

一九四九年、国民党は敗戦に敗戦を重ね、黄杰《ホワン・チエ》に率いられた三万人の部隊は中国大陸からフランス租界のベトナム〔越《ユエ》さんによると、フランス領北ベトナムだが、そこが正式な植民地だったかは不明なので、「租界」にしたという〕に撤退した。だが、フランス植民地当局は人民解放軍の恨みを買いたくなかったため、協議に背いてこれら三万人をベトナム北部の強制収容所に収容し、さらに南のフーコック島に移動させた後、三年半してようやく台湾に送ったのである。当時の困難は耐え難いほどで、この部隊は「海上の蘇武《スー・ウー》」*2と呼ばれた。

越《ユエ》さんは一九五一年にベトナムで生まれた。母親によると、当時、避難の途上で、自分のことで手一杯だった多くの親は子どもを路傍に捨てざるを得なかったという。幸い越《ユエ》さんの父親の元には伝令兵がいて兄や姉の面倒をみてくれたため、なんとか余力もあって越《ユエ》さんの世話ができたのだった。こうして一家は幸運にも一人も欠けることなく台湾にやってきた。

来台後、政府はまず軍人とその一族を苗栗《ミャオリー》の卓蘭《チュオラン》にしばらくの間雑然と押し込め、越《ユエ》さん一家は方々から寄せ集められた資材で眷村が完成するのを待って、ようやく台南市の「富台新村」に引っ越したのだった。この名前はフーコック島〔中国語では富国島《フークオタオ》〕から台湾まで転々と逃れてきた歴史を記念するものである。

十数坪の長方形の部屋では、家族全員が大きなベッドの上でぎゅうぎゅうになっていた。軍人は極めて薄給だったので、越《ユエ》さんは幼い頃いつも裸足で学校に通い、一ヶ月三〇元〔約２７０円〕の補習費用が卒業直前に払えなかったため、先生は卒業アルバムさえくれなかった。

当時の小学校は国語と算数のたった二科目だけで、越《ユエ》さんの国語は当然問題なく、毎回ほぼ満点だったが、算数は一次方程式になるや、もうお手上げだった。中学校に受かると、二科目から七、八科目になり、英語のＡＢＣＤは一つ一つ分解すれば読めたが、一緒になるともうダメで、試験には一度も合格しなかった。だが、自分の成績はこんなにひどくても、眷村の同級生から優秀な人物が数人出たことを、彼は誇りに思っていた。例えば、芸能人の趙樹海《チャオ・シューハイ》や台北栄民総合病院外科主任の陳《チェン》教授〔フルネームは不明〕だ。彼らのことを話題にすると越《ユエ》さんは生き生きしてくる。

生活の安定のみを求めた外省人第二世代

軍人家庭には金も土地もないため、子どもが成長してから職業として選べたのは軍人・公務員・教員くらいであった。姉は小学校を卒業すると家事を手伝い、十八歳で軍人に嫁ぎ、越《ユエ》さんは兄にならって軍校に出願した。そうすれば、退職後、航空会社で飛行機の清掃をしている父親が、学費を支払うプレッシャーから少しは解放されるからだ。

眷村の中で陸・海・空軍で働く多くの年長者を見てきた越《ユエ》さんは、陸軍より空軍の方が荷が軽いと知っていたため、賢明にも空軍機械学校を選んだのだった。だがあろうことか、飛行機の部品はアメリカから調達していたので、生徒は全員、英語の原書を読まなければならなかった。越《ユエ》さんは訓練期間中、恐ろしいほどの身体能力訓練に死にものぐるいで耐え、その上、必死で辞書を引いて英単語をやみくもに覚え、人にも教えを請うた。退学になると国家に賠償金を支払う必要が出てくるかもしれないと心配したのである。

なんとか二年半を持ちこたえ、越《ユエ》さんは基隆《キールン》埠頭に配属されて少尉補給官として空軍物資の接収を担当し、一ヶ月三千百元〔約2万3000円〕の給与を得た。だが、越《ユエ》さんが軍校で学んでいたとき、父親が亡くなったため、基隆埠頭と松山飛行場での実践訓練を終えると、南部への転任を願い出て、母親のそばで世話をすることにした。高雄《カオション》の空軍運輸センターへ順調に転任すると、彼が号令をかけるとき、

＊1　ここにはベトナムのフーコック島を経由して台湾に撤退した国民党軍関係者（外省人）が暮らしていた。敷地内の住居だけでは足りず、周囲にもトタン屋根の小屋が出来たが、やがて眷村内の住居が国営住宅に改修さると、トタン屋根の住人もそちらに移住した。空いたトタン屋根の小屋には本省人が入居し、台湾式の飲食店を始めたのである。

＊2　中国清末の官僚・葉名琛《イエ・ミンチェン》（一八〇七〜五九）のこと。字は崑臣《クンチェン》。湖北省漢陽の人。一八五八年の第二次アヘン戦争でイギリス軍の捕虜にされ、インドのカルカッタに幽閉された。葉名琛は自らを「海上の蘇武」と称し、絶食して、翌年の四月九日に餓死した。蘇武（前一四〇ころ〜前六〇）は、中国前漢の武将。杜陵陝西《トゥリンシャンシー》省の人。字は子卿《ズーチン》。匈奴《シィオンヌー》に使節として行き、十九年間抑留されたが、節を守りとおして帰国した。

丹田にとりわけ力が入るのを長官が目に止め、物資を気楽に接収し、勤務時間も規則的なそれまでの仕事から兵士を率いる中隊長のポストに異動させられたのだった。

　百人あまりの兵士を一人一人世話しなければならなかったが、越《ユエ》さんは上手くやったので、長官は三年の間、彼を他の部署に異動させようとはしなかった。分配科に欠員が出たのでようやく越《ユエ》さんは自ら名のり出て軍事物資の分配を担当する部署に変えてもらった。「四四」屏東《ピントン》、「五四」台南、「六四」台中清泉崗《チンチュアンカン》など、これら軍用機飛行場のコード番号を、越《ユエ》さんは今でもすらすらと言える。

　一九八〇年代は台湾経済が離陸《テークオフ》し、課長に昇進した越《ユエ》さんの給与は一万元〔約5万5000円〕を超えた。だが、家は貧しく、同じ部署の年配の士官長が彼に結婚相手を紹介しようとすると、彼はいつも断った。「けっこうです、けっこうです。泥の菩薩が川を渡るみたいに、自分自身が危ないんですから」。もっとも、女性と付き合いたくなかったわけではなく、越《ユエ》さんは実際、同時に二人の女性と交際中だったのだ。「今の私みたいに、何の考えもなしにテキトーに生きてたとは思わないでください。あの頃はたくましくて、カッコよかったんです」。越《ユエ》さんは貯金がまだ十分でなく、相手にいい生活をさせてあげられないと考えていただけだった。

　ところが士官長が紹介してくれたのは、家事商業職業学校を卒業して裁縫をしている女性で、母親と高雄に三階建ての一軒家を所有しているため、彼にお金があろうとなかろうと、意に介さなかった。ただ生活の安定だけを求める多くの外省人二世のように、実際的なものを重んじる越《ユエ》さんは、相手が彼を気に入り、生活も問題なく、今後、子どもの世話を手伝ってくれそうな義理の母親もいるのであればと、人生の一大事を決めることにした。また、「娘の婿は見れば見るほど面白い」と思った義母の提案で一軒家に同居することにし、家賃も節約した。

結婚の翌年、妻は男の子を産み、その後女の子も相次いで生まれ、一家は平穏無事に日を送っていた。唯一彼を悩ませたのが、軍の仕事のプレッシャーで胃の具合をしょっちゅう悪くしたことである。

人生の急転換

ある日、仕事を終えた越《ユエ》さんは高熱を出した。その年、高雄にはデング熱が流行していたので、義母が彼を近所の診療所に連れて行き、検査を受けさせ、薬も飲ませたが、翌日起きた途端、吐いたり下したりで、吐いたものも下したものもすべて鮮血だった。家族が大急ぎで高雄の八〇二軍病院の救急診療に搬送したところ、内視鏡検査で胃に大きな穴が空いていることがわかり、主任自ら緊急に執刀し、朝から晩までかかってようやく手術室を出られたのであった。

それは、一九八八年のことで、越《ユエ》さんの給料はすでに三万元〔約13万円〕あまりに上がっていた。台湾人の経済力は一年で高速道路を一本食いつくせると言われ、台湾の株価指数は一万点を超え、株を買う人は株価チャートがわからなくても、目を閉じたまま適当に何を買ってももうかった。

越《ユエ》さんの給与はますます上がったものの、最初の手術の後、傷口が感染して膿が出たため、再手術をすることになった。入院していた一ヶ月のうちに越《ユエ》さんはちょうど十キロ痩せ、人間全体が消極的になるのは避けられなかった。かつて彼の体格は空軍から陸戦隊の訓練に選ばれるほど立派で、土嚢を背負って走っても飛ぶような健脚で、陸軍官校〔中華民国陸軍軍官学校〕に派遣されてテコンドーの教官も務めていた。だが、今や病気のためこのザマで、一年休養を取った後、やっとのことで仕事に復帰したものの、三年後にまたバカでかい結石のために再手術を受けることになった。

軍に戻ると、ある主幹のポストに空きが出たので、越《ユエ》さんは過去の功績や褒賞を頼りに応募したところ、全候補者のうち第一位にリストアップされた。だが、人事令が公布されたところ、記されていたのは別の後輩の名前だった。

越《ユエ》さんは各分野の成績がいずれもよかったので、たとえ同級生の父親が空軍で作戦部の司令を務めたことがあったとしても、その関係を利用しようとは思わなかった。だが、おそらく病気休暇が長すぎたためであろう、このポストは彼の目の前からむざむざと逃げ去ってしまったのである。越《ユエ》さんは以後、後輩の指揮に従わねばならないことに我慢できず、あと五年すれば上佐として退役し、一ヶ月五、六万元〔約25〜30万円〕の終身年金を受け取れるというのに、さっさと早期退役してしまった。「病気は人の考え方をすっかり変えてしまう。ふとした間違いが一生の悔いを残すってやつだよ。最初のちょっとした間違いがね！」

一三八万元〔約690万円〕の退職金を受け取ると、一八パーセントの軍人優遇制度によって、毎月二万千元〔約10万円〕の利息がついた。だが大病の後、越《ユエ》さんは性格が変わり、日夜、賭博ゲームやパチンコ、宝くじにはまって妻ともうまくいかなくなり、あっさりと印鑑と預金通帳を妻に残して、自分は台南に戻って静養し、年老いた母親の相手をすることにした。ついでに子どもの頃のように兄の路線に倣って公務員への転任試験を準備し、丸一年高雄には戻らなかった。

越《ユエ》さんの兄が母親に会いに台南に戻ったとき、越《ユエ》さんが妻と子どものことを長期間ほったらかしにしていることを見咎め、彼を無理やり高雄に連れ帰ることにした。越《ユエ》さんは電話して帰ることを妻に知らせたかったのだが、電話は通じず、家に一歩入るや、リビングで見知らぬ男が寝ているのが目に入り、越《ユエ》さんと兄は呆然とした。最初は遠縁の親戚かと思ったが、義母がすぐに見知らぬ男を帰したので、越《ユエ》さんは直ちに事情を理解した。

兄と車で高雄から台南に戻る途上、二人は一言も口をきかなかった。家に戻ると、越《ユエ》さんは情感あふれる手紙を書いて妻との修復を願ったが、妻はこの機会にどうしても離婚を望み、協議書も書き終え、一銭の金もいらないといって、越《ユエ》さんのサインだけを待っていた。

越《ユエ》さんは、義母が二人の孫を死ぬほど可愛がっているのを知っていたので、義母と妻を怒らせるためにわざと二人の子どもの親権を妻に渡そうとはしなかった。あの頃、長男はすでに小学校六年生で卒業間近だったため、学校に行って転校手続きをすると、先生が越《ユエ》さんに、あの子は成績が良くて校長賞は確実だから卒業まで待ってくれ、と切々と訴えた。「だからなんだっていうんですか？　その後がよければ、いいでしょう？」これが越《ユエ》さんの答えだった。

子ども二人を連れ帰ると言い張った越《ユエ》さんだが、実際、眷村はボロボロで人も多く、勉学には決していい環境ではないとわかっていた。戸籍事務所で戸籍を移す手続きをしたとき、越《ユエ》さんは台中市の梧棲《ウーチー》区に家を新築したばかりの兄に、「うちは小さいから、兄さんのところで世話してよ」と言った。越《ユエ》さんは二人の子どもに付き添って台中に行き、もともと毎月妻に渡していた二万千元〔約10万円〕を兄に渡すことにし、自分は毎朝、食材を買って炊事をし、自分と兄のところ二世帯の世話をした。

家庭のもめごとはあったものの、公務員転任試験はやはり受けに行くべきだった。試験の前日、越《ユエ》さんは台北の姉の家に泊まったのだが、翌日、試験の第一科目がうまくいかなかったため、あっさりと試験会場を去り、姉の息子がやっている食堂で水餃子を作ったり、冷やしそばを和えたりすればいいだろうと考えた。そうしてあっという間に二ヶ月が過ぎてしまったのだ。

この時期はちょうど夏休みだったので、越《ユエ》さんは兄に、子どもたちを妻に会わせるなと何度も念を押していた。だが、疑ってもいたのだ。「会わせない方がおかしいかもな！　もしかしておれを騙して、子どもたちを数日高雄に連れ帰るってこともあるんじゃないか」

確かに越《ユエ》さんの兄から見ると、子どもたちは台中に越してきてから成績ががた落ちで、越《ユエ》さんは子どもに厳しいわけではなかったが、親子の間に会話はなかった。そこで、兄が越《ユエ》さんの義母に電話して子どもたちを引き取って育ててくれないか打診したところ、義母は大喜びで、「はい、はい、はい」と三回続けて答えたのだった。

このとき、兄はまた二人の子どもを連れて台北まで越《ユエ》さんに会いにきた。子どもたちは食堂であれこれ手伝って嬉しそうだったが、越《ユエ》さんの方は心配して、「二人とも火傷するなよ！」などとしきりに注意していた。

正直なところ、越《ユエ》さんは最初から子どもたちを妻に渡したいと思っていたのだ。それは子どもたちのためを思ってのことだった。自分と妻、この二つの「悪い竹」は、彼らから生まれた「良い筍」をダメにしてしまうだろう。ましてや他人の厄介になることは、子どもたちの精神的な成長にもよくないはずだ。だが、最初は意地になっていて、二人の外孫を一人で苦労して育てた義母が、少なくとも一人は残してほしいと言ってきたとき、彼は冷酷にも「だめだ、一人も残さない」と答えたのだった。食堂で過ごしたあの二ヶ月の日々、姉の息子から一銭も給料をもらわなかったのに、越《ユエ》さんが喜んで店を手伝ったのは、おそらくこの機に、兄に子どもたちをそっと高雄に連れ帰ってもらいたかったからだろう。

息子と娘は帰った後、二度と再び越《ユエ》さんに連絡してくることはなかった。越《ユエ》さんはもちろん会いたかったが、子どもたちには子どもたちなりの幸福がある。その後、越《ユエ》さんも台南の富台新村に帰り、年老いた母と支え合う日々を送ることになった。

博打の法則

台南に戻って二ヶ月もたたないころ、長患いをすると良医になれるというように、越《ユエ》さんは養生すればするほど男前になって、女性と付き合うようになった。誰と付き合うのでも、最初はいつも「遊びだ、結婚はしない」とはっきりと断っていたが、それは「蛇に噛まれて朽ち縄に怖じる」というやつだった。

女性と付き合うと出費がかさむものだが、収入は毎月わずか二万千元〔約１０万円〕の優待貯金だけだったので、越《ユエ》さんはまたロトをするようになった。

小学校の算数は確かにめちゃくちゃだったのに、ロトのナンバーを選ぶ時、人気のない番号を予測する力は大したもので〔人気のない番号ほど、当選すると賞金は高額になる〕、七万元〔約３５万円〕当たるのは日常茶飯事、一度など六〇万元〔約３００万円〕当たって車一台買ったほどだった。

「クソ、もっとすごいのは、おれが気に入った女とは誰とでも付き合えたことだ」。デパートにシャツを買いに行っても、越《ユエ》さんのことを三十代と思ったシャツ売り場の店員を誘って食事やカラオケに行くことができた。彼女が他の売り場の店員たちに声をかけて、一緒に来てもらうこともあった。

「よっぽどのブスでなけりゃ、どんな女でもＯＫだったんだ」

だが、「博打っていうのは、大量に賭けると、万能の神でも負けるし、負けないヤツがいれば、そいつは絶対イカサマだ」〔中国のギャンブル王、馬洪剛《マー・ホンカン》の言葉から〕という通り、越《ユエ》さんの賭ける金額は次第に大きくなり、当たることも多くなったが、飲み込まれるのも当然、一瞬のことだった。越《ユエ》さんは結局、一八％の優待貯金に手をつけざるを得なくなり、それもどんどん金額が増えて深みにはまり、五年後、驚いたことに、残ったのはわずか一三八万元〔約690万円〕の一割で、毎月受け取れる利子も滑り台を滑るように二万千元〔約10万円〕から二千元〔約7000円〕に下がっていた。

　五十歳を過ぎた越《ユエ》さんは、これは間違っていると思い、仕事内容が好きかどうかは問わず、オフィスビルの警備員に応募してすぐに働き始め、毎日十数時間働いた。二日の日勤・二日の夜勤の後、二日休める仕組みで、二日ごとに一度、タイムスケジュールの調整がある。警備部長になるとさらに二千元〔約7000円〕の手当てが加わり、一ヶ月の給与は全部で二万元〔約7万円〕になった。だがこの頃、越《ユエ》さんはすでに全身クレジットカードの多重債務にまみれていたのだ。


　ある時、某銀行のクレジットカードの明細書にキャッシュカードの申請書が付いていた。「保証人不要、抵当不要」とある。越《ユエ》さんは三二万元〔約112万円〕の欄にチェックを入れ、申請書類に必要事項を記入し、ファックスで送った。おそらく身分証の記載が「退役軍官」だったため、銀行は彼にはまだ一八％の優待貯金があると思い込んだのだろう。一時間後に電話があり、「もしもし、X様ですか？　こんにちは。X様のお借りになる現金は許可が下り、三二万元はすでにX様の口座に振り込まれました」という。

「クソッ！　こんなにさっさと進むんだ！」越《ユエ》さんには驚きだった。

　一ヶ月後、明細書を受け取ると、元金と利子を合わせて、返済すべき金額は最低三万元〔約11万円〕あまりとなっている。越《ユエ》さんは自転車操業するしかなかったが、計十数枚のクレジットカードとキャッシュカードを合わせても、とても返済しきれなかった。

　この頃、富台新村はまさに国民住宅建設の時期だった。越《ユエ》さんの母はすでに認知症気味だったので、彼は自宅の権利書を抵当に銀行から一〇〇万元〔約350万円〕借りてカードの負債を返済してほしいとせがんだ。兄はそれを知ると、賭け事で目を血走らせた越《ユエ》さんに母の晩年を任せることはできないと危惧し、すぐさま母を台中に引き取り、手厚く世話したのだった。

一年が過ぎた頃、越《ユエ》さんの負債は返済が終わっていないばかりか、もともとそれを元手に負けた分を取り返すつもりだった百万元〔約350万円〕まですっからかんになっていた。兄はカンカンに怒って家を売ることに決めた。「まったく、おれも出来そこないだけど、この家は親父の財産なんだからな」

住むところを失った越《ユエ》さんだったが、仕事の方でもビルの主任が別の警備保障会社と契約して越《ユエ》さんを降格したため、以前の部下が上司になるということが起こった。「おれはバリバリやってたのに、あんたたちがいつもこういうことをするから、やる気がなくなるんだ」。彼はさっさと仕事を辞め、もともと期日通りに支払っていたカード債務も返せなくなってしまった。「なんで銀行はあんなに多額の金を許可するんだ、ざまあみろだ！」

台北に流れ着く

二〇一一年の中秋節前夜、越《ユエ》さんは台北に出てきて正真正銘のホームレスになった。

台南に残りたくなかったのは、面子がないからだ。台北には姉と軍校の同級生が大勢住んでいたが、恥ずかしくてたまらなかったので、会いに行こうとは思わなかった。列車が台北駅に着くと人が大勢地下室で寝ているのが目に入り、彼もすぐ段ボールを探して身を横たえた。「生まれて初めてまったく寝付けなかった。でも、別に泣くようなことでもなかった。自業自得さ」

「新しい仲間」が加わったのを知り、越《ユエ》さんのところにホームレスが次から次へとやってきた。越《ユエ》さんを名義人にしてクレジットカードを作らせ、中間手数料を取ろうというのだ。越《ユエ》さんは彼らに言った。「あっちに行け、その手は食わないよ。おれの方がお前らよりよくわかってるんだから」

最初の半年は、越《ユエ》さんにはまだお金が多少残っていたので、毎回の食事はすべて自分で買って食べていたが、その後ようやく、駅近くの恩友《エンヨウ》教会*でただで食べられることを知った。「近くの廟でも、毎月一日、十五日、十八日、二十三日に食べられるんだ。全部ちゃんとわかってる」。その後、キリスト教救世軍で入浴できることも知った。「ああ、死ぬほど嬉しかったね！」

清潔好きな越《ユエ》さんにとって最も耐えられないのが、入浴できないことだった。「ホームレスとはいえ、少なくとも清潔にしていなきゃ。そうすれば、いくらか尊重してもらえる」。初めの頃、越《ユエ》さんはいつも台湾大学病院に行って水で体を洗っていたが、その後は夜中にこっそりと駅のトイレにすっ飛んで行って、冷水を浴びていた。「おれは昔、軍人だったから、冬に冷水を浴びても平気なんだ」


台北にやって来てもツテはなく、越《ユエ》さんは労働局に飛び込んで仕事を探したが、カード債務が貯まっていたため、給料が出るやすぐ控除されてしまう。駅の大ホールに座って他のホームレスに、その場で現金がもらえる仕事がどこにあるか尋ねるしかなかった。抗議のデモで大声をあげると五百元になったし、陣頭〔第三部参照〕に出て、旗を担いでもいくらか稼げる。その後、あるホームレスが人間看板の会社に空きがあると教えてくれた。越《ユエ》さんはそこに入り、現在までずっと続けている。

その会社では毎週土日に固定の仕事ができたが、他所はそうはいかず、たまにイレギュラーで一日二日やらせてくれるだけだった。その後、越《ユエ》さんと同じく外省人の社長が、越《ユエ》さんの看板を持つ姿勢がまっすぐなのを見て高く評価し、パートから正社員にしようと言ってきた。

越《ユエ》さんは断った。「冗談じゃない、辛すぎるだろ、かんかん照りだと仕事が終わるまでずっと汗だくだ」。考えてみれば、二日間の仕事では大した金額は稼げない。そこで折衷案を出し、「週末のシフトはそのままで、平日のシフトも固定的に手伝う」ということになった。まず、土・日・月は陽に当たり、二日休んだ後、木曜にまた働く。日給七五〇元〔約2000円〕で、休日は八〇〇元〔約2200円〕だ。

毎週四日間、看板を持つ他、時にはＤＭを配ることもある。「これは人間看板よりもっと辛い。信号が赤になったらどんどん配って、緑になったら道端に立って、また赤になったら、どんどん配るんだ。一日その繰り返しさ！」

だが、越《ユエ》さんは知っている。たとえ六十歳を過ぎても、この境遇になったら学んで適応しなければならないし、どんなに苦しくても我慢してやらなければならないのだ。ともかく道端で物乞いはできないのだから。「くそったれのガキの中には、健康でどこも悪いところはないのに、これはしたくない、あれもしたくない、じゃあ何がしたいんだってやつがいる。どうりでホームレスがあんなに増えるわけだ！」

そんなに面子を重んじていたら、道の真ん中でＤＭを配っていて知っている人にばったり出会うのは怖くないですか？「おれは今、すっかり変わったから。歯だって、歯周病で全部抜けちゃったし」。もともと歯が一本折れて三本の入れ歯が必要だったが、二年後に抜け落ちてしまい、大金を払って三本から六本に増やしたのに、二年も経たずにまた抜け落ち、結局全部なくなってしまったのだ。

越《ユエ》さんは最後の歯を記念としてバッグの中にしまっていたが、夜、台北駅で寝ていたとき、バッグを盗まれ、歯と服はすべてなくなってしまったという。

泥棒はバッグから歯が出てきたら、きっとびっくりしたでしょうね。二、三度盗難に遭った越《ユエ》さんは怒って言った。「ちくしょう、バチが当たるぜ」

＊ 基督教恩友中心は、二〇〇三年十一月、貧困者とホームレスの支援を目的に設立されたプロテスタント教会。現在では台湾全国一二ヶ所で運営されている。主な任務は、食事・居場所・必需品・教育機会・無料診療の提供である。

その後、駅の地下駐車場もホームレスの寝泊まりには開放しなくなったわけだが、越《ユエ》さんは他のホームレスと違って、駅の外縁では寝泊まりしようとしなかった。「みっともないだろ。おれはあそこでは眠れない。だって、『国の門』だぜ」

国家に恥をかかせたくなかったので、越《ユエ》さんはネットカフェに数日寝泊まりし、その後、人間看板会社の社長に電話して、一ヶ月二千元〔約5400円〕払うので地下室を貸してくれないか聞いてみた。社長は二つ返事で承諾した上で、これを機に会社の幹部になってほしいと言う。それは越《ユエ》さんが、正月に人間看板の仕事を連続七日できたからだった。越《ユエ》さんは「それだけは勘弁してくださいよ」と答えた。なぜなら、軍隊と警備保障会社で辛い目に遭わされたので、もう仕事で嫌な目にあいたくなかったのだ。

自殺に失敗したから、ちゃんと生きていく

カード債務をまだ返し終えていない越《ユエ》さんは、かつて自殺を試みたことがあった。「おれ、飛び降りは無理。飛び降りた人は本当によく決心したよね。おれにはあんな勇気はないよ。身投げもだめ。だって泳げるから、身投げした途端、自然に岸に泳ぎ着いちゃうもん」。首吊りもしてみようとは思わなかったので、越《ユエ》さんは医者に睡眠薬を処方してもらい、十数錠では効かないだろうと、グルコサミンを一緒に飲み込んだ。だが、翌日、再び目覚めてしまったのだ。「命は断つべきじゃないね。虫けらだって恥を忍んで生きながらえてる。まして人間はね！　おれは生き続けるよ。きれいな世界を見なくちゃ。中国統一を見るまで生きるんだ。二十一世紀は絶対中国の世紀だから」

中国統一を見る前に、まずはこっそり子どもに会いに帰りたいのでは？　「そんな気は失せたよ。

もういい。女房や息子とも完全に連絡が途絶えちまった」。ある日、台北駅で娘が乳母車を押して歩いて行くのがちらっと目に入ったときでさえ、越《ユエ》さんはすぐにその場をこっそりと離れた。乳母車にはおそらく越《ユエ》さんの孫が乗っていたはずだ。

人間看板の仕事がないとき、越《ユエ》さんは中山市場《チョンシャンシーチャン》付近の市立図書館に行って本や新聞を読む。「見聞を広めるんだ。冷房もあるし」

まだ大家楽はしてますか？　「おう、大事なことが出て来たな！」越《ユエ》さんはバッグから一枚五元〔約13円〕の「ナンバー分析表」＊を取り出した。自分で厚い束をコピーしたもので、裏には越《ユエ》さんが研究したナンバーの公式が書いてある。越《ユエ》さんはビッグロト〔〇一～四九の数字から異なる六つの数字を選ぶ選択式宝くじ〕はやらず、もっぱら「今彩五三九」〔ロトの一種。〇一～三九の数字から異なる五つの数字を選ぶ〕だが、これまで国営の合法宝くじ売り場で金を賭けたことはない。「国営のだと二つの数字が当たれば五〇元〔約130円〕、三つでやっと三〇〇元〔約800円〕だ。もちろん、何が何でも地下の方に行く。あっちでは二つ当たれば五三〇〇〔約1万4000円〕だから」

そして越《ユエ》さんはバッグから学校の先生が宿題を直す時に使う赤ペンを取り出した。「『工、その事をよくせんと欲せば、必ずその器を利とす』〔職人が立派な仕事をしたいと思ったらまず道具を研ぐ〕っていうだろ。……見てごらん、これは確率なんだ。まず胸の中で一つのナンバーを考える。あんまりしょっちゅう当たるヤツはダメだ。ほら、おれは以前『第四支開十四』〔ロトの数字を選ぶとき参考にする人気ナンバー一覧表〕を使って予測したんだ。まず、十四の上に一つの丸を描く。一、二、三、四、五、六、七、七期には一本の線を引く。一、二、三、四、五、六、七、七期に、また線を引く。答えが出てきた。見て、この数字は連続で当たるよ。この八〇〇万元〔約2160万円〕はきっとおれのものだ」

＊　原注　期日の過ぎた当選番号を一覧表に整理し、当選確率を推計できるようにしたもの。

越さんの父親は国共内戦の最中、国民党の部隊に付いてベトナムに逃れ、まずベトナム北部の強制収容所に収容された。その後、フーコック島に移動させられて「海上の蘇武《スー・ウー》」となり、三年後、ようやく台湾にやってきた。

耳の奥に響く音――晃晃

晃晃《ホワンホワン》が幼い頃、母親がよく、「隣のうちはなんで夜も寝ないで、ずっとビー玉遊びをやってるんだろうね」と、ブツブツこぼしていた。だが、母を除いて、他の家族にはなんのもの音も聞こえない。母はのちに精神状態が悪化し、毎日、床に伏すようになって、結局、離婚してしまった。

父と暮らすことになった晃晃《ホワンホワン》は、三十歳を過ぎてから自分もその籤《くじ》を引いてしまい、ようやく母の苦痛がどれほど耐え難いものだったかを知るのである。

一家全員が避けられなかったこと

晃晃《ホワンホワン》はもともと高雄の有名家電ブランドのチェーン店でメンテナンスを担当していた。本業の他にも専門技術を生かして多くの外注仕事を請け負っていたので、生活は楽だった。

これといった悩みのない晃晃《ホワンホワン》に不眠症が現れ始めた頃、たいしたことはないと思い、毎晩、自分を無理やり疲れさせて眠ろうとした。だが、眠りに入るや脳内映像がジャンプ・カット〔映画やテレビで、あるシーンから突然時間的に後のシーンに変わること〕を始めるのだ。テレビを見ているのに、絶え間なく誰かにチャンネルを切り替えられてしまうみたいだった。しばらくすると、夢を見ることさえ贅沢な望みとなり、幻聴のため一睡もできず、耳の中に響く音は「サラサラ」から、あっという間に「ドスン、バタン」や「ジャン、ジャン、ジャン、ジャン」へと変わっていった。

晃晃《ホワンホワン》は腹が立って、何度も隣や上の階の住人に抗議したが、隣人たちは騒音など絶対に立てていないと断言する。晃晃《ホワンホワン》を引っ張って、「じゃあ、管理人のところへ行こう！　警察でもいい！」と身の潔白を主張する人さえいた。

たとえ隣人が断言しても、晃晃《ホワンホワン》は相変わらず毎晩うるさくて眠れず、「我慢できない、本当にもうだめだ」という状態だった。そのため彼は昼間、集中力が散漫になり、記憶力も減退し、やがて仕事さえ辞めて丸一年床に臥してしまった。

だがこの時期、晃晃《ホワンホワン》は次々と気づいたのだが、両親が離婚した後、各地に散らばっていた兄弟姉妹もすべて同様な目にあっていたのだ。

兄は高校時代から始まったのだが、当時聞こえたことをすべて書き記していたため、高校の教科書はこうした暗号でいっぱいだった。一方、すでに結婚していた妹は、夜中に上の階からハイヒールの「コン、コン、コン」という音が聞こえてきて、怒りのあまり、竹竿で天井板に反撃するほどだった。やがて、人形のようにやせ細ってしまい、廟に駆け込んで神に願をかけたり、占ったりするしかなかった。廟の管理人によると、彼らの家族の戸籍簿には登録されていない夭折した兄弟がいて、それが何かをしているという。妹はそれを聞くや、心の平安を求めて、ただその廟のためだけに二十数万元〔約70～80万円〕を使ってしまった。

こうした常軌を逸した出来事から、晃晃《ホワンホワン》は弟のことを思い出した。弟は兵役中、電磁波に妨害されていると頑なに主張したため、上官は彼の精神状態に問題があると判断し、早期除隊を許可したのだった。だが、弟は家に戻ってから毎日寝てばかりで、「どこも悪いところがないのに、なぜ働かないんだ」と、家族に叱責されていた。兄や姉がたまに経済的な援助をし、小遣いをあげていたが、彼はお金をもらうとすぐネットカフェに逃げ込み、刺激的なライトや音響の中で自分を麻痺させていた。その後、タクシードライバーとして生活しようとしたが、最終的には海に飛び込んで自殺してしまった。

陳情に活路を求める

初めに耳鳴りの原因が突き止められなかったとき、晃晃《ホワンホワン》が選んだのは警察に通報することだった。「高雄や台南一帯の警察署にはほぼすべて通報したんですけど、皆がぼくのことを『肖仔《シャウエ》』〔台湾語で「頭がおかしい」の意〕っていうんです」。その後、彼はネット検索をすることにし、ネットサーフィンで驚くべき発見をしたのだった。なんと、中国大陸には彼の家族と似たような状況の人が大勢いることがわかり、以来、晃晃《ホワンホワン》は自分を「被害者」として位置付けるようになった。

「蔣介石がやってきてから、庶民の謀反を防ごうとしたわけです。これは政治的な予防であり、犯罪の予防でもあるんです」

晃晃《ホワンホワン》は不運にも自分がそれに選ばれてしまった一人だと思っている。「これは警察で使われる機器なんですよ。ヤツらは電磁波でぼくの脳を刺激し、浅い眠りに入ると夢を見させて、ぼくをコントロールするんです」。そうした騒音はすべて警察から発せられ、その目的は彼の精神を衰弱させることだと晃晃《ホワンホワン》は深く信じ込んでもいた。「アメリカはまさにそうやって庶民をコントロールしてるんですけど、彼らの機密を解読して、ぼくはようやく彼らもこういう機器を持っているんだとわかったんです」

会社をクビになった晃晃《ホワンホワン》は、もともと中鋼〔中国鋼鉄公司の略称〕や中船〔台湾国際造船公司の旧称、中国造船公司の略称〕の臨時工になろうとしたが、彼が気に入ったのは、このような国営企業の工場地区は果てしなく広いので、夜はその片隅か付近の公園で適当な場所を見つけて寝られるからだった。だが、ネットを通して、警察のやり口を知ってから、晃晃《ホワンホワン》は大量の資料を携えて北上し、役所に陳情してまわる日々をスタートさせた。

「最初は総統府で、最高機関です！　でも、ダメでした。どこも憲兵ばっかりで、中に入れやしない」

晃晃《ホワンホワン》はその後、行政院や他の上級機関にも足を運んだが、どこも受理してくれなかった。二〇一四年の春節の前に晃晃《ホワンホワン》はプラカードを持って警政署[1]の入り口で一週間座り込みをしたのだが、彼の陳情の理由について警察官が言葉を交わしていたとき、かすかに「保防組[2]」という三文字が聞こえてきた。「ぼくはもともと警察だとばかり思っていたのですが、警政署にやってきてようやく『保防組』が裏で何かやっていることがわかったんです」

だが、警政署は依然として晃晃《ホワンホワン》の陳情を理解しなかった。「彼らは自分からは口を割りません」助けを求めても無駄だったので、晃晃《ホワンホワン》はネットで香港警察にこのような監視・コントロール行為を摘発するよう求めたところ、「香港に来て警察に通報しなさい」と言われたという。

四面楚歌　群盲象を撫ず

門前払いを喰った後、野宿生活を始めたのですか？　「ぼくは野宿していません。ただ、住むところがなくて、台北駅にやってきただけです」

他のホームレスの中にこのような状況の人はいますか?「ホームレスの中には、私服もいれば、スパイもいて、みんな警察の人間で、ぼくが監視されてることを知ってます。時を決めずにやってきて、『仕事したい?』とか、『火はある?』とか、うるさいんだ。ぼくが道端に座ったり、地面に寝ているときでさえ、起こそうとして騒ぐんです」

四面楚歌の状況下でも、晃晃《ホワンホワン》は以前、高雄で野宿をしていたときに、ボランティアが廟の前で食べ物を配っていたことや、台北にやってきてからは恩友《エンヨウ》教会で食べ物を受け取れるときの感謝の気持ちを忘れてはいない。「そうでなければ、盗みもひったくりもしないで、物乞いにも慣れていないと、本当に飢え死にしてしまいます」

晃晃《ホワンホワン》が台北にやってきて三年半経った頃、萬華社福センターの職員が春節の祝い金を配っていて、彼に出会ったのだった。その後ソーシャルワーカーのサポートにより、晃晃《ホワンホワン》はようやく新年の前に十日間の清掃の仕事を得て、ちょうどその給料で眼鏡を新調することができた。

「警察のやつらは本当にひどい。もしあなたの必要なものが何かわかれば、やつらはすぐそれを盗むんです。台北に来る前、ぼくは高雄で野狼《イエラン》バイク〔台湾三陽工業が製造するホンダＣＢ１２５系列のバイク〕三台と、修理の道具箱まで全部盗まれてしまいました」。道端で寝ていたときは、眼鏡を盗まれたことがあったという。パンツと個人の持ち物も高雄中央公園に沿った道なりに捨てられていたので、晃晃《ホワンホワン》はそれを拾って歩くしかなかった。

「一度、トイレに入った時、隣のやつがぼくをじっと見ていたんで、『何見てるんだよ』って言った

＊１　中華民国内政部警政署。警察実務の最高主管機関で、全国の警察署の行政・人事・教育等の業務を管轄する。
＊２　警政署に属し、機密防衛、国家安全保障、治安維持などを担当する。

ら、ぼくの眼鏡をげんこつでぶち壊したんです」

眼鏡を一つ盗まれ、もう一つは壊されたんですか？「だからぼくは台北に来て三年半の間、手探りの生活をしてました。眼鏡を誂えるお金がなかったんです」

社会局はこのケースに介入した後、晃晃《ホワンホワン》を病院にも連れて行った。「最初、医者はぼくの話を聞いて、『警察、汚いな』って激怒したんです。ところがその後、医者は何も言わなくなりました。ただ心療内科に行けって言うんですけど、一回しゃべって千元〔約四〇〇〇円〕ちょっとですよ。それから鎮静剤を処方して、ぼくを精神病患者にしてしまいました。医者たちはきっと警察から脅されたんでしょう」

晃晃《ホワンホワン》は医者を咎めることなく、政府系の社会局が彼に代わって陳情書を上申してくれることを望んでいた。「でも、あの人たちは忙しくて、陳情書をあまりに長いこと放置しているから、ボロボロになっちゃいました」

晃晃《ホワンホワン》は心理カウンセラーを受けるのは諦め、むしろたまにもらえる祝祭日の祝い金を貯めて陳情書を印刷し、ネット上で見つけた被害の事実をあちこちに貼り付けようとしている。

物欲の少ない楽しみ

あなたのことを信じてくれる人がいなくて、孤独を感じませんか？

「ぼくは孤独じゃありません。悪いことはしてないし、『真理』と『因果』を信じているんです。ヤツらは最後にきっと摘発されるでしょう」

晃晃《ホワンホワン》は反対に他のホームレスこそ空っぽだと思っている。「だってぼくには信念があるから。ぼくがこんなふうにするのは、自分にとっても、みんなにとっても有益だって信じてるんです」

家電修理の専門知識で電磁波妨害を解決しようと思ったことはありますか？

「保防組の監視機器は最初はただ蚊みたいな小さい音だったんですけど、そのうちに、外で寝ていて『トラック』が通るときでも、やっぱり耳の中に電磁波の音が聞こえるんです。あの音圧はまるで目玉が飛び出るほどでした」

彼は以前、あまりに辛くて頭を電子レンジに突っ込みたくなるほどだったという。「ぼくは自殺しようとしたんじゃない、ただ役にたつかどうか試したかったんです」

晃晃《ホワンホワン》によると、もしお金があれば、一番簡単な方法は「電波隔離室」に寝に行くことだと言う。なぜなら彼は外国の被害者が棺桶のような鉄板の中に隔離されて寝ているのを見たことがあるからだ。「昼間うるさいのは大丈夫だけど、少なくとも夜はちゃんと寝かせてほしい。そうでないと仕事なんかできやしません」

萬華社福センターの支援により、晃晃《ホワンホワン》は現在、ある私立中学校の用務員として働いている。「ソーシャルワーカーが学校の主任に、ぼくは被害者だと言ってくれたんで、精神状態がよくないときは、ちょっと遅刻してもいいんです。ただし、必ず電話するようにって。ぼくが危ない目に遭わないための配慮です」

晃晃《ホワンホワン》は今、充実した生活が送れているという。食事は恩友教会が提供してくれるし、シャワーは社会局で浴びられる。仕事と睡眠時間の他は、いつも市立図書館でネット検索をして、自分の被害経験を発表したり、他の人の証言を集めたりしている。

彼の最大の願いは「保防組」の悪事が大衆に知れ渡り、規則によって取り締まられることだ。その他の時は、「タバコを吸ってれば楽しい。それに今、ぼくは猫に首ったけなんです」。晃晃《ホワンホワン》は恩友教会に来て食事をするとき、他のホームレスと一緒に華陰街《ホワインチエ》一帯の野良猫に餌をやっている。「ぼくの自腹じゃなくて、ただみんなの残飯をやってるだけだけど、自分の手で食べさせると情が湧くでしょ。猫たちが『にゃあ〜』って、ぼくのことをわかってくれると、すごく嬉しいんです」

猫の可愛い鳴き声は、晃晃《ホワンホワン》に一瞬でも電磁波障害の音を忘れさせてくれる最良の声かもしれない。

三十歳を過ぎた頃、晃晃の耳の中で様々な雑音が聞こえるようになった。その後、仕事ができないほどになり、自分はコントロールされているのではないかと疑うようになった。

磨かれていない玉——阿輝

阿輝《アフウィ》の目鼻立ちは彫りが深く、肌は色黒だが、決してたくましいタイプではない。五十代半ばでもやっと四十過ぎにしか見えず、上品で、チェックのシャツのボタンは一番上まで留めている。このような人がなぜホームレスシェルターに住んでいるのか想像するのは難しい。

実際、阿輝《アフウィ》はシェルターに入るべきではないのだ。彼は復興美工《フーシンメイコン》〔現在の新北市私立復興高級商工職業学校〕に学び、水彩作品は県主催の展覧会で第一位を獲得、油彩作品はさらに全国美術展の銀賞に輝いている。基礎訓練ができていたので、卒業後は広告会社に入り、個人的にもいくつかの仕事を請け負って収入を得ていたが、その後突然、「玉《ぎょく》」という美の世界に足を踏み入れた。「私はゴールドやダイヤモンドには何も感じません。ただ玉だけなんです。玉の持つ構造体や硬度、遮光度、透明度などは本当に美しすぎる！」彼は喜色満面でこういうが、素人にとって玉は一塊りの緑の石に過ぎない！

数年後、阿輝《アフウィ》は広告デザインで貯めた資金を元手に、友人数人と中国大陸に雄飛することにした。

二十世紀末の九〇年代に中国大陸に進出してみると、至るところチャンスだらけで、特に彼らは知り合った友人を通して湖南省《フーナン》の少陽《シャオヤン》に土地まで取得できた。公安に賄賂《わいろ》を使ったため、建設工事にかかった費用も相場よりいくらか安く、「靴底工場」は順調に営業をスタートさせた。三人寄れば文殊の知恵で、業積は日々発展向上し、工場は他の省にまで進出していった。

責任者の一人として、阿輝《アフウィ》は従業員との距離がとても近かったと自負しており、「私は天秤座なので、指導したり、指揮をとることはなかなか上手かったんです」という。だが、従業員と一丸になるだけでなく、上級長官との関係にも賄賂を上手く使う必要があったのだ。やがて、県レベルの長官が、「あ、これは私の同郷なんです」「あ、これは私の隣人で」などといって、どんどん人を連れて工場に阿輝《アフウィ》を訪ねてくるようになった。どんな人でもやってきて仕事を要求し、工場全体のポストがほぼすべて埋まったところで、政府は工場が提出した公文書や各種の手続きに難癖をつけるようになり、一年あまりのうちに、二つの工場はすべて県政府に乗っ取られてしまった。

阿輝《アフウィ》と仲間たちは当初、一人当たり一四〇万台湾ドル〔約600万円〕を手に中国に渡ったのだが、帰ってきたとき、それぞれに残っていたのはたった二万台湾ドル〔約9万円〕だけだった。

「帰ってこられただけ、いい方です」と、阿輝《アフウィ》は言う。「小規模企業の台湾人ビジネスマンはその後、大陸に残ってホームレスになりました」。おまけに、「大陸のホームレスにいじめられているんです」

中国進出に失敗、薬物の深みにはまる

阿輝《アフウィ》は幼い頃から萬華《バンカ》地区で成長し、周囲の友人たちは出自が雑多であった。若くて分別がなかったこともあり、彼は中国大陸に行く前からヘロインにはすでに手を出していた。「あいつらがこれはすごい、中毒にはならないっていうんです」。中国大陸に行くと、向こうの麻薬は台湾よりずっと安いことを知り、吸引する回数がだんだん増えていった。

新しい土地で馴染みもないのに、どこで買えるか、どうやって知ったんですか?「人が集まると

ころに行けば、誰につてがあるかはすぐわかります。向こうもこっちを見て、すぐわかる」。そういう人たちに金をちょっと渡して酒を奢りさえすれば、自然に薬物のところに案内してもらえるのだ。

中国大陸に行って一切合切むしり取られた後、阿輝《アフゥイ》はすべてゼロからから始めるしかなく、ますます薬物で苛立ちを抑えたいと渇望するようになっていった。「酒を飲むとふらふらするけど、翌日は頭痛に変わる。ヘロインを打った後は酒を飲んだときみたいにふらふらはするけど、頭痛はない。だったら、当然ヘロインを選ぶでしょ」

お金がなくても薬物は買えるんですか？「あの頃、ヘロインは今より安かったとはいえ、確かに金はあまり持っていませんでした。もともと二、三日に一回、千〜二千元〔約3800〜7600円〕くらい買っていたんですけど、そのうち一日一回になりました」

阿輝《アフゥイ》は授業をするみたいにこう言った。「ヘロインは板状のベージュの塊で、買ってきてから自分で粉末にするんです。やり始めた頃はまず吸引ですが、少しずつ癖になるともっともっと欲しくなって、注射するようになります」。だが阿輝《アフゥイ》は、比較的清潔な打ち方をしていたと強調する。「私は小さなスプーンで粉を掬い、消毒したティースプーンに入れて、さらに蒸留水を加え、注射器の内筒をゆっくり引いてから打つようにしていました」。一度打つと大抵数時間はもつが、中毒が重くなると、一日二、三回打つのがふつうで、最も重症なときは七、八回になったという。

「実は冷静になると、これじゃダメだ、これじゃダメだって思うんです。でも一度中毒になると、そういう日はすごく辛くて、あまりに辛くて、もともとの世界観はひっくり返っちゃうんです」

ヘロインがどうしてもほしくて、阿輝《アフゥイ》はつてを探して金を稼ごうと努力した。賭場をやったり、手配師をやったり、あるいは他人の退職金を騙し取ったりもした。家族からも借金したし、親戚や友人からも付き合いを断られるほど借り、借りられなくなると人を騙した。こうして彼は萬華社福センターのソーシャルワーカーと知り合ったのである。

おそらく幼い頃から萬華に住んでいたためか、阿輝《アフゥイ》は社会資源の情報には比較的通じていた。困窮してどうにもならなくなったときは、社会福祉団体に助けを求めればいいことも知っていた。

「私は仕事を探したいと言って、ソーシャルワーカーを騙したんです。彼らはすごく熱心で、『仕事を探しているんですか？　じゃあ、この千元〔約３８００円〕を差し上げるので、バス代と食費にしてください』って感じでした」

「私が部屋を借りたいんですというと、ソーシャルワーカーは、『わかりました。契約してきてください。申請を手伝ってあげましょう』という具合でした」阿輝《アフゥイ》が本当に部屋を借りに行くと、社福センターは彼のために三ヶ月分の敷金を払ってくれた。だが、阿輝《アフゥイ》は住み始めて二日すると、大家にこう言った。「私は出て行くので、敷金を返してください」

社福センターの人はそんなに愚かで、ずっとあなたに騙されていたんですか？　「彼らは経験豊富で、どんな状況もすべて見ています。だから、私も彼らには敬意を払っています。ソーシャルワーカーをそんなに長くやっていれば、私に騙されていることくらいちゃんとわかっているんです。それでも私のことを助けてくれようとしたんですよ」

いっそ自分で薬物を売って稼ぎたいとは思わなかったんですか？　「ヤクを吸うだけでかなりひどい状況なのに、『売る』のに支払う代価はもっと大きいんです。こうやってずっと見ていると、法的制裁を逃れられたヤクの売人は一人もいません。捕まったら少なくとも十五年以上、無期懲役ってこともある。私の理性は完全になくなってはいないんで、売ったことは一度もありません」

それでも、例え麻薬を買っただけとはいえ、阿輝《アフゥイ》はやはり警察に三度捕まり、短くて十数ヶ月、最長で三年以上刑務所に入っていたのだ。

苦しかった治療生活

薬物常用者を薬物依存治療施設に拘束する目的はただ一つ。患者の自由を制限し、症状が出たとき、薬物に触れさせないで自然に完治させることだ。

「一つの大部屋にベッドが六、七床ありました。アンフェタミンをやってるヤツらは比較的簡単で、ちょっと眠れば乗り越えられる。でも、私たちヘロイン患者は苦しかった」

どれだけ苦しかったのか尋ねると、彼の表情は一瞬混乱し始めた。

「えーと、突然寒くなったり、暑くなったり、身体中、骨の髄まで蟻にチクチク刺されているみたいで、ものも食べられず、ご飯の匂いをかいただけですぐ吐きました。それも、すごく激しい嘔吐で、胃が空っぽになって、胆汁しか吐くものがなくなりました。すごく苦くて、喉全体が緊張して、呼吸がスムーズにいかないんです。喉をちょっとつまんで、気管を広げないと続けて呼吸できませんでした。……下痢もしました。一回コッキリの下痢じゃなくて、丸一日。水を飲んだだけで下ったから、ほんのちょっとしたものも食べられず、そんなふうに二十四時間続けて発作が繰り返されるもんだから、ちっとも眠れないんです」

発作のとき、相部屋の他の人はどうしたんですか？　「みんなも経験してるし、中には繰り返し入ってくる人もいましたから、大丈夫でした。たまにはお互い助け合うこともあったし、どっちにしろ、みんなあの苦痛を知ってるんです」

どんなふうに助けてくれましたか？

「全身寒気がするときはタオルで摩擦してくれたり、吐いたときはきれいにしてくれた。治療センターは薬物常用者を拘禁したりせず、苦しいときは苦しいままにさせていました。なぜならそれは必ず経験しなければいけないことなので、みんなもよくわかっているんです。丸一週間過ぎると、この症状はようやく少しずつ軽くなります」

そんなに辛い上に閉じ込められても、矯正治療はあなたにとって大して役に立たなかったようですが。「これは本当に不思議なんだ。放り出されてから、金が手に入っていい気になると、すぐまた買ってやりたくなるんです。やっちゃダメだってちゃんとわかってるのに。『一回だけなら』って思うんだけど、一回やったらすぐ二回になるんです」

阿輝《アフゥイ》が何度も捕まったため、治療センターの人たちは彼の背景を復興美工卒で文章が流暢であることも含め知り尽くしていた。そこで、薬物依存症がほぼ治ると、彼にセンター内のキリスト教区関連の仕事を任せるようになったのである。

「仕事量はかなり多かったです。一つの教区には数百人いるので、その数百人分の資料や手紙の受け取りと発送、日常的な行政業務はすべて私がやりました」。治療センターの職員は阿輝《アフゥイ》をとても信頼し、彼の職責ではない仕事まで任せてくれたという。阿輝《アフゥイ》はこうして小遣い銭を得て日用品や飲み物、お菓子などを買いに行くことができたのだった。以前は一ヶ月一五〇元〔約570円〕だったのが、のちに三〇〇元〔約1100円〕に昇給したが、この上げ幅はセンターの外の世界よりも大きかった。

阿輝《アフゥイ》は治療センターを出た後、若い頃、玉《ぎょく》を研究したこともあって、玉の商売を始めた。「あの頃、玉の商売はうまくいって、一日で三、四千元〔約1万1000円から1万5000円〕稼げたんです」

ただし、稼ぎがそんなによかったため、阿輝《アフウイ》はまた薬物の無間地獄に戻ってしまい、ついに四回目の現行犯逮捕となった。実際、警察は早くから内部情報を得ており、阿輝《アフウイ》が現れてブツを手にしたところで逮捕したのである。さらに悲惨だったのは、治療センターに入れられる前に自動車事故に遭い、腰椎にヒビが入ったことだ。阿輝《アフウイ》は鎮痛剤を飲めば大丈夫だと思って気にしなかったのだが、やがて全身がほぼ動かなくなり、治療センターに入れられたときには、すぐに閉鎖病棟に送られた。その結果、横になっていればいるほどひどくなり、医者が定期的に診てくれても効果は限られ、一日中ベッドに臥して痛み止めを大量に服用するほかなかった。その量は日増しに多くなり、ついに胃潰瘍になるほどで、手術による止血が必要だった。

阿輝《アフウイ》がこうして矯正治療の満期まで耐え抜くと、治療センターから萬華社福センターのソーシャルワーカーに連絡が行き、阿輝《アフウイ》に会いに来てくれた。ソーシャルワーカーは阿輝《アフウイ》がこれほどの痛みを抱えているのを目にした途端、直接ホームレス・シェルターに移してくれた。

寝たきりから奇跡の立ち直り

阿輝《アフウイ》はシェルター内にいる数種類の人間を次のように形容する。第一のタイプは、本物のホームレスで、自活しようという気があまりない人たち。次に、出所して更生の途上にあるが、服役期間中に妻子と離れ離れになり、社会に戻ったばかりで経済能力もないため、ここで暮らしている人たち。もう一のタイプは、認知症、あるいは家族から遺棄された老人で、警察からも送られてくる人たち。

あなたに合うグループはなさそうですよね？「でも、私は麻痺状態で、住む場所もなかったので、ここに収容されるしかなかったんです」

シェルターは治療センター同様、一部屋にシングルベッドが数床備え付けられていた。計七、八十人が生活しており、最多で満室の場合、百人あまりは住めるようになっている。外の空き地にもテントが設置できた。シェルターは野宿者にとって風雨からの避難所になる他、衣服や布団、生活必需品なども提供してくれ、食事も悪くない。シェルターの出入りはサインをして、状況をはっきりさせておけば、問題なかった。

ただし、新たに自由を獲得しても、阿輝《アフウィ》は身体的には依然として自由になれず、ひどいときは痛みで食事を恐れるほどだった。シェルターは食事の時間が決まっていて、必ず食堂に行かなければならないのだ。そこで、数人の介助で車椅子に乗せてもらい、押してもらうのだが、痛みで座ることさえできず、急いで一口二口食べ終えると、すぐまた車椅子を押してもらい、部屋に戻るのだった。

シェルターのソーシャルワーカーは阿輝《アフウィ》の状態が極めて悪いと思い、翌日すぐに阿輝《アフウィ》を近くの双仁《シュアンレン》病院に搬送し、様々な検査を経たあとで腰椎断裂であることが確定した。

そのときすでに、阿輝《アフウィ》が麻痺状態でベッドに横たわるようになって一年あまりになっていた。「当時、私は意気消沈し、『私の人生はこれまでかな?』と思っていました」

ところが、毎週金曜日にシェルターまで福音の伝道に来てくれる士林《シーリン》のプロテスタント教会霊《リン》糧堂《リャンタン》のおかげで、阿輝《アフウィ》は改めて信仰について考えるようになり、祈りや主イエスとの対話を始めたのだった。彼は幼い頃、受洗して城中《チェンチョン》教会〔台北市中華路にある長老教会〕に通っていたが、高校に入ってから少しずつ足が遠のいていたのである。ある日、耳元で誰かがこういうのが聞こえた。「立ち上がりなさい。罪を認めなさい。主はあなたを見放さないでしょう」

阿輝《アフウィ》はこうして成人の自由意志によって再び洗礼を受けることにした。

受洗してまもなくのある朝、阿輝《アフウィ》がまさにベッドを降りて、車椅子に座ろうとしたとき、また耳元に言葉が聞こえてきた。「何も難しいことではないでしょう、お立ちなさい、さあ、お立ちなさい」

声がどこから聞こえてくるのかわからなかったが、阿輝《アフウイ》はただ自分の体内に無形のエネルギーを感じ、これはきっと神の力だろうと思った。そこで、彼は車椅子につかまったまま少しずつ体を支えてみた。「ものすごく痛かった。本当に痛かった」。だが、彼は何とよろよろと立ち上がったのである。これには、シェルターのソーシャルワーカーたちさえ仰天したほどだった。

この成功体験があってから、阿輝《アフウイ》はもはや立ち上がるのを恐れなくなり、数日もたたないうちに車椅子はやめて四脚の歩行補助器に変えた。さらに六日が過ぎると歩行補助器を杖に変え、さらに一週間して杖さえ手放したのだった。とても痛かったが、彼は自信を持って両足で数歩歩いてみた。

かつて双仁病院を受診した際、シェルターの人たちが皆、車椅子を押して阿輝《アフウイ》に同行してくれたのだが、今回、彼は「ちょっと歩いてみよう」と思った。介助者もとても根気よく一緒にゆっくり歩いてくれた。冬だったが、阿輝《アフウイ》が自力で双仁病院にたどり着いたときには全身汗びっしょりだった。阿輝《アフウイ》はこれ以上ないほど喜び、その日から「私は絶対また社会で立ち上がれる」と確信するようになった。

歩けるようになってから、阿輝《アフウイ》は毎週定期的に教会に通うようになり、まもなく医者も阿輝《アフウイ》の体の状態がすでに手術可能になったと見て、腰椎の手術を行った。

入院期間中、阿輝《アフウイ》は医者にもう一つの検査をこっそり頼んだ。ＨＩＶ、エイズの抗体検査である。

「ヤクをやってるやつはほとんどが引っかかるんで、刑務所に入れられて最初にやるのは血液検査なんです。陽性だったら、即隔離ですよ」。だが、阿輝《アフウイ》は最初に検査をしたときがウインドウ期間〔抗体検査で陰性となってしまう期間〕に当たったのではないかと心配し、あまり安心できなかったのだ。

「実際、ヘロインがダメージを与えるのは主に肝機能なんですが、薬物依存者は注射針を使い回すんで、一人がエイズだと……。それに、エイズに感染したやつはほとんど自分からは言わない。さすがに名誉なことではないから。歪んだ人はこう考えるようになるんです。エイズに感染するなんて、神様もおれにはよくしてくれないなら、じゃあ、おれだって他人に移してやろう、ってね」

幸いＨＩＶ反応は陰性で、すべて正常だった。

腰椎については、医者の判断だと回復にはさらに一年が必要で、少なくとも半年以上は腰にコルセットを装着するようにとのことだった。結局、阿輝《アフゥイ》はたった三ヶ月つけただけで、手術の七、八ヶ月後には自転車やバイクを乗り回し、仕事にまで行くようになった。

華江橋《フォアチャンチャオ》〔台北市萬華区華江里と新北市板橋区江子翠を結ぶ橋〕の下にある就労サービス・ステーションが一度シェルターまで指導に来てくれたことがあって、阿輝《アフゥイ》は仕事に行けるかもしれないと思い、ソーシャルワーカーに隠れてこっそりサービス・ステーションに駆け込み、台湾大学病院の清掃員の仕事をうまく紹介してもらった。

実をいうと、阿輝《アフゥイ》は自分が社会でまだ必要とされているかどうかをただ知りたかったのと、自分の健康状態が仕事に耐えられるかどうかも試してみたかったのだ。やってみたところ、仕事量は多く、疲れはしたが、何も問題はなかった。

数日後、ソーシャルワーカーに見つかり、「あなたの体はまだよくなっていないのに、そんな仕事できるわけないでしょう」と怒鳴られた。ただし、阿輝《アフゥイ》は一週間分の給料をもらうまで、八日間は仕事を続けると言って譲らなかった。それは阿輝《アフゥイ》が治療センターを出てから初めての給料だった。

ソーシャルワーカーに無理やり引き戻されてまもなく、阿輝《アフゥイ》はまたスポーツクラブの清掃員に応募した。前より一層辛く、夜勤で一ヶ月二万元〔約7万6000円〕ほどの給料だったが、阿輝《アフゥイ》は二ヶ月ですぐ辞めてしまった。「なぜなら私には計画があって、貯めた二万元を元手に、また玉の商売を始めようと思ったんです」

だが、無理をしたあげく、今度は膝の靱帯を断裂してしまった。医者の話では、やはり腰と関係があるという。医者は彼にギブスをした後、三ヶ月は休養するようにと何度も言い含めたが、数日後阿輝《アフゥイ》はすぐ外に出て玉の商売を始めたのであった。

世間に戻って玉を売る

若い頃から玉を嗜んだ阿輝《アフゥイ》だが、以前は生半可な知識だったので、まがい物に手を出してしまい、勉学のために費やした金額は一〇〇万元〔約380万円〕を超えていた。現在の彼はすでに十分目が利いて第一線の卸売商を直接訪ねるようになり、月日の経つうちに信頼関係も生まれ、同じような等級でも向こうからいい品物を分けてくれるようになった。

毎週、阿輝《アフゥイ》は七、八〇個の玉のアクセサリーをいっぱいに詰めた三段重ねの宝石箱を背負い、東門《トンメン》市場《シーチャン》、萬華三水街《バンカサンシュイチエ》、士林夜市《シーリンイエシー》、さらには中山北路《チョンシャンベイルー》の晴光市場《チンクアンシーチャン》を定期的に順繰りに回って露店を出している。

「私の玉の売り方は他の人と違います。騙すことはしません。Aランクの品を売りたいのであって、Bランクを売ることはできません」。阿輝《アフゥイ》によると、玉を買うような人は大抵半玄人なので、彼らは買って帰ったあと、友人たちと見せ合うという。「もし友だちに、お前が買ったのはAランクだから得したな、と言われたら、その客は次もまたきっと私のところに来るはずです」

阿輝《アフウィ》はそれより玄人に出会うのが好きなのだ。なぜなら彼らは氷種〔翡翠の一種で、透明度は最高級のガラス種に次いで高い〕、半氷種、バイオレット〔紫色の翡翠輝石〕など玉の種類に通じていて、阿輝《アフウィ》の価格がかなり適正だとわかるからだ。彼は目利きの客を説得できずに、自分の秘蔵の品を売りに出したこともあった。「ちょっと惜しかったけど、考えてみれば、つまらないものに夢中になって心意気を失うより、売りに出して資本を調達する方がいいんです」

世間に戻り玉を売るようになって、一番印象に残ったことはなんですか？「人間性ですね」人間性の暗い部分ですか？ 阿輝《アフウィ》は首を振っていう。「人間性の良い部分です」何度もこういうことがあった。道ゆく人が阿輝《アフウィ》の玉を一目で気に入ったものの、お金が足りない。流動的な露天商はすぐいなくなってしまうかもしれないのに、持ち金すべてをかき集めて手付金にし、翌日、残金を持ってきて玉をもらうという。阿輝《アフウィ》は、玉に対する自分の眼力が評価されてとても嬉しかった。「好きなら先に持ってって。残金はいつでもいいから」。結局、翌朝、阿輝《アフウィ》がまだ露店を並べる前から、その客はお金を持って彼を待っていてくれたのであった。

阿輝《アフウィ》はもともとただ玉が好きで、研究してきただけなのに、なんと主イエスが早くから運命を準備し、彼が今好きなことによって逆境を脱出できるよう取り計らってくださったのだ。口コミの人気に加え、食費を切り詰めて節約したこともあり、一ヶ月後、阿輝《アフウィ》はお金を貯めて新品のバイクを一台買った。「こうすれば私の商売は大きくなり、お金ももっとたくさん貯められます」。阿輝《アフウィ》の今後の計画は、地下鉄龍山寺《ロンシャンスー》駅の地下商店街に店を借りることだ。そうすれば、一日中警察を避ける必要はなくなる。

お金ができてから、またヘロインをやろうとは思いませんか？「ないよ、ないよ。あれで、私の人生がすっかりダメになったんだから」。けれど、以前はいつも誘惑に抵抗できなかったんですよね。今回のキーポイントはなんでしょうか？「教会です。やっぱり主のところに戻らないと魂は完全に綺麗になりませんね」

阿輝《アフウィ》によると、玉の商売が自分にぴったりだと思うもう一つの理由は、時間がフレキシブルなことだ。なぜなら阿輝《アフウィ》は玉の仕事と同時に三つの教会組織で絵も教えているからだ。士林と北投《ペイトー》〔台北市の最北端に位置する〕の生徒は幼いので色彩と自由創作を教え、三重《サンチョン》〔新北市中西部に位置する〕の方では年長者に書道と水墨画を教えている。「三重の方は授業が割に多く、二クラス合わせて四時間かかります。それは始まったばかりなので、少し余計に力を入れないと。高齢者に教会の暖かさを感じてもらい、できるだけ来てほしいんです」

教会から渡される時給を、阿輝《アフウィ》はすべて仁親《レンチン》基金会*に寄付している。彼の願いは、基金会が社会的弱者やひとり親家庭の子どもたちをケアし、子どもたちが放課後にのんびりできたり、宿題のできる場所を提供することだ。

ホームレス・シェルターへの恩返しを願って

阿輝《アフウィ》が今一番望んでいるのは、できるだけ早くシェルターを出て、自力で外に部屋を借りることだ。

「でも今後、経済能力が許せば、私が一番恩返ししたいのはホームレス・シェルターなんです」

シェルターにはぶらぶら遊んでばかりで働かない人も少なくないが、阿輝《アフウィ》によると、真に助けを必要としている人はやはりとても多いという。「過去はどうあれ、あの人たちは今まさに助けを必要としているんです」。阿輝《アフゥイ》が願うのは、社会でより多くの人がシェルターに関心を持ち、「時々自分で見に行く」ことだ。政府が設立した社会福祉施設は食事と住居を無料で提供してくれるが、「冬になると、老人は少し厚手の服が必要になるし、中にいる人だってちょっと出かけて息抜きしたいから、交通費が必要なんです……」

一番に考えなければならないことは、人的資源が本当に限られているということだ。阿輝《アフゥイ》はシェルターに一年あまり住んでいたが、最も尊敬していたのは職員たちだった。

「看護師、ソーシャルワーカー、事務スタッフたちは本当に大したものだ。なぜってシェルターの中の人間は、路上生活が長かったから性格的に極端になりがちで、突然キレたり、無理な要求をしたり、汚い言葉で悪態もついたりするんです。それなのに、職員はみんな受け止めてくれるんですから」「彼らは認知症患者の大小便を処理したり、病人には薬を飲むよう注意したりしている。相手が寝ぼけたまま職員に対して怒鳴ったり、薬を飲むのを拒んだりしても、こういうことは一日、二日じゃなくて、長期にわたって耐えなきゃいけないんです」

まるで職員の苦労に対し申し訳ないと言っているように聞こえるが、それは確かに阿輝《アフゥイ》自身の懺悔でもあるのだ。「実際、私も最初はあんなふうにキレていました。『ここは監獄と同じじゃないか？』って。今思い出すと、もし傷がよくならないうちに外出して転んだらどうするのって、私のことを気にかけてくれていたのに」

＊　二〇一一年三月十八日に設立された中華仁親社区関懐協会のこと。士林霊糧堂を母体とし、二〇〇五年から台北市社会局の指導の下で長期にわたり地域の老人のケアを行なってきた。その後、教会と地域社会の相互交流によって、ひとり親家庭、新移民家庭、心身障害者の支援へと活動の幅を広げてきた。

シェルターの職員が思いやりと忍耐強さで受け入れてくれることに、阿輝《アフウイ》はとても感謝している。一方、八歳年上で、現在すでに六十歳を超えた姉が彼を放りだそうとしないことも忘れてはいない。阿輝《アフウイ》の両親はすでになく、姉と弟、妹はそれぞれ家庭を築いており、独身なのは彼だけだが、以前しょっちゅう金を騙し取っていたので、家族は誰も彼とは付き合いたがらない。「憐れむべき人には必ず憎むべきところがある」というが、阿輝《アフウイ》は自分のしたことがあまりに常軌を逸していたとわかっている。

だが、姉は彼がシェルターに入れられたと知ってから、自分の家に引き取って面倒を見るのはさすがに具合が悪かったものの、最初の一、二ヶ月は毎日小遣い銭やタバコ、果物を持ってシェルターまでやって来て、阿輝《アフウイ》を励ましてくれたのだ。阿輝《アフウイ》がこっそり台大病院の清掃の仕事に行ったとき、姉はそれを知るやすぐに飛んで来て、体がまだ回復していないのだから仕事を辞めるべきだと根気よく説得した。だが、阿輝《アフウイ》の答えはいつも「辞めないよ」だった。

現在、阿輝《アフウイ》の玉の商売は順調で、姉は一ヶ月に二、三度、彼に会いにやって来る。彼は稼いだお金をすべて姉に渡して保管してもらい、姉を安心させている。彼はこのやり方で姉に知らせたいのだ。これから自分は主イエスと共に確かな道を歩いていくだろうということを。

母親代わりのお姉さんが母性的な力で弟の再起を助けたということですが、では、お姉さんはあなたを感動させるようなことを言ったのでしょうか？

「姉は毎回来る度に言うんです、『お前は役立たずなのに、なんで死のうとしないんだよ！』」って。

果たして、本物の人生にはドラマの脚本には書けないようなセリフがあるものだ。

阿輝は、中国に進出した台湾のビジネスマンだが、商売に失敗してから薬物依存の深みにはまってしまった。何度も治療に失敗した後、病によって寝たきりになってしまう。再起してからは仕事を必死で探し、やがて“世間”に戻り、玉を売るようになった。いつか自分の店が持てるようにと願いながら。

自殺と再生――阿忠

阿忠《アチョン》はここまで生きられるとは思いもしなかった年齢までですでに生きてきた。四十一歳である。そして、これからもちゃんと生きていくつもりだ。

一九七三年、新竹《シンチュー》に生まれた阿忠《アチョン》には上に七人の兄と姉がいた。当時、台湾経済はまだ離陸《テークオフ》しておらず、していたとしても、彼の家まで及んでいなかったため、阿忠《アチョン》は赤ん坊の頃、養子に出されたのである。

養父母は婚姻届を出しておらず、十四歳のとき中国大陸で国民党に捕まって兵士となり、部隊にくっついて台湾にやってきた養父と、本省籍で子どももいながら、原因不明のまま家を出た養母、そこに阿忠《アチョン》が加わり、三人寄り集まって家族になった。

他人の期待に合わせて自分を演出

養父は台湾にやってきてから軍人をやめたため、当然人の羨むような終身年金はもらえず、困窮するのを恐れ、金を貯めて何軒かの家を買った後でも依然として死に物狂いで働いていた。阿忠《アチョン》は幼稚園の頃から長いことずっと鍵をかけられて家に閉じ込められ、テレビと本を相手に一人で生きてきた。養父母は二人ともほぼ文盲だったが、阿忠《アチョン》はテレビから多くの文字を学んだ。

阿忠《アチョン》には「聞く」力もあったが、それは養父の軍隊式教育と関係がある。父の管理教育のスタイルというのは、今の時代からすれば「体罰」以外の何ものでもなく、他所の人が見たらすぐ警察に通報し、社会局が介入して子どもを連れ去るようなレベルだった。

養父は酒が少し入ると決まって阿忠《アチョン》に不満をぶつけ、風呂場の入り口の換気窓はまさに養父が阿忠《アチョン》を吊るして殴るのにうってつけの装置であった。殴った後は阿忠《アチョン》を一晩中吊るしておくのである。降ろされたとき、彼の手はいつも青痣だらけだった。だが、阿忠《アチョン》には腕が少しでも楽になる角度を探すことしかできず、もし養母が間に入れれば、災いは彼女にも及び、一緒に殴られるのだった。

それで、阿忠《アチョン》は「聞く」ことを学んだのである。遠くから近づいてくるバイクの音が聞こえてくるや、しまうものはさっさとしまい、整えるものは整え、極めて丁寧にドアを開けて父の帰りを待ち、気分良く家に迎え入れるのだった。

小学校に上がると、成績がよければ父の面子が立つことがわかり、阿忠《アチョン》は「ある役割を演じ」始めた。何か買いたいものや食べたいものがあれば、いつもいい成績を取り、養父が喜ぶ行為を「演じ」て、小遣いをせしめるのである。

一方、養母に対しては、「何も知らないふり」をしていた。

養母は生涯、自分の仕事のことを阿忠《アチョン》に語ろうとはしなかったが、阿忠《アチョン》は幼い頃、友だち数人と一緒に「阿公店《アコンティエン》」〔風俗産業の一つ。「おじいちゃんの店」と呼ばれている〕まで母を探しに行ったことがある。子どもにはわからないだろうと、大人は思っていたようだが、早熟な阿忠《アチョン》にはすべてわかっていた。母親は、その後よく使われるようになった言い方で、よく言えば「セックスワーカー」だったのだ。

阿忠《アチョン》が中学生だったとき、彼より五十歳も年上の養父はすでに世間一般の仕事ができなくなり、両親揃ってロトやロト・シックスで稼ごうとしていた。最初のうちは数十万元の小さな損失で済んだが、やがて数百万元も負け、結局、所有していた家まですべてを失った。

もともと内向的で閉じこもりがちだった阿忠《アチョン》は以前にも増して卑屈になったが、卑屈になればなるほど、演技をするようになった。彼は模範生のイメージ・理想的な両親・円満な家庭像を創り上げ、わずかな小遣いを使ってクラスメートの機嫌を取り、裕福な家庭の子であると思わせたのである。興味を持たれると、阿忠《アチョン》は神秘的な雰囲気を装い、クラスメートが想像するままに任せた。

ロマンチックな自殺計画

だが、ずっと自分の本性を抑圧して人の顔色ばかり窺い、注意深く演技しながらこれまで生きてきた阿忠《アチョン》は、将来に対してどんな期待も抱いていなかった。小学生の頃、崖に植わった一本の木に登ったときは、「手を離せば、すぐ落ちる」という考えが頭をよぎり、専門学校生になると、学業を終える前に自主退学し、初めて自殺計画を実行するようになった。

阿忠《アチョン》は手首を切ったり、薬を飲んだりといった壮烈な死に方をするような性格ではなく、幼い頃から一人の世界で生きてきたため、ロマンチックな道を選んだ。バックパックを背負って旅行ガイドブックを手に、バスに揺られて花蓮《ホアリエン》の森に向かったのである。最初は地図を見ながら参照ルートに沿ってしばらく歩いたが、やがて人家の途絶えた薄暗い小道に足を踏み入れた。自分に何らかの価値があるとは思えなかった阿忠《アチョン》は、死後、他人に死体処理などの迷惑をかけたくなくて、できることなら飢え死にして微生物の餌食になり、白骨だけを残して草むらに埋もれたいと願った。

だが、命は儚いのに、「死」も思ったほど簡単ではない。阿忠《アチョン》は何日も飢えたのに、うまく死に切れず、最後はやはり養母に電話して救いを求め、お金をかき集めて新竹の家に戻れるようにしてもらった。

現実世界に戻った阿忠《アチョン》はまもなく兵役の身体検査通知を受け取り、検査の結果、先天性心臓弁膜症であることがわかった。実をいうと、彼は小学生の頃すでに漠然とわかっていたのだが、家庭の雰囲気を悪くしそうで、養父母にはずっと言えなかったのである。当時、ちっちゃな頭の中で考えていたのは、「こうやって死んじゃうのも悪くないだろう」ということだった。

養父母は身体検査の結果、兵役免除となったことから病気のことを知り、医者も心臓手術をするよう勧めてきた。だが、阿忠《アチョン》は命などいつでも終わりにできると思い、いうことを聞かずに、勝手にコンビニの仕事を見つけて家を出て行き、一人で外に部屋を借りたのであった。

阿忠《アチョン》はただその日暮らしができれば満足で、人知れず役割をうまく演じることに慣れていた彼は、上司の要求が正当であろうがなかろうが、一つ一つすべてこなしていたので、当然、それに合わせて昇進も昇給も速かった。だが、将来に希望のない阿忠《アチョン》からしてみると、それは彼が望んだことでは決してなかったのである。こうした期待とプレッシャーの下で、彼はまたバックパックを背負って仕事を辞め、毎回失敗に終わるロマンチックな自殺行為を実行するのだった。「金を使い果たし、飢えてもうだめだとなると、養母に電話して家に戻り、しばらく休養する」というやり方を、二、三年に一度、何度も繰り返した。

弁膜症による血液の逆流が徐々に深刻になり、心臓も徐々に肥大してくると、発作の周期も「一ヶ月」に二、三度だったのが、「一週間」に二、三度、「一日」に二、三度となり、やがて一度の発作が半日となり、階段を上るだけで息切れするようになった。最終的には徐々に仕事ができなくなり、有り金が尽きたとき、借家を引き払って実家に戻り、養母と暮らすことになった。

本当に一人ぼっちに

最後に家に戻ったとき、養母の健康状態にも変化が生じていた。彼女はただ薬草を飲めばいいと言い張ったが、検査の結果、腫瘍が疑われ、医者の提案でようやく台湾大学病院（以下、台大病院）で精密検査を受けることになった。

阿忠《アチョン》は、まだ連絡の取れる「兄」——養母の実子——に知らせて、一緒に台大病院まで行った。病院に着くと、癌であることがはっきりしたが、腫瘍がいたるところに転移しているため病巣が判別できず、体の状態からしてももはやどんな治療も無理とのことだった。「まるでテレビドラマみたいに、医者が私と兄に言ったんです。『あと三ヶ月ほどです。心の準備をしておいてください』って」

だが、退院して家に戻ると一ヶ月もしないうちに、養母は自分で身の回りのことができなくなり、大小便も漏らすようになった。ある晩、養母の状態があまりよくないようだったので、大急ぎで兄に連絡し、夜ではあったが、台大病院に運んだ。ようやく病院に着いてまもなく、養母は昏睡状態に陥り、兄と阿忠《アチョン》には「お母さんは逝ってしまう」のだとわかった。

ただ、阿忠《アチョン》が二十歳になった年に養父が亡くなったときの心境と今回は違っていた。あの日、養母から阿忠《アチョン》に連絡があったとき、養父はすでに病院にいた。その晩、父の最期にはなんとか間に合ったが、父は翌朝亡くなった。阿忠《アチョン》にとって、それは「わりと長い間、知っていた人がいなくなった」ような感覚だった。養父と接した二十年の歳月で、話をした時間は全部合わせても一ヶ月を超えず、その上、「お帰りなさい」「ご飯食べた？」など、どうでもいい話ばかりだった。阿忠《アチョン》は、おそらく養父

白水 図書案内

No.910／2021-6月　令和３年６月１日発行

白水社　101-0052 東京都千代田区神田小川町 3-24／振替 00190-5-33228／tel. 03-3291-7811
www.hakusuisha.co.jp/●表示価格は消費税 10%が加算された税込価格です。

日本語とにらめっこ
——見えないぼくの学習奮闘記

モハメド・オマル・アブディン
河路由佳＝聞き手・構成
四六判■２２００円

スーダンから来た全盲の青年はどうやって日本語を身につけたのか。来日からエッセイストとしての活躍まで、悪戦苦闘の日々を語る。

権威主義の誘惑
——民主政治の黄昏

アン・アプルボーム
三浦元博訳　四六判■２４２０円

民主政治の衰退と権威主義の台頭を米国と欧州の現場で見つめた報告。ピュリツァー賞受賞の歴史家が危機の根源を問う警鐘の書。

メールマガジン『月刊白水社』配信中

登録手続きは小社ホームページ www.hakusuisha.co.jp/ の
登録フォームでお願いします。

新刊情報やトピックスから、著者・編集者の言葉、さまざまな読み物まで、白水社の本に興味をお持ちの方には必ず役立つ楽しい情報をお届けします。（「まぐまぐ」の配信システムを使った無料のメールマガジンです。）

アウトロー・オーシャン
―海の「無法地帯」をゆく（上・下）

イアン・アービナ〔黒木章人訳〕

誰も取り締まらない、誰も訴えない、誰も報じない、だから誰も知らない。公海上で横行する違法・脱法行為の数々を暴いた衝撃のルポ。

（6月下旬刊）四六判■各2640円

中国《チャイナ》ファクターの政治社会学
―台湾への影響力の浸透

川上桃子〔編・監訳〕　呉介民〔編〕　津村あおい〔訳〕

政治から経済、観光から宗教まで、日常生活のいたるところに浸透しながら、実態をとらえがたい〈チャイナ・ファクター〉とは何か？

（6月中旬刊）四六判■2640円

私がホームレスだったころ
―台湾のソーシャルワーカーが支える未来への一歩

李玟萱〔台湾芒草心慈善協会企画　橋本恭子訳〕

台湾の10人のホームレスと、彼らを支援する5人のソーシャルワーカーの人生を鮮やかに描くルポ。行政と民間による貧困支援のあるべき姿とは。

新刊

中世の写本ができるまで

クリストファー・デ・ハメル〔加藤磨珠枝監修　立石光子訳〕

中世写本の制作にまつわる実践的技法の数々を、著者の豊かな経験にもとづく解説と美しいカラー図版を対照しながら、楽しく理解する一冊。

（6月下旬刊）A5変型■4950円

エクス・リブリス

行く、行った、行ってしまった

ジェニー・エルペンベック〔浅井晶子訳〕

引退した大学教授リヒャルトはドイツに辿り着いたアフリカ難民たちに関心を抱く。東ドイツ時代の記憶と現代の交錯を描き出す傑作長編。

（6月下旬刊）四六判■3630円

虹む街

タニノクロウ

多様性ゆたかな飲食店街の、味のある人びとが魅せる、滑稽で哀切な人間ドラマ。口の利けない男が語る、ポスト・コロナ時代の「寡黙劇」。

の年齢と育った環境では、子どもを教育する他のやり方がわからなかったのだろうと数年後にも考えたことがあったが、結局、お互い相手の人生に真に入っていくことができなかったのだ。

養父と比べ、養母と一緒にいた時間は十数年長かったが、相手が「目に入る」だけで、それぞれが好きなように暮らし、一般の親子の感情とはまったく比較にならなかった。だが何と言っても、やはりこの世で一番親しい人だったのだ。丸々一週間、阿忠《アチョン》は病院の外に出ることもなく、昏睡状態の母につききりだった。「またテレビドラマみたいに、そばに心電図モニタがあって、数字がゆっくり、ゆっくり低下し始め、明け方には一直線になったんです。母さんが逝ってしまったことを知りました」

阿忠《アチョン》は母の着替えをし、急いでやってきた兄と一緒に死亡手続きもした。事後処理がすべて終わり、養母の借りていた家を退去すると、こう思った。「本当に一人になっちゃった」

以前、阿忠《アチョン》が慣れていた逃避のスタイルは、「母さんに頼る」というものだった。ロマンチックな自殺は、毎回最後にお金を使い果たすと、すぐ家に戻って母を頼り、仕事を辞めて住むところがなくなると、また家に戻って母に頼った。だが、今やこの「最後」がなくなってしまったのだ。阿忠《アチョン》は残っていた多くない貯金をあっさり使ってしまうと、「台北に行って命を終える」ことにした。

ここまで言うと阿忠《アチョン》は笑った。「命を終えるのになんで台北に行かなきゃいけなかったんでしょう?」

それから阿忠《アチョン》はかつて何度も繰り返した花蓮への死出の旅路のように、台北市の観光スポットをぐるぐる回り、最後に陽明山《ヤンミンシャン》に登った。それは晩冬から初春にかけての季節で、山上にはススキの草むらがまばらだった。阿忠《アチョン》はさっさとその中に入っていったが、夜の帳《とばり》が落ちると山上は気温がかなり低く、「こんなに寒くて食うものもなく、ぼくはきっと死ぬだろう」と思った。だが、何事も起こらず、なんとかして生き延びようとする本能的な意志が自動的に動き出したのである。

山を降りてから、阿忠《アチョン》はかつてと同じ様な結末を繰り返したが、今回は「母さんに頼る」から、「ソーシャルワーカーに頼る」に変わっていた。萬華社福センターの尚鵬《シャンポン》は、阿忠《アチョン》から助けを求める電話を受けて、「じゃあ、すぐ来てください」と伝え、帰綏街《クイスイチエ》の「平安居《ピンアンチュ》」*1に送ろうとしたが、満室だったため、行き先は華陰街《ホワインチエ》の恩友教会になった。

恵みの上にさらに恵みを与えられた*2

キリスト教恩友センターは社会的弱者を支援する組織で、台湾全土に設立されて三十年近くになるプロテスタント教会である。さらに義診連盟を設立したことで、健康保険が中断された貧困層も百ヶ所近くの診療所で無料受診できるようになった。十年前、華陰街に設立されたこの恩友センター台北教会は、主に失業したホームレスに昼食と夕食を無料で提供し、毎日、晩禱の後は椅子を片付けてホームレスが安心して眠れるようにもなっている。かつて最も多いときには、二十数人が床の上に布団を敷いて寝ていた。

隣が「高級ホテル」というのは皮肉なコントラストだが、阿忠《アチョン》は「一時的にちょっと仮住まいしてみよう」という気持ちでしばらく生活してみることにした。すると、自分の体が外の仕事の負担に耐えられないことがわかり、毎日、集会や朝晩の祈禱におとなしく参加し、その他の時間は食事の準備や掃除の手伝いをするようになった。

同時に、教会とソーシャルワーカーの支援のおかげで、阿忠《アチョン》はようやく社会局の医療費つけ払い証明書[*3]で中興病院の無料診察が受けられるようになり、どんな医者がいるか知らなかったが、受付をするとすぐ心臓科の主任に回された。主任によると病状は深刻で、すぐに台大病院に転院して手術をするようにとのことだった。以前は病院のランクが異なると、つけ払い証明書で台大病院に転院するのに無駄な時間がかかったが、阿忠《アチョン》がソーシャルワーカーに頼んで申請したときは、転院の問題はすでになくなっており、すぐに台大病院で入院手続きをすることができた。

　こうした日々を重ねるうちに、阿忠《アチョン》は自分の再起を神が真剣に支えてくださっていると感じるようになり、洗礼を受けようと決意し、命の主権を神に委ねることにした。

　神は阿忠《アチョン》の健康を救ってくださったばかりか、かつて味わったことのない心の平安も与えてくださり、毎回、検査入院するときは、一番お気に入りの窓際のベッドを割り当ててくださった。静かにしているのが好きな阿忠《アチョン》は空を見上げては、助けてくださった神に祈りを捧げた。

＊1　正式な名称は台北市無家貧弱民衆平安居（または、天主教聖母聖心会平安居）。台湾で唯一の公設民営のホームレスシェルターで、カトリックの聖母聖心会と台北市社会局との合同により一九九五年に設立された。平安居の目標はホームレスの就労自立であり、収容対象は自分で身の回りのことができる者。ソーシャルワーカーの評価を経ての入居となり、収容期間は最長一年。

＊2　「ヨハネによる福音書」1-16

＊3　台北市社会局の「ホームレスの健康診断・受診と医療つけ払い計画」（遊民健検問診与医療掛帳計画）によって、ホームレスは（1）関連施設に入る前の健康診断（2）施設に入居したホームレスの年度健康診断（3）受診および入院費用（4）その他医療関連費用の援助を受けられることになった。中でも最大の支出項目は「受診および入院費用」だが、ソーシャルワーカーが当該ホームレスの医療ニーズを考査した上で「医療費つけ払い証明書」を発行し、それを当該ホームレスが病院に持参すれば、診察費は社会局が負担することになっている。その際、病院は毎月一度社会局に費用の請求を行う。この医療つけ払い計画によって、台北市のホームレス医療問題は大幅に改善された。

手術を受ける日、阿忠《アチョン》はなんの心配もなく、着替えを持って台大病院まで歩いて行った。手術の経過はすべて順調で、胸骨を切り開いて血液を排出する管を交換したときにほんの少しの痛みを感じた他は、何事も起こらなかったかのようだった。

集中治療室に六日間入院し、一般病棟に移ったばかりのとき、阿忠《アチョン》が急いでベッドを降りようとしたのを、看護師から特に強く遮られたことがあった。食事のときも「食べ過ぎ、食べ過ぎ」と繰り返し注意された。毎朝、医者の巡回が終わるとすぐ、院内をぶらぶらし、こっそり服を着替えて誠品書店〔台湾を代表する大型の書店チェーン〕に行くこともあった。

かつて何度も自殺を図った阿忠《アチョン》は、命の主権を神に委ねた大手術の後、命を粗末にしようとは二度と思わなくなっていた。また、神が以前はなぜあんなにも希望のない人生を自分に下さろうとしたのか、尋ねようとはしなかった。「一つには、私が小さい頃から人の顔色をうかがってきたせいです。聞いて、ぶたれるようなことは避けたかったんでしょう。もう一つには、聞くまでもなかったのです。だって、神様はすべてを一番いいように割り振ってくださるのだから」

助けられる人から、助ける人に

恩友教会に来る前から、阿忠《アチョン》は決して無神論者というわけではなく、この世には神や鬼がいて、彼らには人間にはできないことができると思っていたし、『聖書』を小説として読んだこともあったのだ。だが、土地の神や樹木の神、石の神に騙されてすべての財産を失ってから、阿忠《アチョン》は内心、「神も所詮こんなものだ」と思うようになっていた。

恩友教会に来てようやく、本物の神とは彼を救える神のことだとわかったのである。

現在、阿忠《アチョン》は恩友教会の伝道師である。おしゃべりをしようと彼を訪ねた日の午後、五十人あまりのホームレスが彼の語る『聖書』の「ヨハネによる福音書」十章二十七に耳を傾けていた。「私の羊は私の声を聞き分ける。私は彼らを知っており……」*

教会の向かいの庇《ひさし》の下にいる靴修理の男は、毎日教会が鳴らすラッパの音を聴いていて、羊たちのリーダーになれるくらいには『聖書』に詳しい。だが、彼には絶対想像できないだろう。今、説教台に立つ伝道師の阿忠《アチョン》が、以前は毎日、彼の目の前でステンレスのお椀と箸を抱え、虚ろな眼差しで配食の列に並ぶ一人であったとは。ホームレスがたまに教会で喧嘩するとき、人の群れから一番遠く離れたところで、自分と関わりのないことには一番関わろうとしなかったあの男であったとは。

伝道師になった阿忠《アチョン》は、ソーシャルワーカーの尚鵬《シャンポン》が以前、阿忠《アチョン》の求めた助けに応えてくれたように、今でもしょっちゅう病院やソーシャルワーカーからかかってくる電話を受けている。たまに路上生活している人が自分でかけてくることもある。「もしもし、私は『ホームレス』なんですけど、教会に泊まらせてもらえませんか?」

阿忠《アチョン》はそれを聞くと忍びない気持ちになる。「『ホームレス』が一つの身分になるなんて、おかしいですよね?」

いつも話すテンポはゆっくりで、いちいちよく考えてからようやく口を開くのに、阿忠《アチョン》は突然、語気を荒げた。「ホームレスはただいっとき行くべきところがない、一時的なものなんです。この段階を過ぎたら次の段階に進むはずなので、これが永遠の『身分』であってはいけません」

＊ 原文には「約翰福音四章廿七節」とあるが、実際はヨハネによる福音書「十章廿七節」である。訳文は、聖書協会共同訳『聖書』(日本聖書協会、二〇一八)から引用した。

阿忠《アチョン》は自分のことを例に、こうした「後輩たち」を支援し、立ち上がってもらいたいと心底願っている。単に仕事や生活の面だけでなく、人生のすべてをかけて立ち上がってもらいたいのだ。「『創世記』の第一章にあるように、『人は神のかたちと姿に創造された』のだから、自分は神の子であり、大切な価値を持っていると知るべきなのです」

恩友教会も入り口を開放し、他の教会の信徒を招いてホームレスを知ってもらい、彼らも一人の「人間」であると教えている。「『ホームレス』に対する外部のイメージが、風呂に入らず、大酒を飲んで、大声で騒ぐということを、私も知っています。でも、普通の人だって酒を飲んで酒乱にもなるし、身だしなみに注意しないことがあるでしょう。彼らがただお金も仕事もなく、外に座って汚いから、差別を受けて当然とでもいうのでしょうか？　彼らは『荷物がちょっと多いだけ』なんです」

現在、阿忠《アチョン》は、教会にくるホームレスをどのように支援すべきか、ということばかり考えている。年をとって行くところのない多くの老人が恩友教会にやってくるのだが、実際、彼らの大半には子どもがいるのだ。ただ、かつて親としての責任を果たさなかったため、こんな状況になってしまっても、申し訳なくて帰れないのである。

彼らに自分自身や家族、神との関係を修復してもらえるよう、サポートに努めながら、阿忠《アチョン》はため息をつく。彼は、自分もこの点では欠けたところがあったと思っているのだ。「両親がまだ健在だった頃、なぜ私は信仰に接してキリスト教徒にならなかったんでしょう？　あの頃、私がキリスト教徒だったら、両親との関係はとても大事だとわかったのに。私はかつて養父母に『あなたを愛しています』と言ったことはありませんでした。母が亡くなる直前の意識不明のときでさえ、口に出せなかったんです。それで、私はいつも心残りを抱えています。両親がまだ生きていた頃、なぜ私たちは『家族』になれなかったんでしょう? たとえ血縁関係がなかったとしても」

阿忠《アチョン》のもっと大きな心残りは、生みの親がどこにいるかを知っていることだ。

子どもの頃、冬休みや夏休みのたびに、阿忠《アチョン》はいつも養父母について生みの両親に会いに行っていた。阿忠《アチョン》が専門学校に行っても、養父母はずっと彼らと連絡を取っていたが、しょっちゅう家を離れていた阿忠《アチョン》は、養父母と次第に疎遠になったばかりか、生みの親の家にも寄り付かなくなり、最終的には自殺を繰り返すというイメージしか残さなかった。

阿忠《アチョン》は現在もなお葛藤している。こんなに長い時間が経ってしまったが、彼はやはり一つのきっかけを待っているのだ。それは、生みの両親や兄弟姉妹に向き合う恐怖を乗り越えるきっかけである。

ご家族のところに戻ったら、どんなことを言いたいですか?「私が推測するに、生みの両親は、私がなぜ彼らに会いに行かなくなってしまったのか、きっと悲しんでいると思います。幼い頃に私を他人の養子に出してしまったので、私がまだ『恨み』を抱いていると思っているかもしれません」

「幼い頃は当然恨んだことがありました。でも、私が生家に帰る一番大事な理由は、彼らに知ってほしいからです。私が今とても元気だってことを。信仰もあるし、命もある私はもう以前と同じではないのです。彼らがこんな私を見て胸のつかえが取れたらいいなと思います。彼らも元気でいてくれますように……」

何度も命を粗末にした阿忠は、教会とソーシャルワーカーの支援によって立ち直り、現在は恩友教会の伝道師になっている。

街頭クラブの夢——阿明

阿明《アミン》が車椅子で路上を彷徨う様子を表す名詞は、すでに何代にもわたって更新されてきた。流浪漢《リュウランハン》、遊民《ヨウミン》、街友《チエヨウ》だが、最もよく耳にするのはやはり台湾語の「幌組《ハインゾウ》」だろう。「田舎じゃ『幌狗母梭《ハインガオボソウ》』っていうんじゃない？『狗母梭《ガオボソウ》』は魚肉デンブを作る魚のことで、『幌狗母梭』は二尾の魚を手に持って路上でぶらぶら揺すること。「幌組」っていうのは、ぼくたち、二本の手みたいに路上でぶらぶらする奴らのことなんだ」

だが、阿明《アミン》はやはり「街友」と呼ばれたい。「流浪漢って呼ばれるのは、なんとなく……」

最初の晩

先天性小児麻痺の阿明《アミン》は三十五歳になった年、家を離れて路上に出た。「父親が再婚してから、家が手狭になったんだ」。だが阿明《アミン》は、自分が路上に出た責任を父親と継母に負わせようとはしない。「ぼくはすでにいい年だったから、家を離れて当然だよ」。彼はただ社会福祉が整った台湾であれば、経済的に逼迫した自分を安全に収容してくれる場所などすぐ見つかるだろうと思っていたのだ。

最初の晩、阿明《アミン》はねぐらを求めて、何度も場所を変えた。

なぜ場所を変えなきゃいけなかったの？「ぼくの言い方が信じられないなら、一晩、自分でやってみて。お金がなくて旅館には泊まれず、頼るべき親戚や友人もいなければ、どこでなら一晩安心して眠れる？　試してみて」

板橋《パンチャオ》で育った阿明《アミン》は、まず板橋の別の村を選んでみた。隣近所からは遠く離れているものの、少なくともやはりよく知った土地なので、問題が起きたとしても被害はさほど大きくならないだろうと思ったのだ。だが彼は横になって眠るのが恥ずかしくて、公園のあずまやの小さなテーブルに身を伏せてうとうとするのが精一杯だった。他人から、「疲れてちょっと休んでいるだけ」と思われたい気持ちもあった。明け方の三時、四時にフォークダンスが始まるまで眠ると、まずそこを離れて衆人の注意を避け、ダンスが終わるのを待って再びそこに戻ったのだった。

だが、「疲れてちょっと休んでいるだけ」という、阿明《アミン》が創ろうとしたイメージは半年ほどもった後、野良犬にまで知られるようになっていた。その後、住民の要請を受けて、アウトリーチ・サービスセンター*のソーシャルワーカーが阿明《アミン》を台北市帰綏街《クイスィチェ》の「平安居《ピンアンチュ》」に入れてくれたのだ。それは台北市社会局がカトリック聖母聖心会に依頼して設立した収容機関で、老人や病人、心身障害者を専門に保護していた。阿明《アミン》はそこで野宿者になってから初めての正月を過ごした。

だが、平安居にいられるのは短期間のみで、戸籍が台北県（現新北市）にある阿明《アミン》は台北市のシェルターには入所申請ができず、当時、台北県ではシェルターがまだ設立されていなかったため、再び公園に戻って野宿することになった。

数ヶ月たたないうちに台湾ではＳＡＲＳが突然発生して社会恐慌を引き起こし、誰もが危機感を覚え、台北市のホームレス集住地域に位置する和平《ホーピン》病院と仁済《レンチー》病院は院内感染のために相次いで閉鎖された。ホームレスが感染したケースはなかったものの、隣の台北県政府はホームレスの大規模感染を予防するため、彼らを林口《リンコウ》区の使われなくなった兵営に集め、翌年、ホームレスを短期的に収容するシェルターとして、正式に「観照園《クアンチャオユエン》」を設立したのである。阿明《アミン》もそうしたプロセスを見てきた証人の一人であり、「ぼくは本当にシェルター発展史の一部だよ！」と笑う。

シェルターには、刑務所から出てきたばかりの人や、暴力団関係者、暴力を振るいがちな更生中の人まで、落ちぶれて路上に出た様々なタイプの者がいた。阿明《アミン》はこう表現する。「すでに家族のいない出所者にとっては、何もかもどうでもいいんだ。刑務所から娑婆に戻るのは『一時的』なことで、娑婆に出てちょっと悪さをして金を作り、ムショに戻ってから『へそくり』にするってわけなんだ。ムショこそが彼らの終生の故郷なんだから」。こうした出所者が刑務所内のゲームのルールをシェルターに持ち込むと、単に「店が潰れるまでソーセージを売っていた」とか、「破産するまで屋台をやっていた」という一般の収容者たちにとっては適応しづらくなり、結局、「これは我慢できない」とか、「あれは規則違反だ」というふうになって、皆社会に逆流してしまう。

たとえ「我慢できる」としても、「観照園」は一回の短期収容期間がわずか三ヶ月だった。阿明《アミン》は何度も出たり入ったりした後、中和《チョンホー》区の円通《ユエントン》路に長期収容所があると耳にしたのだが、中にいるのはどうも全員精神障害者らしいと聞き、ちょっと考えてしまった。衣食住のためとはいえ、やはり精神障害者を装うことはできなかったので、再び路上に出ることにした。

＊　原文は「外展」で、“outreach”の意。日本語では「巡回相談」とも訳される。福祉分野で使われる場合、「支援が必要であるにもかかわらず届いていない人に対し、行政や支援機関などが積極的に働きかけて情報・支援を届けるプロセス」を意味する。台湾のホームレス支援のアウトリーチには、日中・夜間の見回り、訪問、市民から届くホームレス関連通報の処理、食事・衣服・必需品の提供、三節（春節・端午節・中秋節）の祝い金の配布、長期的サポートなどがある。巡回相談担当のソーシャルワーカーをアウトリーチワーカーという。

ホームレスの新人を、先輩が手ほどきする

「最初、家出したのは『めくら蛇に怖じず』だったんだ」。自分からうまく話しかけられない阿明《アミン》は、最初ホームレスのコミュニティにどう溶け込んだらいいかまったくわからず、わけもわからないまま飲んだくれたちによく嫌がらせを受けていた。「ああいう酒乱は、ぼくが障害者なので路上で物乞いをすれば、きっと金が入ると思ってるんだ」

初め阿明《アミン》は感情を抑えきれず、飲んだくれたちとしょっちゅう衝突していたが、やがて「小忍ばざれば則ち大謀を乱る」〔論語の「小さな我慢が出来ないようでは大きな仕事を仕損じる」の意〕という千古の訓戒を身につけた。またホームレスは決してどの公園にもいられるわけではないこともようやく理解した。「これはあらゆる生物の中でも一番原始的なルールで、縄張りがあるってこと。幸い、以前食べものや住むところがあった頃、ぼくは落ちぶれて食えなくなったよそ者に出会ったことがあって、奴らのことをからかったり、排除したりしないで、いくらか助けてやったんだ」。そうしたところ、今はその人たちが阿明《アミン》の先輩となって、路上で生き延びる術を教えてくれるという。

特に先輩たちは阿明《アミン》が水を買って飲んでいるのを見たとき、全員が彼のことを宇宙人だと言って笑った。「金を払って酒を買うやつはいても、金を払って水を買うやつなんかいないだろ。水が飲みたけりゃ廟に行って汲めばいいし、公園のトイレの水道水を飲めばいい。飲んでも死にゃしないよ」

先輩たちはまた旧暦の重要な祭日ごとにどの廟でタダ飯を提供してくれるとか、板橋の接雲寺《チエユン》では一ヶ月続けて貧乏人に食べ物を喜捨してくれるとかいったことを教えてくれた。さらに板橋北門の土地廟には焼きそばを作るのがとても上手な廟主がいて、毎月二日と十六日にはいつも信徒のために作

ってくれるという。ホームレスは噂を聞いて集まり、廟の方でも彼らを追い払うようなことはしない。「あの焼きそばは本当にものすごく美味くて、プロの味だ」という。事情通の台北のホームレスは自転車で地区を横切って萬華《バンカ》から板橋《バンチャオ》まで出かけて行くのだが、それはまさに廟主の作る焼きそばを食べるためである。ホームレスの中には翌日になってもお腹が空かないように、遠慮することなく五回おかわりして腹にぎゅうぎゅう詰め込み、デザートのお汁粉まで飲むものもいた。まるでセットメニューである。「もともとは鍋一つか二つだけで作っていたんだけど、その後、昔、風呂用に使っていた鉄の盥《たらい》みたいな大鍋三つで作るようになったんだ。それでもまだ食べ足りない」。思い出しながら語る阿明《アミン》は口角が上がり、後味がまだ残っているように見えた。

先輩が面倒をみてくれただけでなく、阿明《アミン》がホームレスになった時期もよかったのだ。最初の一年は、アウトリーチワーカーが寝袋や温かい食事などのサービスを提供してくれた。阿明《アミン》は幼い頃から大人になるまで寝袋を使ったことがなかったので、アウトリーチワーカーに馬鹿みたいに聞いてみた。

「わー、こんなにいいもの、お金要らないの？」

二年目からは、弁当や正月の慰問金を配ってくれる人もいたし、一〇元〔約38円〕のパンを売る屋台が夜になると売れ残ったパンをホームレスのために公園まで届けてくれた。

阿明《アミン》はもともと路上に出てきて、飢死するのでなければ、凍死するだろうと思っていたが、まさかこんなにうまく過ごせるとは意外だった。「足るを知るは常に楽し、の角度から見ると、神様には心から感謝してる。これは神様がぼくのために用意してくれた福祉なんだ」

廟の麵を食べ、廟のスープを飲んでいるのに、あなたは神様に感謝するの？ 「アウトリーチワーカーの林忠柄《リン・チョンピン》兄さんと観照園のソーシャルワーカー林香華《リン・シャンホア》さんは、それぞれプロテスタントとカトリックなんだ」。この二人が阿明《アミン》に神様を紹介してくれたのである。

林忠柄《リン・チョンビン》さんと阿明《アミン》が初めて出会ったのは、林さんが阿明《アミン》に弁当を届けてくれたことがきっかけだった。林さんは言った。「ぼくは弁当って呼ばないで、『魂の糧』って呼ぶんです。この魂の糧はすごく大事なんですよ」

「じゃあ、ぼくは食べないよ。ぼくには恩返しができないから」。阿明《アミン》は林兄さんのメンツを潰した訳ではなく、あまりに正直だったのだ。

林兄さんは阿明《アミン》をこう励ました。「今日は神様があなたを助けるから、これを食べたら、別の日にあなたは他の人を助けてください」

「ぼくはもうすぐ死ぬから、他の人を助ける力はないよ」

結局、〝魂の糧〟を食べたあなたは教会に行って洗礼を受けたんですか？

「何度も受けたみたいだよ！」

では、一般のキリスト教徒よりももっときれいに洗われたのだろう〔洗礼の「洗」と「洗う」をかけた言葉遊び〕。

「ホームレスの多くはみんなこんな感じだよ。多くのキリスト教会がホームレスにシャワーを使わせてくれるし、髭も剃らせてくれる。たまにはインスタントラーメンも食べさせてくれたり、洋服を着替えさせてもくれる。たくさんの牧師先生も本当に気にかけてくださって、ぼくたちが正しい道を行き、神様に帰依するよう導いてくれるんだ。ホームレスはもちろん、『すごい！　お話はとてもよかったです。本当にとても感動しました！』って感じだから、こっちでも洗礼を受け、あっちでも洗礼を受けるって具合だよ」

阿明《アミン》によると、ホームレスはまるでモーセに率いられてエジプトを脱出したあの二百万の人々のようで、彼らを連れてカナンの地を見いだしてくれる人を求め、神による救済を待っているという。それで彼自身、かつて恩友教会で二ヶ月間暮らしたことがあったのだ。教会では昼と夜の食事が出るほか、夜の集会が終わると床を掃除し、布団を敷いて寝られるようになっていた。だが、阿明《アミン》はやはり自力で金を稼いで、生計を立てていきたかったので、一日四回聖書を読んだり、賛美歌を歌ったり、日曜日の礼拝に参加したりすることはできなかった。

教会で暮らすと必ずそこで聖書の授業を受けなければいけないのですか？「そりゃそうだよ。なんといっても教会なんだから。ただ、ぼくは外に出て行って少し稼がなきゃいけないんだ。もしぼくに十分なお金があれば、あそこでお寺の和尚さんみたいに毎日、何の心配もなく、読経したり、ご飯を食べたりできるんだけどね」

工場移転による失業者

一般市民は、ホームレスは体がどこも悪くないのに、なぜ仕事も探さず、路上生活をしたがるのだろう、と思っているかもしれない。「彼らが言うことも間違ってはいないよ。でも、多くの仕事が大抵一時的なものだということを軽く見ている。今日はあっても、明日はどうかってこと……。それに、障害者が路上でものを売ったり、物乞いをしているのを見て、『ああ、貧しいふりして！　あいつらには障害者特別手当があるのに』と思う人は多いんだ。でも、ぼくみたいに障害者手帳を持っていても、特別手当が受け取れないことだってあるんだよ。なぜならぼくの両親の家がまだあるから、中低収入戸資格*の申請ができないんだ」

阿明《アミン》の障害は足だけなので、実際かなりの仕事をしたことがあり、作業員はそのうちの一つだ。

それは一九七〇〜八〇年代のことで、小型加工工場の仕事は好きなように見つかり、おまけに雇用主のほとんどが食事と住居を提供してくれた。ほんの狭い空間ではあったが、数人の労働者が身を寄せ合って暮らすには十分だった。

「あの頃、南部の十四、五歳の子どもたちの多くは純粋に『ぼくは大きくなったら、北上するんだ』といって、台北県にやって来て見習いとしてがむしゃらに働いたんだ。でも、落ちぶれて野宿者になったとか、ほとんど聞いたことがない。それに、地方から出てきてお金に困ったときは、たった数日しか働かなくても、社長からお金を借りられたんだ」

その後、大型工場は中国大陸に移転し、下流の小型工場はそのために畳まざるをえなくなった。工業地帯ではそれでも作業員が必要だったが、「作業員への要求は昔みたいに適当じゃなくなって、少なくとも高卒以上の学歴が求められたんだ。それに、『無塵服』を着るような工場で必要とされたのは専門技能を持つ人材だけで、普通のおじさんやおばさんは入れなくなっちゃった」

阿明《アミン》は露天商もやったことがあった。「実際、台湾で今、生活が苦しくなっている深刻な理由はここにあるんだ。昔は仕事が見つからなくても、映画館の近くで適当に露店を出して、落花生やグアバを売れば、小銭を稼ぐことができたのに、今は氷を売るにも安全衛生法に合わせなくちゃいけないんで、露店をやるのもそんな簡単じゃないんだ。そうでなきゃ、誰だって路上生活なんかしたくないよ」。阿明《アミン》がいうには、露天商の難しいところは、「どの場所も悪い奴らが牛耳っていて、たとえみかじめ料を払ったとしても、出て行けと言われれば、出ていかざるを得ない」ところだという。

もともと露天商は阿明《アミン》が自活するための最後の一縷の望みだったが、結局はそれもできなくなって、すっかり諦めてしまい、他の野宿者の観察を始めて、ペットボトルを拾うことを学んだのだった。

その瞬間、阿明《アミン》はついに自分もホームレス・コミュニティに正式に足を踏み入れたと認めたのである。

ここ数年、阿明《アミン》はホームレスから「台北グランド・ホテル」と親しみを込めて呼ばれる台北駅に引っ越してきた。かつて台北駅の地下駐車場は暖かいねぐらとしてホームレスに開放されていたので、寒波がやってきたときは多くの人を救ったものだ。その後、請負業者がそれ以上場所を提供したがらなくなったのだが、阿明《アミン》は恨んではいない。「結局は、何人かのホームレスが自分たちでダメにしたんだ。殴り合いをしたり、酒を飲んだり、公共物を壊したり、大小便をしたり、当然、嫌がられるでしょう」。駐車場が使えなくなってから、阿明《アミン》は現在、駅の外周の軒下に寝泊まりするようになり、夜九時に寝て、朝六時前には必ず荷造りをし、その場を離れることにしている。

以前、新北市で野宿生活をしていたとき、一般市民が阿明《アミン》を見て、「こいつ、悪党か盗人だ！」と反応するのをいつも感じていたが、台北市に来てびっくりした。「万が一、ホームレスに一〇〇元〔約380円〕か二〇〇元が急に必要になった場合、紙のお椀を持って地面に座っていれば、少なくとも数十枚の銅銭がすぐもらえるはずだよ」

台北市民はホームレスにもやさしく接してくれて、たとえ頭のおかしいホームレスが路上で唾を吐いても、殴ったりする人はいない。「もし新北市だったら、とっくの昔に殴り殺されてたよ」

ホームレスに対する警察の配慮はなおさら、新北市では見たことがなかった。「君たちがおとなしく寝ているだけで、酒も飲まず、騒ぎも起こさず、ちゃんと生きていくなら、我々警察も仕事がしやすい」ということらしい。

＊ 原注 「台北市心身障害者生活補助」規定では、申請者の全家族の土地および不動産価値の合計が六五〇万元（約2470万円）を超えた場合、申請資格に符合しないものとするが、『社会救助法』の規定では、一世帯の不動産価値が四八〇万元（約1820万円）を超えたものはすべて中低収入戸資格に見合わないものとされている。

阿明《アミン》は、ホームレスに対する街全体のフレンドリーな感じから、台北はまるでホームレスの天国だと思っている。「さすが首都だけのことはあるね！」

ホームレスの観察から得たもの

「ホームレス」という集団は、阿明《アミン》によると、ここ一、二年の間に何らかの変化があったようだ。「もともとはみんな知的レベルが低くて条件も悪く、賭博ゲームやロトに溺れたり、小型工場がなくなって大型工場に入れなかったりした落ちこぼれだった」。だが、知識人タイプがホームレスの列に加わる例が徐々に増えているという。

阿明《アミン》は自分から話しかけることはないが、こういう人がかつて従事していたのは、大部分が非専門的なサービス業であったろうとおぼろげながら感じている。通常二十歳から二十五歳まではこの業界でとても歓迎されるが、彼らが二十五歳を過ぎると、雇主が求めるのはその下の二十歳から二十五歳の若者なのだ。

「幸いぼくは小さい頃から下層階級出身で、素養がもともとそんなにあるわけではないから、ホームレス・コミュニティに入って博打打ちやいかれたヤツ、ゴロツキ、ヤクザを見てもすぐ慣れたけど、もしぼくが彼らみたいに大学を出てたら、気が狂うだろうな」

阿明《アミン》はホームレスになったこの十数年、自分の人生は不運であったと自嘲していたが、ここ二年で突然こう感じるようになったという。「え、もしかしたら違うかも。ぼくはむしろ早めに慣れて、彼らより早めに準備できたんだ」

台北駅裏の恩友教会で無料の昼食・夕食を取る人も以前よりずっと増えているが、空間が限られて

郵　便　は　が　き

おそれいりますが切手をおはりください。

101-0052

東京都千代田区神田小川町3-24

白　水　社　行

購読申込書

■ご注文の書籍はご指定の書店にお届けします。なお，直送をご希望の場合は冊数に関係なく送料300円をご負担願います。

書　　名	本体価格	部　数

★価格は税抜きです

(ふりがな)

お　名　前　　　　　　　　　　　　(Tel.　　　　　　　　)

ご　住　所　(〒　　　　　　　　)

ご指定書店名（必ずご記入ください） Tel.	取 次	(この欄は小社で記入いたします)

『私がホームレスだったころ』について　(9793)

■その他小社出版物についてのご意見・ご感想もお書きください。

■あなたのコメントを広告やホームページ等で紹介してもよろしいですか？
1. はい（お名前は掲載しません。紹介させていただいた方には粗品を進呈します）　2. いいえ

ご住所	〒　電話（　）		
（ふりがな）お名前	（　歳）1. 男　2. 女		
ご職業または学校名		お求めの書店名	

■この本を何でお知りになりましたか？
1. 新聞広告（朝日・毎日・読売・日経・他〈　〉）
2. 雑誌広告（雑誌名　）
3. 書評（新聞または雑誌名　）　4.《白水社の本棚》を見て
5. 店頭で見て　6. 白水社のホームページを見て　7. その他（　）

■お買い求めの動機は？
1. 著者・翻訳者に関心があるので　2. タイトルに引かれて　3. 帯の文章を読んで
4. 広告を見て　5. 装丁が良かったので　6. その他（　）

■出版案内ご入用の方はご希望のものに印をおつけください。
1. 白水社ブックカタログ　2. 新書カタログ　3. 辞典・語学書カタログ
4. 白水社の本棚（新刊案内／1・4・7・10月刊）

いるため、多くの人はお椀を持ち、路上に座り込んで食べるしかない。「ぼくたちの国はいつからこんなふうになっちゃったんだろう？　あの『ヨタヨタした』感じは、アメリカのハーレムよりもっとひどいよね！」

あなたはアメリカのハーレムのことまで知ってるんですね！　「テレビの『７００クラブ』*で見たんだ。あれも黒人だけを支援している教会なんだけど、チャリティーの食事を食べる様子はすごく楽しそう。でも、台湾を見ると、なぜかちょっと悲しい気分になっちゃう」

あるいは、集団としての規模が徐々に肥大化し、ホームレス問題にも次第に注目が集まるようになっているからか、阿明《アミン》は大学生や大学院生のアンケート調査にしょっちゅう出くわすという。「あなたはどんなところを浮浪するのですか」「あなたは路上で何を食べますか」「低家賃住宅の家賃はどのくらいですか」などである。

だが、阿明《アミン》は個人的なことはどうでもいいと思っている。失業率の上昇によってホームレスの学歴が高くなり、年齢は下がっている問題にも関心はない。彼によくわかっているのは、ホームレスの中で揉め事を起こすのはほんの一握りで、しかも酒を飲んで騒いだりとか、店のものを盗んだりとか、しょうもないことがせいぜいで、高度の頭脳で高度の問題を起こすようなことはまだ起きていないということだ。「ぼくたちみたいなバカは、十数年もテレビを見ていないし、せいぜい駅のテレビ画面のニュースを見るくらい、さもなければ人が捨てた新聞を拾って読むくらいだ。だから思想中毒になんかなれないし、新聞を買うような金なんてないよ」

きちんと研究しなければならないのは、「人をある種の環境に長いこと追い込んだままにしている

＊　"The 700 Club"は、アメリカのプロテスタント系テレビネットワーク、Christian Broadcasting Network の長寿番組。

と、考える力が次第になくなる」という現象だ。「それは必ずしもホームレスの身の上に起こることではなくて、見た目は普通の人の場合、もっと恐ろしいことになるんだよ。ぼくは路上で観察していて思ったんだけど、今の人はまるで一種の毒にやられて深い催眠状態に陥っているみたいな顔つきなんだ。おそらく、脳内の意識形態も変化していて、鄭捷《チョン・チェ》の地下鉄通り魔事件*1はまさにその一例だよね」

　地下鉄通り魔事件といえば、阿明《アミン》には警察力が不足している台北市警察に提案したいことがあるという。「どの駅にも、どの車両にも、パトロール警察を派遣できないのであれば、なぜホームレスを使わないのかな？　中には原住民族みたいに体が頑丈で、武術に長けたのがいるんだよ。これは冗談じゃなくて、彼らは以前軍隊で特殊な軍事訓練を受けてるから、警察にも引けを取らないんだ。なんで彼らを駐在警察みたいな中隊に編成しないのかな？　少なくとも偵察隊にはできるよ」

　阿明《アミン》はこれも地下鉄局の管轄であることを知っている。「地下鉄もそんなに厳しく取り締まろうとしないで、どうしても物売りをしないと生きていけない人たちに開放して中に入れればいいのさ。それで、乗客の邪魔をしないように、指定された場所で商売させれば、観察所が一つ増えたことになるでしょ。例えば、ホームレスに地下鉄駅構内で『ビッグイシュー』〔第三部参照〕を売ってもらい、無線電話を持たせるんだ。仕事中にもし怪しげな人が地下鉄に入ってくるのを見つけたら、無線電話ですぐ地下鉄警察に連絡できる。彼らに警戒業務を任せても、給料は大して要らないでしょ！」

　阿明《アミン》は知識を語っているのではなく、物事の本質を語っているのだと力説する。「物はその力を、人はその才を十分発揮するっていうでしょ。労働力もなければ、身寄りもない人だって皆、自分の力を発揮できるし、自立できるし、家も持てるんだ。社会は普通の階級の人にすでに金をたくさん使ってきたけど、もしホームレスのことをもう少し考えるなら、金を無駄にしないばかりか、ホームレスはあなたたち一般の人に幾らかの利益をもたらせるんだよ」

行動することについては不便でも、阿明《アミン》の頭脳が停止することはない。台北市のホームレス問題だけでなく、国際的なホームレス政策も吸収しているのだ。ドイツ留学から戻ってきた人によると、大学地区の寮に住めない学生たちは台湾の親には内緒で地下鉄駅に寝泊まりしているという。ドイツの地下鉄駅では、床に整理番号が入ったマス目が記されており、幾らかの清掃費を支払えば、地下鉄が閉まった後、そこにプラスチックマットを敷いて眠れるそうだ。「その上、住所まであって手紙も受け取れるんだって」

ドイツ政府はこれらのホームレスにパンを配り、彼らに地下鉄でちょっとしたおもちゃを売るよう、奨励もしている。「まさにあなたたちが今、言っている文化創意産業だよ[*2]」。さらに、人材斡旋用の特別な一区画を開設して、市民がそこに労働者や家庭教師を探しにやってくるのを歓迎しているそうだ。

阿明《アミン》は、台湾のホームレスコミュニティはどちらかというと「浪人キャンプ」のようだと思っている。「まさに日本の戦国時代のようだよ……『笑傲江湖《シャオアオチャンフー》――レジェンド・オブ・スウォーズマン』〔金庸の武侠小説で、映画化・ドラマ化・ゲーム化されている〕でも、第何話か知らないけど、浪人武士が結集するでしょう？　どっちにしろ、いろんな人が集まって、弱肉強食、人が人を食い、監獄よりもっと暗くて、賢いヤツがバカを支配するんだ」

＊1　二〇一四年五月二十一日午後、台北の地下鉄板南線で発生した事件で、四人が死亡、二四人が重軽傷を負った。犯人は二十一歳の大学生、鄭捷。彼は、二〇一六年五月十日に処刑された。

＊2　「文創産業」とも。英語の“Cultural and Creative Industry”のこと。中華民国行政院が二〇〇二年五月に制定した「国家発展重点計画」の「文化創意産業発展計画」で示された。中華民国文化部（文化庁に相当）では「文化創意産業発展法」を二〇一〇年二月三日に公布し、文化創意産業の発展を促進している。その産業とは、視覚芸術、音楽、演劇、映画、工芸、出版、建築、広告、デザイン、デジタルコンテンツなど。

肩まで髪を伸ばした阿明《アミン》には浪人の雰囲気が確かに幾分あるものの、人を騙すようには見えず、むしろ騙されるようなタイプだ。「でも、浪人みたいな奴らは成功しなかったけどね。なりすまし詐欺や保険金詐取なんかが流行り始めた頃、ぼくは毎日板橋で見たり聞いたりしてたんだ。あいつらが言いそうなことはみんなスラスラ暗唱できるし、夢にまで見たくらい」

「人民公社」の夢

「人が人を食う」世界に入りたくなかった阿明《アミン》は、草花系のホームレスになることを選んだ。毎晩、玉蘭花《ユーランホア》〔濃厚な香りが特徴の白い花で、リング状の針金に通して路上で販売している。第三部参照〕の仲買人に電話して、翌朝六時に何斤ほしいと伝えれば、相手は約束通りにやってきて、お金と品物を交換する。阿明《アミン》は付属品の針金を花に通してから、路上で道ゆく人や寺廟の参拝客に売るのだ。

『ビッグイシュー』の訓練には参加しないんですか？「『ビッグイシュー』を運ぶのは重すぎるでしょ。花はわりと軽いから！」

「人間看板とかチラシ配りの仕事は、社会的弱者にとっては生活手段なので、もし車椅子でも大丈夫なら、ぼくだってやるだろうね」

身体障害者のホームレスは、仕事ばかりか、部屋を借りるにも制限がある。階段を上るのが不便な阿明《アミン》は一階にしか住めないのだが、一階というのは通常、家賃収入が高めの店舗に割り当てられ、玉蘭花売りの彼には負担できるものではない。

「でも、障害者にはメリットもあるよ」。以前ある新聞が、新竹で二人の若者が酒に酔って、ホームレスを理不尽にも無残に打ち殺したと報道したことがあった。阿明《アミン》も同じような目にあったことがある。相手がおそらく飲み過ぎていたこともあれば、運悪く喧嘩の集団に出くわしたこともあり、みんな棍棒やナイフを手にひとしきり暴れていた。「ぼくは杖で反撃したんだけど、ぼくの杖はすごいんだよ。そうでなきゃ、本当にやられてた」

路上で運良くサバイバルするには、「台北駅や艋舺《バンカ》公園みたいにホームレスが集まる場所があちこちにあるけど、管理委員会を作るべきだね。それは、地元住民にとっても治安維持になる」という。阿明《アミン》が考えることにはいつもホームレスと市民双方の利益が含まれている。

より長期的な展望として阿明《アミン》が望んでいるのは、この社会に「人民公社」ができることだ。みんながここで一緒に暮らし、食事をし、仕事をするのだ。

人民公社？　共産党みたいな？「いいでしょう」。阿明《アミン》は以前、北朝鮮の人からこんな話を聞いたことがあった。彼らの国はもともと町中物乞いだらけだったが、ある年、首都の工業地帯で外資を勝ち取るのに、そのような堪え難い光景を外国人に見せまいとして、指導者が一晩のうちに首都付近にいた精神障害者、物乞い、ホームレス、身体障害者をすべて不可視化してしまったという。あの人たちはきっと皆殺しにされてしまったのだろうとデマを流す人もいたが、結局、一箇所に集められ、国家は彼らに軍靴や薬莢など、後備の軍需用品を専門に製造させていたのだ。「我々北朝鮮には今、あなたたちのような人はいない」。その北朝鮮人は阿明《アミン》にこういった。

これは指導者が発信したフェイクニュースかもしれないし、もしかして路上にいた人々は本当に殺されてしまったのかもしれない。

だが、阿明《アミン》はやはりそれを信じたいのだ。

「実際、小型の人民公社が以前、板橋に現れたことがあったんだ」。阿明《アミン》はこんなことを漏らした。

ずっとずっと昔、板橋の四川路に不思議な派出所があり、ある警察官が野宿者や老人を収容していたという。その当時はまだ清潔隊*がなかったので、この警察官は彼らにお金を少し与えて、板橋の道路を掃除させていた。警察官は三輪車を持っていて、毎日仕事が終わるとすぐそれに乗って鉄屑を拾い集めに行き、それを売って食材を買い、大鍋で料理してみんなに食べさせた。食べた人は清掃の仕事で稼いだ金をこの警察官に支払ったという。

「実際、精神障害者向けには花蓮玉里精神病院があるんだけど、ホームレスは最長三ヶ月しか収容されないんだ。こういう不思議な派出所みたいな場所はできないかな？　中・下流層で教育を受けておらず、社会で生きていくのが難しい人に、身を落ち着けて働き、食べていける所があればいいのに」

だが、「人民公社」という社会主義的な夢はさすがに遠すぎる。夢が実現されるまでは、阿明《アミン》はただ現状を平穏に維持し、玉蘭花売りを続けていきたいと願うばかりだ。ビデオテープを見るように過去をちゃんと振り返りたいとも思っている。「どうしてこんなふうになっちゃったんだろう？　どうしたらこの間違いを避けられたんだろう？　って、ちょっと考えてる」

なぜなら人生には自分では決められない力が潜んでいるみたいだと、徐々に感じるようになったからだ。

「以前、ぼくはちょっと身の程知らずだった。お前たちが人間ならぼくも人間で、だからお前たちにできることや享受できることは、ぼくも当然できるだろうって。でも後から気づいたんだ。この社会はどうしようもなくて、誰もが皆公平な機会を持っているわけではないんだって。これはおそらくぼくたち民族性の問題かもしれないけど、欧米とはかなり違って、互いを『平等』に扱うようなことはしないんだ」

人生は平等ではないということに、もう少し早めに気づいていたら、阿明《アミン》は自分の個性に合った一人でできることを選びたかったという。「ぼくは以前ぼんやりと考えていたんだ。みんなが工場に行くから、ぼくも行くべきだって。でも実際のところ、ぼくの行動のスピードは他の同僚の負担になるんだ。ものが動かせないと、他の人に助けてもらわなくちゃいけないから」

阿明《アミン》は彫刻や絵を描くなど、彼が以前ばかにしていて、どことなくあまりまともではないと思っていた仕事を選びたいという。「ぼくは伝統的な観念に邪魔されていて、大きくなって勉強をしないなら、工場に行って働くべきで、それこそが正しいと思っていたんだ」

だが、かりに工場に行って、やり直せるのだとしたら、彼は一人でできることをしたいという。「ぼくが一番好きなのは製造ラインを監視する仕事なんだ。他人と交流する必要はないし、ぼく一人でできて、音楽も聴ける」

一緒に音楽を楽しむホームレス・クラブ

阿明《アミン》には特に好きなミュージシャンはいないが、好きな歌ならたくさんある。「気分が悪くても、歌えばすぐよくなる」タイプの歌が好きだ。彼はさらに口で様々な楽器のまねができるので、気分が晴れないときや、躁鬱症になりそうなときは、唇でメロディーを吹いてみる。これは、小学校の先生が日本の管弦楽団の曲を聴きに連れて行ってくれたことに遡るのだが、先生はこんなふうに言っていた。「気分が晴れないなら、唇を楽器にして音楽を吹いてみて……気を送るんだ。運を変えたいなら、

＊　市政府の環境保護局に所属し、ゴミ収集車の運転、公道・溝渠の清掃、廃棄物の整理、資源回収などを担当する。

まずはこの気を変えてみて。よくない気を吹き出してごらん」
阿明《アミン》はちょっと試してみたくなり、音楽をホームレス・コミュニティに引き入れてみた。「ちょうど最近、物乞いしてる人たちが言ってたんだ。土下座するみたいな物乞いは実入りが悪くなったって。あの人たちにはちょっとしたオリジナリティが必要じゃないのかな」

彼はかつて聞いたことがあった。日本では敗戦後、数十万の軍人が引揚げてきたが、トラウマを抱えた人もいれば、一家離散し肉親を失った人もいたという。政府は戦争に負けた彼らが故郷に戻ってから人々に与える影響を心配して、彼らを直接横浜港一帯に引き止めた。やがて彼らは部隊の飯盒を手に街に出て物乞いをし、皆で一列に並んで座り、一人一人が目の前に置いた飯盒を叩いて演奏したという。

これは参考に値すると、阿明《アミン》は思った。そうでもしなければ、ホームレスは集まるといつもただ不機嫌そうに酒を飲むばかりで、そのまま大理石の石棺工房に行きたがるものさえいる。五八仔《ゴバラ》〔アルコール度数五八％の金門高粱酒〕をちょっと飲んで心筋梗塞でも起こし、石棺に入って眠れば、翌朝はもう起きてこなくていいからだ。「もうすでに苦しい目に遭っているのに、その上さらに酒を飲んでどんな意味があるのかな？　メンツのために飲むわけでも、楽しみのために飲むわけでもなくて、ただすごく悲しい行為になってるんじゃない」

ポジティブな阿明《アミン》は机上の空論を唱えているわけではない。「ぼくは最近いつも練習を欠かさず、暇さえあれば準備してるんだ。数人のホームレスとグループを作って、みんなが機嫌の悪いときに、さあ、一緒に楽器のモノマネをしよう、ぼくが前半をやるから、お前が後半をやれって。あるいは、ぼくがこの楽器をやるから、お前は別のをやれって。それでみんなで一緒に座って演奏するんだ。道行く人が聞いて、誰かの演奏をいいなと思ったら、その人のお椀にお金を投げてくれるかもしれない」

きっとこんなことを言う人がいるだろう。おれは食う飯もないのに、お前と音楽やるわけ？

阿明《アミン》は言う。「大丈夫。人間看板の仕事をしたいなら、すればいい。でも、クサクサしたときには、メロディーを吹いてみなよ。大事なのは、気晴らしだから。「行乞《ぎょうこつ》」〔仏教の修行の一つ〕というのは単なる付加価値で、乞食《こじき》になるのはさすがにあんまり名誉なことじゃない！　ただ、こう言いたいだけなんだ。これからは苦しくなっても酒は飲まないでいい。苦しいときは楽器を吹けばいいんだ。うまくなったら、ぼくたち一緒に演奏しよう」

なんだか路上は面白い音楽交流クラブになりそうだ。数年したら台北市政府も「ホームレス音楽祭」をやるかもしれない。

だが、こんな小市民的なイメージよりも、阿明《アミン》の頭にあるのは、むしろもっと現実的でちっぽけな願望だ。「本当のところ、何もしないで窮地に陥るより、音楽をやる方がいい。誰かが一〇〇元投げてくれたら、冷たいものが飲めるもの」

ホームレスはクサクサすると、しょっちゅう集まって酒を飲むが、飲めば飲むほど気が滅入ってくる。阿明はホームレス音楽クラブを組織して、音楽によって鬱々とした気分を晴らしたいのだ。そうすれば、いくらかの収入だって得られるかもしれない。

第二部

路上のソーシャルワーカー

台北市政府初のホームレス支援アウトリーチワーカー
——楊運生

台北のホームレス・コミュニティで「楊運生《ヤン・ユンシェン》」といっても、おそらく知る人は誰もいないだろう。だが「楊仔《ヤンツァイ》」なら皆よく知っていて、「遊民の教父」と呼ぶ人もいる。なぜなら彼は台北市政府が初めて設けたホームレス支援のためのアウトリーチワーカーだからだ。しかし、「街友」という一九九四年に創世《チュアンシー》基金会[*1]がつけたこのフレンドリーな名称を、運生《ユンシェン》は口にできない。彼はやはり「流浪漢」と「街友」という二つの時代の間にある名称——「遊民」が好きなのだ。「民というのは、市民とか国民とか、少なくとも人の基本的な単位だから」

行き当たりばったりの記者人生

一九七〇年生まれの楊運生《ヤン・ユンシェン》は、世界新聞伝播学院[*2]の三年制「編集インタビュー学科」、最後の卒業生である。兵役を終えた時期がちょうど有線テレビの発展期だったため、もともと新聞・雑誌関連の仕事をするはずだった彼は、台北テレビ局〔後にU2電視台に改称し、現在は東森テレビ局〕の募集に飛びついた。応募書類には「記者」と記したのに、男性は機材を担ぐのに適しているとの人事部の判断で、運生《ユンシェン》は自動的に撮影班に登録されてしまった。

撮影機材のことは何もわからなかったので、彼は実技試験の前日、母校の世界新専門学校に戻って泥縄式で準備しようとしたのだが、編集・インタビュー学科にはビデオカメラがなかった。そこで、彼は厚かましくもラジオ・テレビ・映画学科に行って助けを求めたのである。

「失礼ですが、あなたは?」

「ええと、卒業生です」

助教は困惑しつつも、断るのは申し訳ないと思ったのか、機材を動かして彼に基本操作を教えてくれた。

もしかして、「運生《ユンシェン》」という名前には幸運が含まれているのかもしれない。翌日テレビ局の試験のとき、現場で使ったのがちょうど前日教えてもらったのと同じ型番の機材だったのだ。彼はすんなりと採用され、台北県の中和《チョンホー》や永和《ヨンホー》、新店《シンティエン》のニュース担当に配属された。

当時、デング熱が流行っていたため、省長や地方のトップを度々訪問し、疫病発生状況についての見解を取材した。カメラマンは記者と違ってたまの休憩もできず、運生《ユンシェン》は大事な場面を逃さないよう、現場に長時間張り付いていなければならなかった。時にはたった一五秒、二〇秒の撮影のために、二、三時間何もしないで待つこともあり、しかもそれがすべて想像しうる官僚たちの型通りの回答だったりするのだ。

＊1　一九八六年十一月、曹慶氏によって植物状態の人と家族を支援するために創設された。九〇年には「平安ステーション」を設立し、ホームレスに対して「防飢、防病、防寒」のサービス、および心理ケアと就労支援を提供し、地域社会への復帰を支えている。二〇〇〇年以降は支援の対象をシングルマザーにも広げている。

＊2　ジャーナリストの養成を目的に一九五六年、台北市文山区木柵に開校された世界新聞職業学校を前身とし、九一年に「世界新聞伝播学院」に、九七年に「世新大学」に改称された。

「ちきしょう！　おれの人生はこんなふうに浪費すべきじゃない！」

運生《ユンシェン》は半年待ってすぐ仏教系の「慈済《ツーチー》ニュース」*1に転職し、男女の信徒と共にカンボジアやチベット高原などに行って奉仕活動をした。時に、運生《ユンシェン》は我慢できずにカメラを下ろして米や布団を運ぶこともあったが、先輩信徒たちからはこう注意された。「楊さん、この画面はすごく貴重だよ。ぼくたちが運ぶから、君は撮影してくれればいい」

カンボジアと相性が合わないボランティア

記者の身としては、事件から距離を置いた客観的な報道が必要なのに、慈済の信徒たちと仕事をするようになって、運生《ユンシェン》は「直接的な支援」の方がずっと楽しいと思うようになった。そこで、新聞に載ったほんの小さな「ボランティア求む」の広告を見て、彼はカンボジアに飛び、「TOPS台北海外和平服務工作団」（以下、TOPS*2）でボランティアをするようになったのだ。こうして、一つの部屋、一年に一度の往復航空券、毎月一万元あまりの食費が支給され、ホームレスに触れる仕事が始まった。

カンボジアのホームレスは、実際は被災者であり、この農業国では水害が起こるたび、庶民は首都プノンペンまで逃げてくる。若い男性なら三輪車を漕いで観光客を載せ、女性なら川べりで野菜を掘ったり、小エビを捕まえたり、あるいは子どもを連れて路上で物乞いをし、大水が引くのを待って、再び故郷に帰り、耕作をやり直すのである。

TOPSはプノンペンの荒れ果てた養護施設の運営を引き受け、職業訓練課程を開設して近隣五省の被災者を収容した。男性はそこで自転車とバイクの修理を学び、女性は編み物や軽食作りを学び、子どもは安心して教育を受ける。訓練期間中、ＴＯＰＳは彼らに生活補助費を支給し、終了後は故郷に戻ってから飼えるようにと鶏や子豚を与えるので、彼らはその後のことを心配せずに訓練が受けられた。

運生《ユンシェン》の仕事は早朝寺廟に行って、訓練を希望するホームレスを探し、お昼には女性の軽食クラスが作った製品をバイクで各地の既製服工場まで運んで販売することだった。時には、「帰郷追跡」のフォローアップも必要で、ホームレスが帰郷した後の状況を見に行ったりもした。

「ところが、最初の一週間で内戦に出くわしてしまったんです。私の運勢はどれだけ強いんだか！壁がドーンと響いて、皆が雷かと思いました！」

台湾政府はカンボジア内戦〔一九七〇〜九三年〕以前、元首相の息子を支持していたのだが、最終的には軍関係者で、中国政府の支持を受けた相手が勝利を収めた。新首相は政権を取った途端、台湾外交部〔外務省に相当〕事務所を立ち退かせたため、事務所の代表は全員ＴＯＰＳの事務室に避難してきた。ＴＯＰＳは居留民の引揚げに協力しただけでなく、外交部事務所の看板も人を派遣して取り外したため、当時の在外代表は重過失処分を受けた。

台湾に引き揚げてから、運生《ユンシェン》は毎日事務室に座って途方に暮れるほど退屈だったので、再びカン

＊1　證嚴上人が、一九六六年に出家した五人の弟子と三十名の主婦とともに花蓮で「仏教克難慈済功徳会」を設立し、済貧教富（貧しき者を助け、富める者を教化する）の志業を展開した。八〇年には財団法人中華民国仏教慈善事業基金会が発足。医療や教育事業に力を入れ、今や世界五十四カ国と地域に事務所を設け、九十三カ国と地域へ支援が広がっている。「慈済ニュース」は慈済伝播人文志業基金の経営するＴＶ局「大愛電視台」制作の番組。

＊2　"Taipei Overseas Peace Service"は、一九八〇年に設立された国際的な人道支援団体。タイ、カンボジア、ルアンダ、タンザニアなどで長期的な難民支援に取り組んでいる。

ボジアに戻って何ができるか見てくることにした。

内戦が終結したばかりのカンボジアでは、空港はほぼ全壊、管制塔は無線電話でしか飛行機と離着陸の連絡が取れなかった。ある日、飛行機が着陸するとき、尾翼が扇椰子〔ヤシ科の常緑高木〕にぶつかって、田んぼに墜落した。乗客のほとんどは不幸にも落命し、そのうち六十人あまりが台湾のビジネスマンだったが、当時カンボジアには台湾の外交官がいなかったため、カンボジアに戻ったばかりの運生《ユンシェン》はすぐに遺体の搬送作業に加わり、遺族の死体確認などにも協力することになった。

海外ボランティアへの出発を前に、運生《ユンシェン》の母は彼にこう注意したのだった。「クメール（高棉《カオミエン》）に行くのは許さないよ」。年配の人たちにとって、クメールのイメージといえば、戦争ばかりしている「クメールルージュ」だったので、運生《ユンシェン》は母に嘘をついた。「僕はクメールじゃなくて、カンボジア（柬埔寨《チエンプーチャイ》）に行くんだよ」。母はようやく安心した。

ところが、飛行機事故が発生してまもなく、立法委員の曾振農《ツェン・チェンノン》が台湾のメディア団体を引き連れてカンボジアに行き、大々的な報道をしたのである。運生《ユンシェン》の母はニュースでカンボジアの前身がクメールであることを知って大至急電話をよこし、嘘を見破られた彼は荷物をまとめて帰国した。ちょうど台湾政府もＮＰＯによるカンボジアへの資金援助の継続を望んでおらず、すぐさまＴＯＰＳの撤退を決定し、第一線での支援活動を切望していた運生《ユンシェン》は、カンボジア滞在時間が二度合わせてもやっと三ヶ月あまりにすぎないところで、台湾に戻ることを余儀なくされたのだった。

この無礼な人は誰？

それでもやはり、運生《ユンシェン》には「ソーシャルワーカーになる」という志が捨てられず、実はカンボジアに行く前、世新大学の社会発展大学院社会人コースに合格していたのである。もしカンボジアでことがうまく運んでいれば、彼は修士課程で学ぶことはなかっただろう。だが、ちょうど一連の理不尽な事件に遭遇したため、新学期が始まる前に台湾に戻り、入学手続きをすることになったのである。

「社会発展（ソーシャルデヴェロップメント）」は、見たところ「社会工作（ソーシャルワーク）」とは違うが、運生《ユンシェン》はこう思ったのだ。「少なくとも2Aだ！[*1]」

新学期の初日に全員が自己紹介をしたところ、クラスメートはいずれも在職中で、運生《ユンシェン》だけが無職だった。「みなさんこんにちは。私は楊運生《ヤン・ユンシェン》です。カンボジアから戻ってきたばかりで、今のところ仕事はしていません。カンボジアではホームレス支援をしていました。将来も直接的な支援をしたいと思っています」

その時突然、ある女性のクラスメートが机を軽く叩いて言った。「私のところで働きなさいよ！」

運生《ユンシェン》は合点がいかないまま腰を下ろすと、隣の学生に尋ねた。「あの人は誰？　彼女のところで働けっていうわけ？」

「君、陳 菊《チェン・チュー》[*2]のこと、知らないの？」今度は隣の学生の方が合点がいかないようだった。

陳菊は当時台北市の社会局長で、社会局は台北の十二の全行政区に社会福祉センター（以下、社福センター）を設置し、老人・心身障害者・ホームレスの支援を業務としていた。ホームレス問題は通常、市民が市政府社会局に通報すると、社会局は次に社福センターに通知し、人員を派遣して訪問しても

＊1　原注　一九八〇年代に流行った頭脳ゲームの用語で、四つの数字のうち二つの数字の位置が同じことを意味する。

＊2　民進党の政治家（一九五〇〜）。現台湾総督府秘書長。美麗島事件の際、政治犯として六年二ヶ月投獄され、一九八六年に出獄。その後、台北市社会局局長、高雄市政府社会局局長を歴任し、高雄市長を三期務めた。

らうことになっている。だが、ホームレスは一般の人同様、行動が自在なため、ソーシャルワーカーには見つからないことがよくあり、最終的にはほとんど「訪問はしたが未遭遇」で終わっていた。

陳菊《チェン・チュー》は就任後、ホームレスの割合が最も多い中正《チョンチェン》区・萬華《バンカ》区・大同《タートン》区の三区に専門のソーシャルワーカーを任用すべきであると考えていた。そうすれば、ホームレスがどの区に移動しても、同一のソーシャルワーカーが責任を負えるからである。だが、ソーシャルワーカーには女性が多く、一般的にホームレスは危険であると思われていた。ちょうどその時、ホームレス支援経験のある運生《ユンシェン》が現れたのだ。陳菊《チェン・チュー》はすぐに彼を招請し、幾つもの審査と人事手続きを経た後、運生《ユンシェン》は契約職員の形で一九九七年十一月、政府部門で初めてホームレス支援を担当するアウトリーチワーカーになった。

先に古人なし

運生《ユンシェン》の登場は社福センターにとってはまさに救いの星で、着任した途端、中正区と大同区のソーシャルワーカーから彼のところにありとあらゆるホームレス関連資料がどっと送られてきた。萬華社福センター所属の事務所は最初から厳しい状況で、職員は区の公共施設の講堂を事務室として借用し、疲れたときは国父・孫文の銅像の下に直接横たわって仮眠を取っていた。万が一、地域の住民がそこで活動する場合、事務室は後方に退いて空間を譲ったが、ホームレスの臭いが濃厚だった。何度も引っ越したあげく、現在は梧州街《ウーチョウチエ》にあるビルの五階を社福センターとして使用している。

仕事を始めたばかりの頃、運生《ユンシェン》はどこから手をつけていいかわからず、しょっちゅう龍山寺《ロンシャンスー》まですっ飛んで行ってはむやみにぶらぶらしていたが、ホームレス支援を掲げた創世基金会平安センターのセンター長と懇意になってから、ようやく考え方や経験について教えを請えるようになった。

当初、仕事の大部分はやはり医療援助で、ホームレスが路上で倒れて病院に搬送されるとすぐ、運《ユン》生《シェン》は治療手続きやその後の処置についてサポートするのである。もし高齢のホームレスであれば、普通は老人施設に送るが、栄民の身分であれば、設備のよくない「栄民の家」に入ってもらうことになる。* 当時、台湾全土に十四の栄民の家があったため、運生《ユンシェン》と当時まだ社会局の職員で、現萬華社福センター主任の邱慶雄《チョウ・チンション》はタッグを組んで夜中に交代で運転し、屏東の内埔《ネイプー》、台南の白河《バイホー》、花蓮の玉里《ユーリ》など辺鄙な場所にある栄民の家を駆けまわり、台北に戻った後もそのまま出勤していた。

一度、運生《ユンシェン》の要請を受けて、栄民支援事務所がついに栄民を救急車で花蓮まで搬送する費用を負担してくれることになったが、運生《ユンシェン》が必ず同行することが前提だった。その結果、栄民をケアするため、敢えて車の進行方向と逆向きに座っていた運生《ユンシェン》は、カーブの多い北宜公路《ペイイーコンルー》の九彎十八拐《チョウワンシーパークアイ》と蘇花公路《スーホワコンルー》で車酔いし、胃液と胆液を吐いてしまった。

記者の本性

「ホームレス支援アウトリーチワーカー」の仕事に必要なのは、事務所から出て積極的に動き、ホームレスの集まる場所まで行って支援サービスを提供することである。運生《ユンシェン》は前任者の足跡を辿ることができなかったので、当然、戦々恐々としながら仕事を進めることになった。一つ一つ異なる個別ケースに対応する暇もなければ、マクロの視点からホームレス問題の全体を見る暇もなかったが、

* 原注　栄民の人数が次第に減少しているため、現在の国軍退除役官兵輔導委員会も一般の老人施設と協同で環境改善にあたっている。

三、四年してワークフロー*1が徐々に確立し、緊急事態もそうしばしば発生しなくなると、運生《ユンシェン》の記者魂が徐々に戻ってきた。ホームレスが廟会の陣頭〔第三章参照〕に参加し、小銭を稼いでいるのを知ったときは、極めて面白いと思い、遊覧バスに乗って彼らと一緒に高雄まで行き、陣頭に出たことがあった。その結果、丸一日の仕事で八〇〇元〔約2800円〕を稼いだが、肩や首が凝り、マッサージしてもらうと一五〇〇元〔約5300円〕が飛んでしまった。いつも冷やかしに見ているほど決して簡単なものではなかったのだ。

運生《ユンシェン》はまた、一般市民がホームレスに対して抱いている強烈なネガティブ・イメージを理解していた。なぜなら空き家で火災が発生するや、メディアはすぐに「ホームレスによる放火か」といった見出しをつけ、喧嘩があると、社会面の見出しは「ホームレスが酔って揉め事か」だったからである。メディアが大衆を先導して、ホームレスは治安の死角であると認識させる一方、民間の慈善団体が発信するホームレス関連のニュースは、大半が募金や年末に振舞われる祝い金のレベルに留まり、ホームレスのイメージに言及することはほとんどなかった。そこでホームレス支援の第一線にいる運生《ユンシェン》は、一人一人の物語を通して、彼らが決して食っちゃ寝して一日中路上で酔いつぶれているわけではなく、様々な要因で一時的な困難に陥っているだけであり、再起のチャンスを常に渇望していることを一般市民に理解してもらおうとしたのである。

中でも現在七十歳あまりの「泊《ポー》ちゃん」は、当時、メディアで盛んに報道されていた。彼は以前、映画やテレビ、コマーシャルのアニメ絵師だったが、年をとるにつれてパソコンでの制作ができなくなり、手作業はまた大量に中国大陸に移動したため、ある日、彼の収入では家賃が払えなくなって、台北駅に流れてきたのである。

泊《ポー》ちゃんは運生《ユンシェン》に出会ってから、借家を見つけてもらったばかりか、萬華社福センター内のささやかなワーク・ステーションで、センターが発行する『台北平安報』にホームレス生活をテーマにした漫画を描かせてもらうようになった。

「平安報・報平安」〔「平安報が平安を報せる」の意〕は日本の出版物『なにわ路情・野宿考ジャーナル』〔元気百倍ネットなにわ路情編集局、二〇〇三年〜、現在休刊〕を参考に、どこに行けば無料の食事や無料のヘアカット・サービスが受けられるか、どこで風呂に入れるか、詐欺集団に出会ったらどうすればいいか、どうしたら「身分盗用詐欺[*2]」のような犯罪に巻き込まれないですむか、などといった情報をホームレスに提供している。

泊《ポー》ちゃんは、四コマや八コマのコマ割りで躍動的な物語を描くのに長けていたが、物語の原型はやはり運生《ユンシェン》の助けに頼らざるをえなかった。「これもまたホームレスが仕事の上でよくぶつかる状況なんです。『どうすればいいか教えてくれれば、私はすぐできます。でも、あなた自身で考えてくださいと言われると、思いつかないんです』」

運生《ユンシェン》は、ホームレスにそれぞれの人生の物語を堂々と語ってほしいのだが、彼らにしてみれば、洗いざらい話すことはあまり褒められたことではないのだろう。ちょうど人形を作ったことのあるホ

＊1　中華民国内政部「〇〇県（市）遊民安置補導自治条例範例」（二〇一二年五月十三日発布）によって、地域住民がホームレスを発見・通報してから、そのホームレスが社会復帰するまで、個々の状況に合わせてソーシャルワーカーがどの段階で、どのような支援業務を展開すべきかが明確化され、「ホームレス支援業務標準フローチャート」として図式化されている。ワークフローについては、本書では「分流」（二四二頁参照）の概念でも説明されている。参照：中山徹・山田理絵子「台北における遊民支援の制度的枠組みと補完的生活支援」（『社会問題研究』、二〇一三年二月）、四六頁。

＊2　または「身分詐称詐欺」。わずかな代金で自分の身分証明書を他人に売り、買い手はそれをもとにクレジットカード・携帯電話・銀行ローンを申請する詐欺手法。

ームレスがいたので、運生《ユンシェン》はソーシャルワーカーの実習生を連れて牯嶺街《クーリンチェ》小劇場を訪れ、一緒にホームレス人形劇団を立ち上げることにし、数ヶ月の時間を費やして、劇中での身体の解放や、集団での脚本制作、団体精神の育成などを全員に学んでもらった。成果発表会の当日、全員が人形の後ろに隠れて顔は出さず、舞台で演じたのは三国志の一段「周瑜娶親《チョウユーチューチン》」だったが、どの役柄もほぼすべてホームレス自身の物語を含んでいた。例えば、「みなさんこんにちは。私は周瑜《チョウユー》です。今年五五歳で、私の趣味はロトとネットカフェで遊ぶことです……」という具合だ。

ある年、新聞に「ホームレスは人間看板の仕事で日給三〇〇元〔約1100円〕を稼いでいる」との記事が掲載された。ホームレスたちは、人間看板の日給の相場はもともと八〇〇元〔約2800円〕なのに、これではポスティング会社が三〇〇元でホームレスを派遣できると誤解し、相場が破壊されるのではないかと考えた。そこで、「救世軍ホームレス救援センター」[*1]が記者出身の運生《ユンシェン》を招請して、ホームレスが毎日午後、食事の提供を待つ合間や洗濯ものを乾かしている合間に彼らを訓練して、「放浪ニュース局」を立ち上げることにしたのである。彼らが異議のある社会的テーマについて回答し、インターネットにアップしていくというものだが、運生《ユンシェン》はディレクター、スクリプター、ポストプロダクション、編集を兼ね、ホームレスたちは話が一番うまい何《ホー》さんを総合司会者に選んだ。彼は「何《ホー》・四端《スートウアン》」〔著名なニュースキャスター李四端《リー・スートウアン》をもじったもの〕と親しみを込めて呼ばれたが、これに対して何《ホー》さんは、「『核四《ホースー》』〔台湾第四原子力発電所〕みたいだ」とすこぶる不満であった。

この報道は意外にも公共電視ＰＯＰ公民ニュースの佳作を獲得したのだが、「三位までは賞金がもらえるのに、残念だがおれたちの佳作は第四位じゃねえか。腹が立つ」ということに終わった。

自腹を切るソーシャルワーカー

運生《ユンシェン》はかつてホームレスのグループをランタンフェスティバル〔大きなランタンに願い事を書いて飛ばす、元宵節を祝う行事〕に連れていったことがある。それぞれの願いを書いてもらうと、その多くは「ロトに当たりますように！」だった。

生活困窮者からすると、ロトに当たることは一番手っ取り早い夢のような願望だろう。だが、行政システムの内部でこれまでの慣例にない福祉事業をあれもこれもやってみたいとなると、校長兼用務員の運生《ユンシェン》は、実務的になって資源を求めるしかなく、どこかで賞金が出るという話を聞くと、すぐ試してみたのであった。例えば、前述の人形劇団の経費に充てたのは、ホームレスたちと一緒に各地の陣頭に参加したとき、廟会で撮影した数多くの映像にザ・クリッパーズ・バンド*2の曲『回れ！　七色ネオン』を組み合わせ、全国ミュージックビデオ・コンテストに応募して獲得した一万元〔約3万5000円〕である。また、数ヶ月にも及ぶ人形劇の訓練期間中、受講生をしっかり繋ぎ止めるために運生《ユンシェン》と同僚たちが特別に設けた皆勤賞は、後に多くのホームレス支援講座で奨励制度として採用された。

運生《ユンシェン》は救世軍協会がホームレス支援に深く尽力してくれたことに感謝するため、自腹で六万元

＊1　台湾救世軍は一九六五年に設立された。ホームレス支援センターでは、主に地方から台北に出てきたホームレス支援に力を入れ、現在では毎日八十名ほどのホームレスに、食事・衣服・入浴・理髪・就労指導など包括的な支援を提供している。通常、一名のソーシャルワーカーが三十名を担当する。目標は地域社会への復帰である。

＊2　ザ・クリッパーズ・バンド（夾子電動大楽隊）は、アンダーグラウンドの音楽グループで、ヴォーカルの応爵民によって作られた。応爵民は外省人で台湾語は話せないが、音楽のスタイルは台客ロックをメインにし、演奏の時は二人のスパイスガールのダンスを伴う。最も知られた曲は「轉吧！　七彩霓紅燈」である。

〔約21万円〕を出し、後に萬華社福センターに加わる張献忠《チャン・シェンチョン》や二名の市政府社会局ホームレス担当ソーシャルワーカーが集めた資金と合わせて、何箱ものマグカップを作り、チャリティーバザーに提供した。マグカップの絵は泊《ポー》ちゃんに頼み、「貧乏だからこそ楽しくやらなきゃ」「生きていれば希望はある」「ソーシャルワーカーはやる気満々」という三つのテーマで描いてもらった。色付けは、輔仁《フーレン》大学商業デザイン学科のボランティア学生がパソコンでやってくれた。運生《ユンシェン》はこれを通して、ホームレスのポジティブな態度を一般市民にわかってもらいたかったのだ。「ホームレスの自殺はほとんど見ません。生活にこれといった問題のない人が練炭自殺するのを目の当たりにすると、『なんてこった！　これを辛いっていうの？　一文無しを味わったことないよね！』って思うんです」と運生《ユンシェン》はいう。

　では、「ソーシャルワーカーは情熱いっぱい」の方はどうですか？

彼は冗談半分で言った。「ソーシャルワーカーを騙してカップを買わせるためだよ」

実際、ホームレスは社会から認められないので、運生《ユンシェン》はもしマグカップがチャリティーで売れなかったらどうしようと心配していたが、少なくともソーシャルワーカーの共感を引き寄せることはできそうだ。

　だが、ソーシャルワーカーは情熱さえあればいいというわけではなく、運生《ユンシェン》もホームレスを担当した十年の人生で、社会局に辞表を出したことが二度あった。五年に一度の周期である。

「すっきりしないし、疲れ果てたんです。私一人で三つの地区を担当しなきゃいけなかったから」

まさか一度も増員はなかったんですか？　「だから、私の最大の功績は『辞職』だったんです」

　運生《ユンシェン》が最初に辞職願を出した後、ソーシャルワーカーの張献忠《チャンシエンチョン》が引き継ぎ、ホームレスに言わせると、なんでも引き受ける鎮守神のような存在になった。一方、翌年SARSが発生すると、ホームレスは伝染病予防の抜け穴で、和平病院と仁済病院を次々に感染させた「疑いがある」とメディアが報道し、大衆がパニックを起こしたため、台北県〔現・新北市〕のホームレスは林口《リンコウ》にある後坑営区《ホウケインチュー》〔現新北市にあるホームレスシェルター「観照園」〕に、台北市のホームレスは大直武崗営区《ヌーチーウーカンインチュー》に送られ、さらに運生《ユンシェン》を呼び戻して対応を任せたのであった。そのため、ホームレス担当ソーシャルワーカーのマンパワーはあっという間に倍増し、二人になった。

だが五年後、運生《ユンシェン》は二度目の辞職をした。「1999ホットライン*に殺されそうだったんです！　市民は言うわけですよ、『私、通報したんですから。ソーシャルワーカーを早く寄こして、ホームレスをすぐ追っ払ってください』って」。このような電話の対応に疲弊し、運生《ユンシェン》が辞職願を出すと、社会局は「ホームレス専門グループ」を設置し、ソーシャルワーカーの人数も倍増して四人になった。

国際的な扉を開く

「最大の功績は『辞職』だ」と自嘲するものの、運生《ユンシェン》は先進国がどのようにホームレス支援に取り組んでいるのか、ずっと理解しようとしてきた。アウトリーチの仕事に行き詰まったときは、客家《ハッカ》事務委員会の「夢追いプロジェクト」を申請してアメリカに飛び、サンフランシスコのホームレス雑誌『ストリート・シート』(Street Sheet)を知り、同僚の力を借りてニューヨークの『ビッグ・アイ』(Big Eye)も収集した。これら二種類の刊行物はいずれもイギリスの化粧品ブランド、ボディショッ

＊　二〇〇五年一月に台北で始まった市民のための二十四時間オープンの相談窓口で、「1999」の電話番号にかければ、どのような問題にも対応してくれる。現在は他の都市にも広がっている。

プの創業者が後に社会的企業として『ビッグ・イシュー』を発行したときの原型である。

　このようなキャリアは、運生《ユンシェン》が外国語に長けているからと思われがちだが、台湾大学社会工作大学院の鄭麗珍《チョン・リーチェン》先生にはよくからかわれるらしい。「楊運生《ヤン・ユンシェン》は英語がちょっとできて、日本語はまったくダメなのに、よくもまあ海外と何年も交流してきたことでしょう！」

　運生《ユンシェン》には確かに後先返り見ず無鉄砲なところがあり、二度目の辞職をしてから雲門舞集*の「放浪者プロジェクト」に応募したのだった。日本に行って二ヶ月滞在し、現地のホームレス事情を見てみたかったのだ。通常、政府の助成金は、申請時に在職中で、帰国後すぐ職場に貢献できる人を対象にしているが、運生《ユンシェン》は審査員に正直に報告した。「私は辞職したんです！」三人の審査員は、美学の巨匠・蔣勳《チャン・シュン》、舞踊家・林懐民《リン・ホワイミン》、作家・黄春明《ホワン・チュンミン》だったが、彼らは短期間で成果が得られるかどうかには少しもこだわらず、むしろ運生《ユンシェン》にこう言った。「大丈夫ですよ。何も考えずに行ってきてください」。運生《ユンシェン》はまた率直に言った。「私は日本語ができません！」三人の審査員の答えは、「じゃあ、桜の花の下でビールでも飲んだら！」だった。

　運生《ユンシェン》はもちろん得難い機会を無駄にしようとはせず、助成金を手にすると大阪の釜ヶ崎に勇んで飛び込んだ。ここは非常に古い地域だが、日本政府は国際的なイメージが損なわれるのを恐れ、以前、外国人は中に入れなかったそうだ。ここ一、二年でさえ、現地の人は「釜ヶ崎」と聞いただけで、やはり「なんであそこに行くの？　危ないでしょ！」という反応をする。

　釜ヶ崎は行政地区とさえ言えないような街の中の街で、大阪市西成区に位置する小さなエリアだ。第二次大戦後、建設業が盛んになると多くの建設労働者がこの地に集まったが、一九九〇年にバブル景気がはじけると建設業は崩壊し、失業した労働者は段ボールやベニヤ板を使って野宿をしたり、古くて汚い簡易宿泊所で生活せざるを得なくなった。現在でも釜ヶ崎の住人二万人のうち一万人近くが依然としてこのような生活を送っている。

大阪在住の市民は釜ヶ崎の人を差別し、政府でさえ釜ヶ崎を地図から抹消したいと考えているが、NPOは全力を投入して彼らが野宿に至った原因を一つ一つ整理分析し、人はなぜホームレスになってしまうのかを説明している。「今日、外で寝泊まりする状況は結果に過ぎず、そこに至る原因も探る必要があるのです！」

彼らはさらに「コミュニティ」の概念によって釜ヶ崎の高齢者・障害者・ホームレスを支援し、公共空間「NPO法人こえとことばとこころの部屋cocoroom（ココルーム）」を設立している。これは、「声」「言葉」「心」の三つの単語から取った名前で、その狙いは、心の声を文字言語によって伝達し、このスティグマ化された地域の背後にある文化と生活の物語をより多くの人に知ってもらうことだ。

芒草心協会

こうした国際的な観察が運生《ユンシェン》に与えた衝撃は大きかった。そこで、東アジアのマイノリティの住居問題を専門に研究する大阪市立大学の都市研究プラザURP（Urban Research Plaza）が二〇一〇年、台北サテライト施設（sub center）の設立を運生《ユンシェン》に託し、人件費もなく、口約束だけで毎年百万円の事務所運営費を約束してきたとき、楊運生《ヤン・ユンシェン》はそれを引き受けたのである。さらに、URPのサブセ

＊　台湾を代表するコンテンポラリー・ダンス・カンパニー「雲門舞集《ユンメン・ウーチー》」（クラウド・ゲイト舞踊団）の創設者・芸術監督の林懐民《リン・ホウィミン》は若い頃、世界各地を放浪した。その経験から、若者たちが世界放浪の夢を実現できるよう、雲門基金会が二〇〇四年に「流浪者プロジェクト」を立ち上げた。文化芸術（表現芸術、視覚芸術・文学・映画・音楽など）や社会事業（社会的弱者支援、農村再建、地域発展、環境問題、伝統技能の継承など）に関わる若者たちに、六十日間のアジア諸国の旅の機会を現在に至るまで毎年提供している。

ンターの経費を受け取るには組織でなければならないという規定にあわせるため、運生《ユンシェン》はホームレス支援の第一線で活躍する三十人のソーシャルワーカーを集め、二〇一一年十一月十一日に「台湾芒草心《マンツァオシン》慈善協会」を立ち上げたのであった。「一一、一一、一一って、完全に『独り者』の日でしょう！」と、運生《ユンシェン》は笑う。

年度経費の規定があったとはいえ、日本側は芒草心協会の時間をかけた登記のプロセスを待ちきれず、最終的に他の民間組織と合作することになった。*だが両者は、二〇一一年に台北で第一回「東アジア包摂的都市ネットワークの構築に向けたワークショップ」を開催し、ソウル、台北、大阪、香港、上海などアジア五都市のソーシャルワーカーや研究者が相互交流をはかった。以後、毎年異なる都市が持ち回りでワークショップを開催している。

URPのサブセンターになるすべはなかったが、芒草心協会が第一線のソーシャルワーカーをこれほど多く結集できたことは貴重なことであり、彼らは衆知を集めて有益な意見を広く吸収し、ホームレスの居住権の提案や路上生活体験キャンプ、街ガイド養成などの事業を進めていった。また、ホームレスの宿泊拠点の申請もできた。これは、台北市政府が日本のやり方を参考にしたもので、一箇所に集中したホームレスを一〇人から一五人の小規模グループに分け、政府から一人当たり一泊二五〇元〔約950円〕の補助を受けた宿泊スペースに入居させるというものである。また、近隣住民からの抗議を避けるため、「弱小労働者支援」であることを標榜した。

ホームレス支援の収穫

公的機関から民間のNPOに移って、何が違いましたか？

「資源の差が大きすぎます！」

政府の資源だと指導したホームレスが何度失敗しても再起させられる。だが、政府の競争入札や寄付に頼っている民間団体に言わせると、多くの県や市の政府はホームレス関連の予算を十分計上しておらず、ホームレスが置かれた苦境も市民の共感をなかなか得られないという。「彼らを助けてどうするんですか？　助ければ助けるほど、ホームレスが増えるだけでしょう。だったら、死ぬに任せた方がいいですよ」という人までいるので、ホームレスが人生のある段階で挫折しようものなら、民間団体にとってはかなりの負担になってしまうのだ。

では、また公的機関に戻りたいですか？

「いいえ」運生《ユンシェン》はきっぱりと答えた。

以前、彼は市民が「1999」にかけてくる電話を常時受け、迅速な処理を求められたばかりか、怒りを爆発させられたこともあったのだ。「人権だの、公共の場の権益だのはどうでもいいから、さっさとホームレスを追い払ってくれよ」。さらに民間団体まで、「私たちのところは婦人協会で、多くの支持者がいるんです。ホームレスのことはあなたたちでどうにかしてください！」と言って脅してきた。運生《ユンシェン》は腹が立ったが、どうしようもなかった。市長は市民に選ばれるので、社会局の一員である運生《ユンシェン》はホームレス排除の手下にならざるを得ないのだ。だったら、芒草心協会でボランティアをする方がいい。「一人のホームレスが自立できればOKなんですけど、それだけでなく、その人が家庭的な幸福を味わえれば、その時の満足感はすごく大きいんです」

＊　原注　台北市議がかつて楊運生と台湾芒草心慈善協会は毎年日本から寄付を受け取り、私腹を肥やしていると指摘したことがあった。これは事実ではなく、URPは芒草心と合作したことはない。

現在、運生《ユンシェン》は高齢で中風を患った父親の世話に専念しているため、「お金がなくて、どうやって生きていくの？」と聞かれることが多い。だが運生《ユンシェン》はまったく気にかけていない。「どうやって生きていくかなんて考えちゃだめ。だってそれを考えると要求は高くなるでしょ。でも、『どうやったら死なないですむか』なら、基準はかなり低くなります」。これは彼がホームレスから学んだ生き抜くための気概である。

「でも、あまりロマンティックでもいけないね」。「海外放浪の旅に出るんだ」としょっちゅう豪語する人は多いが、運生《ユンシェン》は「『放浪』をロマンティックと思えるのは、まだ戻れる家があるから！」だと遠慮なく言う。

海を越えてやってきた老兵〔戦後国民党と共に台湾にきた兵士〕と客家女性の間に生まれた運生《ユンシェン》は、勤勉で質素だが実務的でもある。もしかしたら、彼こそ「路上三宝カップ」に最もふさわしいスポークスマンかもしれない。

「生きていれば希望はある！」
「貧乏だから楽しくやらなきゃ！」
「ソーシャルワーカーはやる気満々！」

長い目で見て、力になる——張献忠

芒草心慈善協会がホームレスを訓練して観光ガイドにする「街歩き」プロジェクトには、二〇一四年のスタート以来、予想を超えた反響があった。一度、それを取材したとき、台北市社会局萬華社福センターのソーシャルワーカー張《チャン・》献忠《シエンチョン》も随行していた。

ガイドがツアーグループの先頭に立ち一般の人には垣間見ることのできない萬華の底辺社会について力一杯解説していたとき、張《チャン・》献忠《シエンチョン》は度々グループを離れた。路上から彼に挨拶する人が後を絶たないからだ。茶室の女性たちまで、「またガイドさんを連れてきたの?」などと挨拶する。ある高齢ホームレスのそばを通り過ぎたとき、艋舺《バンカ》公園の板敷きの床に座りこんだその老人が手を振ると、献忠《シエンチョン》は私の水平な視界からふと消えた。彼はしゃがみこんで老人に挨拶をし、おしゃべりを始めたのである。冬の日差しの中にいる二人を振り返ると、その場面はソーシャルワーカーと支援対象者というより、まるで祖父と孫が世間話をしているようだった。

五流の萬華

献忠《シエンチョン》を見かけるたび、彼はいつも決まって膝丈の短パンに背にはリュックという出でたちだ。頻に深く刻まれたえくぼには幼さが残り、ホームレスのコミュニティーで十数年も悲喜こもごもを見尽くしてきた苦労は微塵も感じさせない。けれど、ホームレスについてあれこれ尋ねると、彼はまるで巨大な資料庫のようで、個々のケースから全体の状況に至るまで、必要な情報はなんでも取り出し、それを駆使してあらゆる物語や見解を語ってくれる。

　ガイドが語る萬華の特長は「五流」——流氓《リョウマン》〔チンピラ〕・流鶯《リョウイン》〔街娼〕・流浪漢《リョウランハン》〔ホームレス〕・流動工人《リョウトンコンレン》〔渡り労働者〕・流動攤販《リョウトンタンファン》〔露天商人〕——だが、これついて、献忠《シエンチョン》には独自の見解がある。「都市の多くはすべて『港』から発展しました。外国も同じです。港には労働者やセックスワーカーなど多くの流動人口が見られます。こうした人が年をとったり、怪我をしたりすると、基本的に貧困に陥り、路上生活者になってしまうこともあるのです」。かつて「艋舺《バンカ》」と呼ばれた萬華《バンカ》区は河港〔淡水河《タンシュイホー》の支流、新《シン》店渓《ティエンシー》に面している〕のためこうした人が集まり、大同区にホームレスが多いのも同じ理由である。なぜならそこには「大稲埕《タータオチェン》」という港があるからだ。

「港のそばには必ず安全を守る寺廟があり、そこから慈善が生まれます。西洋の発展も同じです。でも、慈善は理由もなしに始まるわけではなく、必ず助けを求める人がいるから生まれるんです。慈善があると、助けを求める人がさらに大勢集まってきます。そこで、鶏が先か、卵が先かという循環が生まれるわけです」

　慈善団体が萬華で無料弁当を配るからホームレスがこんなにたくさん集まるのだと咎める人がよくいるが、献忠《シエンチョン》の説明はこうだ。「実際、十九世紀半ばの『一府二鹿三艋舺』〔一に台南、二に鹿港、三が艋舺〕と呼ばれた清朝時代から、萬華にはすでに二つの乞食寮[*1]があり、大同区にも一つあったんです。さらに、日本の国力が強大になるに伴い社会福祉が発展し始めた頃、慈善家の施乾《シー・カン》〔一八九九〜一九四四〕も一九二三年、萬華に乞食を収容する『愛愛寮』を建てました」。それは現在、老人施設の「愛愛院」になっている。

現在に近いところでは、性風俗産業の問題がある。萬華の性風俗産業は非常に発達していたが、政府がそれを廃止してから[*2]、ビジネスのネットワークの中で相互依存してきた人々が収入を失ってしまったのだ。「例えば、風俗店の『用心棒』はソーセージ売りになったかもしれません。でも、転職がうまくいかない人は次第にホームレス化していったのです」一方、「以前、大橋《ターチャオ》のたもと（台北市大同区にある台北大橋の下）は『日雇い労働者』[*3]が一番多いところでした。萬華の龍山寺《ロンシャンスー》、艋舺公園の両端にもいましたが、不景気になって仕事が減ると、当初この二つの地区のそばに住んでいた労働者が徐々にホームレス化していったのです」

手本

献忠《シエンチョン》は現在、歴史的な流れをこんなにきちんと説明できるようになったが、萬華社福センターの

＊1　清朝時代、台湾には独自の「乞食社会」が存在し、「頭家《タオケ》」や「丐首《カイショウ》」と呼ばれる乞食頭がその他大勢の乞食を支配していた。乞食頭は世襲で木賃宿のような乞食寮を経営し、乞食を管理していた。慈善事業の意味合いはなく、乞食頭は毎月部屋代を徴収していた。艋舺には龍山寺付近の「頂寮《ティンリィアオ》」と啓天宮付近の「下寮《シァリィアオ》」、二つの乞食寮があったが、日本統治時代に解体された。

＊2　一九九七年九月四日、当時の台北市長の陳水扁が「台北市娼妓管理辦法」の廃止を交付し、六日に強制執行した。職場と労働権を失った公娼は「台北市公娼自救会」を結成し、台北市に抗議した。二〇一一年、「社会秩序維持法」の改正により、風俗特区内での売春は合法化されたが、現在に至るまでいかなる地方政府も特区を設けていない。

＊3　原注　非固定的な日雇い仕事の種類は、天井板の打ち付け、土木作業、ペンキ塗り、棺担ぎ、廟会の陣頭、清掃工など。

ソーシャルワーカーになった当初は、ホームレスに対してこれといった考えもなく、彼に仕事を引き継いだ前任者の楊運生《ヤン・ユンシェン》がどこに挨拶に連れて行ってくれたかもまったく覚えていない。

「私の人生はいつもこんな感じなのです！」哲学科とは何を学ぶところかわからぬまま、志願票に記入して台湾大学哲学科に入学し、民族研究科とは何を学ぶところかわからぬまま、同級生にひとしきり勧められて、政治大学大学院民族研究科にトップで合格した。「まちづくり」*とは何かわからないまま、教授に原住民族の部落に放り込まれ、受け入れ責任者が酒を飲みに行けば、一緒に飲みに行き、マージャンをしに行けば、一緒に行き、彼はこうして台湾でまちづくりに関わる第一期の大学院生になったのだ。

献忠《シエンチョン》が萬華社福センターに入ったその年、ＳＡＲＳの流行に遭遇した。そのとき、ある女性ホームレスが病院で不幸にもＳＡＲＳに感染し、事情を知らなかったため、発症前に活水泉《フウオシュイチュエン》教会の集会に参加してしまったのだ。当日、彼女に同行して病院と教会に行った献忠《シエンチョン》は、防疫規定に照らして自主的に通報しなければならず、さらに当日集会に参加した人は献忠《シエンチョン》も含めて全員が隔離されてしまった。

着任したての新人にとってこれほど重大な任務を遂行することは大きなチャレンジだったので、彼は活水泉教会の日本人伝道者・恵さんに相談した。恵さんは防疫上の安全を考えると、ホームレスの恨みを買ってでもなすべきことがわかっていたし、当日、集会に来たホームレスが誰だったか一番把握してもいたので、献忠《シエンチョン》と一緒にその人たちを探しに行くことを承諾してくれた。ただし、条件が一つあり、彼らをあまり乱暴に扱うなということだった。

見つかったホームレスは何事か訳がわからず、「捕まって閉じ込められるのだろう」という緊張感が夜の空間いっぱいに広がった。だが、恵さんは一人一人を穏やかに説得し、当日の参会者をうまく誘導したのである。唯一「小陸《シャオルー》」と呼ばれた兄弟は、個性が強烈でアルコールも少し入っていたため、見つかったときは怒りのあまり、路上で恵さんを指差し、「あんたはおれたちを売るのかよ」と怒鳴り散らした。恵さんは微動だにせずその場で怒鳴られるままになっていたが、その眼差しには妥協の余地が少しもなかったため、小陸はついに屈服せざるをえず、「わかった、行こう、行こう」ということになった。

恵さんがものごとを進めるスタイルは献忠《シエンチョン》に多大な啓発を与えた。ホームレス支援の草創期だったあの時代、献忠《シエンチョン》には参考にすべき「手本」などなく、政府職員が使える最も簡単な方法といえば、人を無理やり連行し、隔離することだったのだ。何れにせよ、ホームレスには発言できるような手段はなく、SARSによる殺伐とした空気の中で、彼らのために発言してくれるような人もいなかった。だが、恵さんは怒りもせずにむしろ罵倒を受け入れ、やさしさを貫いて忍耐強く任務を終えたのである。恵さんは途端に献忠《シエンチョン》の手本になり、彼のその後のホームレスに対する態度や接し方に多大な影響を与えたのだった。

あれから十数年。再びこのことに触れて、彼は大声で笑った。「その後はぼくが新しい手本になったんです！」

＊ 原文は「社区総体営造」(community building)。一九九四年に当時の文建会（現文化部）が推進をスタートさせ、「人、文、地、景、產」を目標にコミュニティ文化の構築や、コミュニティの共有知識の凝集、コミュニティ生命共同体の建設を行った。二〇〇八年から一五年までに「地方文化生活圏」のコミュニティ発展概念を出発点に、ソフト（コミュニティ建設の概念を養成する）、およびハード（地方文化施設）の両面に着手し、コミュニティ文化生活を高めた。近い将来提出される第三期には、コミュニティ建設三・〇計画があり、公民審議と参加式民主の概念を結合して、文化公民社会を建設し、都市と地方の文化資源の平均化が期待されている。

新米は使える

献忠《シエンチョン》はホームレスに向き合う基本的な態度を身につけたものの、路上生活が長いホームレスは他人を決して容易には信用せず、特にホームレスの多くは戒厳令解除〔一九八七年〕前後の理不尽な制度に抗議する社会運動に参加した経験があり、政府機関に対しては特別な反感を抱いていた。献忠《シエンチョン》は社会局の一員なので、ホームレスたちはこの新米が一体どんな素性なのか、成り行きを見守っていた。

ある日、一人のホームレスが献忠《シエンチョン》を龍山寺のそばの小さな路地裏に案内し、全身汚れた右目の不自由な老人に会わせ、社福センターに彼のことを助けてもらえないかと言った。献忠《シエンチョン》は福祉補助金の申請をサポートしようと、六十五歳を過ぎたこの老人に身分証を見せてもらい確認したところ、「それが、ものすごく大きかったんです！　本物だったのか、偽物だったのか、未だにわかりません」という。戸籍事務所の人さえ一九六八年発行のこの身分証に驚いていたが、ベテラン職員が手助けを買って出て確認してくれたおかげで、ようやくうまく変更できたのだった。

だが、「戸籍を作ること」は別の難題だった。

以前たまたま献忠《シエンチョン》がすでに路上生活を脱出した老人を訪ねたとき、この老人が部屋を借りている古い物件には空き部屋がまだかなりあることを知った。彼は喜んで、すぐに大家を訪ねて身分を明かし、今後、うまく指導できた他のホームレスを紹介し、入居させたいと頼んだのだった。

大家というのは普通、野宿経験のあるホームレスには部屋を貸したがらない。家賃の滞納を恐れるのと、ホームレスが病死でもすれば、その後、部屋を貸し出すのが難しくなるからだ。だが、この大家の父親が生前、貧しい人に貸してよいと言っていたのと、社会局の保証もあったので、右目の不自由な老人に部屋を貸して戸籍を作るのに同意してくれたのだった。おかげで低収入戸補助金もうまく下りた。

このニュースは瞬く間にホームレス・コミュニティーで反響を呼んだ。「えっ、あのじいさんはもともと路地裏で寝てたんだぜ。それが今じゃなんと部屋を借りて、補助金ももらってる。あの新米、使えるじゃないか！」献忠《シエンチョン》に対するみんなの信頼があっという間に生まれ、高齢のホームレスたちは献忠《シエンチョン》に会いに社福センターまでやって来るようになった。

「ぼくはこのやり方で彼らを一人一人どんどんその家に住まわせたので、二階、三階、四階はすぐいっぱいになりました。大家さんにまだ空き部屋はあるかと聞くと、彼はちょっと考えて、一階のガラクタを整理して、部屋を仕切ってくれたんです。こうしてすぐまた、ドンドン一人一人入居させました」。しかも、一階は身体障害者や階段を上るのに骨が折れる人にとって出入りが便利なので、上の階よりも借り手が多かった。もともと茶室に貸していた別の一軒家も、茶室が潰れた後、部屋を空けて新たに仕切りをして貸し出すと、献忠《シエンチョン》がすぐいっぱいにした。

「誰でも皆、自分の空間とプライバシーを持ちたいでしょう。ホームレスも同じなんですよ。ただ、困った問題にぶつかって外をさまよっているだけなんです。もし能力があれば、彼らだってやはり部屋を借りたいでしょう。どんなにボロい部屋だって」

労働能力のまだある人には、献忠《シエンチョン》が社会局の資源で二ヶ月分の前家賃を支援するのだが、安定した居所ができ、仕事がうまく見つかったら、自活しなければならない。年のいったホームレスには低収入戸補助金の申請をサポートし、それが通ったら、家賃を自己負担してもらうことになっている。

あれから十数年が過ぎたが、最初に献忠《シエンチョン》に協力してくれた大家は今でも家賃を毎月四千から四千五〇〇元〔約1万5000〜1万7000円〕に据え置き、値上げしたことはない。しかも、古い設備は新しいものに替えている。最初にここに入った老人は十二年後、健康の問題で介護センターに転居した。もともとホームレスへの貸し出しを渋っていた他の大家たちも社会的補助が安定しているのを見て、徐々に空き部屋を提供してくれるようになった。献忠《シエンチョン》は今までにすでに二〜三〇〇人のホームレスが路上生活から脱出し、小部屋に入れるよう手を貸してきたが、目下の問題は貸し出せる低家賃住宅がすでに満杯で、空き部屋が見つからないことだ。

「実際、ニーズは多いのに、政府が大事なことだと思っていないんです」

もともと多大な期待が寄せられていた公共住宅は、家賃が低収入戸補助金の額を大幅に超えていたため、単なるぬか喜びに終わってしまった。

戸籍が台北市にないホームレスの場合、献忠《シエンチョン》のサポートはより難しくなる。なぜなら、現行の法令に照らすと、ホームレスは本籍地に戻らない限り、社会福祉サービスが申請できないからだ。「これは実際、人道的ではないし、そもそも不可能なことなんです。ホームレスを本籍地に戻しても、必ずまた台北にやってきます。なぜなら生活のネットワークがすべてここにあるからで、彼らにとって故郷はすでに見知らぬ土地なんです」。長年のソーシャルワーカーの経験から献忠《シエンチョン》が確信しているのは、ホームレスが生活圏から切断されてしまうと、支援はいかなる効果も上げられないということだ。

だが、社会による救済にはなんといっても地方自治体の予算が使われるので、この規定を破るのは難しいのではないだろうか？

「一つの都市が発展するには必ず外からの移住者が大勢必要です。彼らはその都市に必ず貢献するはずなので、今お金のある人だけを受け入れるべきではありません。移住者は成功すれば税収をもたらしますが、一旦失敗したからといって蹴飛ばして追い返してしまうのはどうなのでしょうか」。ホームレスが県や市の政府からサッカーボールのように扱われていることに対し、献忠《シエンチョン》はズバリと何かを言い当てているようだ。

ホームレスに誘発されたアイデア

「まちづくり」の中で育ってきた献忠《シエンチョン》が、ある日、車を運転して龍山寺を通りかかると、廟の前にホームレスがずらっと並んで座り、皆手持ち無沙汰で退屈そうにしているのが目に入った。彼はふと思った。「『人』という点から言うと、彼らはいずれも使い道がない人だけど、もし彼らが地域社会に入って仕事をするチャンスがあれば、『地域社会の人』になって、普通の人と同じになれるんだ」

初めたばかりのころお酒を無駄に飲んでいたわけでも、麻雀を無駄にやっていたわけでもなく、献忠《シエンチョン》のまちづくりの経験はこのころから効果を発揮し始め、ホームレスの仕事は「施設化」ではなく、「地域社会化」されるべきだと主張するようになった。

「政府がかつて採用していたホームレス対策には『社会的コントロール』の傾向があって、ホームレスを収容施設に閉じ込めることしか考えておらず、見ぬもの清し、だったんです。でも、ホームレスも一個人として尊厳と自由を必要としています」。献忠《シエンチョン》は資源を行政機関の中から外に引き出し、ソーシャルワーカーがホームレスを地域社会に戻して生活できるよう支援すべきだと考えている。シェルターに入れてからようやくことを進める必要はないのだ。

この頃、台北市社会局がシェルター内で長年実施してきた「給付代替就労*」制度が、献忠《シエンチョン》によって資源を地域社会に引き入れるための実験台になっていた。それもある女性ホームレスに啓発されたアイデアだった。

ある日、萬華社福センターの前で献忠《シエンチョン》はある女性ホームレスが掃除しているのに出会ったのだ。それは、清掃隊〔市政府の環境保護局に所属し、ゴミ収集車の運転、公道・溝渠の清掃、廃棄物の整理、資源回収などを担当する。〕で見つけた新しい仕事で、彼女によると、清掃隊が清掃する範囲は「六メートル以上」の路地で、六メートル以下は必要ないという。

「六メートル以下は掃除しないでいいの？　でも、六メートル以下の路地って、どこにでもあるよね。それに清掃員が掃除をしなかったら、目に入らないところはもっと汚くなっちゃうよ」

そこで献忠《シエンチョン》は近隣の里長を訪ね、こうした空白地帯の掃除をホームレスにやらせてはどうか相談してみた。里長はもちろん喜んだが、残念なことに経費がないという。一方、社会局には給付代替就労用の経費はあるのに、余分な人手はなかった。つまり、一方はお金が必要で、もう一方は人が必要だったことがわかり、里長と社会局はたちまち合意した。中高年および心身障害者のホームレスは労働市場で仕事を見つけるのはとても難しいため、清掃の仕事があれば、一日わずか五〇〇元〔約１９００円〕とはいえ、生活を多少改善でき、それ以上野宿をしないですむ。

「ウィンウィン！」というのは、献忠《シエンチョン》が好きなシナリオだ。

「私たちは変わりたいと思っている人にチャンスを与えたいんです。彼らは何かをしたくないわけでは決してなく、チャンスがないだけなんです。そうであれば、私たちは彼らに適した仕事を作ります」

ほぼ半身不随だが歩くことはできる人に、里長はトングでゴミを拾ってもらい、車椅子の人には動ける範囲で掃除をしてもらった。

数年共同作業をしてきた結果、萬華では現在、すでに半分の里でホームレスによる清掃が行われ、さらに多くの里長と学校が積極的に社福センターまで共同作業の相談にやってくる。ホームレスに賃金を支払って仕事をしてもらうという「給付代替就労」は里長の業績となり、里長たちの抱える難題も解決したのであった。

かつて萬華の外れにある小学校の外壁のそばで果汁を売って生計を立てている露天商のおじさんがいた。おじさんは中風にかかって長いこと仕事ができなくなり、家賃も払えず、ついによく知る学校の外壁のところで野宿するまで落ちぶれてしまった。そこにはちょうどソファーがいくつか捨てられていたので、近所の知り合いがおじさんのところに大勢集まって酒を飲んだり、おしゃべりしたりするようになった。保護者は子どもの安全を心配したが、警察には強制的な排除ができない。そのため、毎回、丁寧な口調で離れるように説得するものの、翌日になるとまた集まってくる、の繰り返しであった。

献忠《シエンチョン》は通報を受けた後、里長のところへ行き、「私たちはおじさんにできる仕事を見つけましょう。おじさんの飲酒は制限しないで、『学校のそばで飲まなければ大丈夫』といってください」と伝えた。彼が中風で難儀しているのも知っていたので、「おじさんの世話をしてくれそうな人を探してきますよ！」と付け加えた。

そうしたところ、学校は静かになって、もはや通報する人もいなくなり、里長はさらに積極的に二人のホームレスを雇い入れて周囲の環境を整備することにした。

＊ 原注　原文は「以工代賑」。政府が出資して、一部のホームレスにシェルターや創世基金会などの民間施設で給料と引き替えに仕事をしてもらう仕組み。

掛け払いができるんだ!

献忠《シエンチョン》は救助金によって、ホームレスを地域社会に戻してホームレスのために部屋を借り、仕事の機会を作って正常の社会生活を回復してもらえるよう支援した。だが実際は「医療」こそ献忠《シエンチョン》がもっとも頻繁に関わる業務であり、毎日助けを求めにくるホームレスも大半は医者に診てもらうためだった。

最も早期の医療は、慈済《ツーチー》のボランティア診療と個別対応に頼っていた。だが、毎年いわゆる「三節」〔春節、端午節、中秋節の三大年間行事のこと。ホームレスにも特別な支援がなされることが多い〕のボランティア診療だけでは平常のニーズを満たせず、逆に個別対応だとソーシャルワーカーが、ホームレスをあちこち転院させたり、医療費の調達にかけずり回ったり、あまりの忙しさに疲弊してしまう。

ある日、教会の牧師が献忠《シエンチョン》に電話をしてきた。あるホームレスの首に大きな腫瘍ができたため、救急車を二度も呼んだのにどうしても病院には行かないという。そこで献忠《シエンチョン》に来てもらうしかなくなったのだ、と。

そのホームレスとしばらく話しているうちに問題の所在がおぼろげながらわかってきたので、献忠《シエンチョン》は探りを入れてみた。「病院に行っても大丈夫だよ、費用はこちらで払おうか?」すると、相手はすぐに同意し、救急車を呼ぶと大人しく運ばれて行った。

もともと献忠《シエンチョン》の父親が長患いをしていたのだ。「證厳《チェンイエン》法師の言うことはその通りだと思う。『病気で貧しくなる人もいれば、貧しくて病気になる人もいる』って。慈済の他のことは認めてるわけじゃないけど、これは本当にその通りだと思うよ」。当時、ほぼすべてのホームレスには健康保険がなく、誰もがただ我慢、我慢、我慢の連続で、路上や街角で倒れなければ病院に搬送されることなどなかったのだ。これも一部のホームレスが、たとえ能力はあっても部屋を借りない原因であった。彼らは部屋で人知れず孤独死するのを恐れていたのだ。野宿ならば病に倒れても、救急車を呼んでくれる仲間がいるからだ。

一度、献忠《シエンチョン》があるホームレスを病院に帯同し、支払いをする段になって、かなり以前に聞いたあることを思い出した。ホームレスシェルターに収容されている人は病院で「掛け払い*」制度を利用できるというのだ。一般的な社会福祉機関はこのサービスを一度も使ってこなかったので、彼は賭けに出て会計の窓口で言ってみた。「社会局の掛け払いで！」

「何と本当にできたんです！」献忠《シエンチョン》は大喜びだった。「やった！　なんだ、本当に掛け払いができるんだ！」

そこで献忠《シエンチョン》と当時のホームレス支援団体が、社会局に社会福祉機関の掛け払い制度の利用を全面的に許可してくれと提案したところ、社会局もそれを快く受け入れ、以後、急を要するソーシャルワーカーはこの福祉措置を大々的に使えるようになった。ホームレスの健康保険証はほとんどが保険料未払いのため使用不能になっているが、社会局は彼らの代わりに不足分の完済はできないので、毎回ソーシャルワーカーがホームレスの受診や薬の受け取り、支払いまで同行せざるをえなかったのだ。時には午後二時から夜の九時まで待たされてようやく順番になり、丸々七時間かけて一人をサポートするので、時間は浪費し、体力も消耗してしまう。「掛け払い」制度ができてから、現金のないホームレスはまず「福保」の手続きを行い、診察の前に社福センターで「医療費掛け払い証明書」を貰い

＊　原注　医療費掛け払い証明書に基づいて診察を受けると、病院は月末に決算する際、市政府社会局に費用を請求できる。

さえすれば、一人で受診できるようになった。重荷を下ろした献忠《シエンチョン》は、「今に至るまでこの福祉サービスをカットせずに負担してくれている市政府には感謝しています」と述べている。

歯が作れれば十分

一般の疾病については解決できたが、ややもすれば数万元もする義歯を作る費用はホームレスにとってやはり負担し難く、路上生活の衛生条件では歯周病が悪化するばかりだった。歯は一本ずつ抜け落ち、残った歯がグラグラしても、抜くのを惜しんでしまうのだ。「歯が悪いと健康であるわけがない」と献忠《シエンチョン》にはわかっていても、一万元〔約3万8000円〕を超える義歯製作費には民間団体の賛助を見つけるのも難しかった。

もともと慈済のボランティア診療がなされていた時期に、黄《ホワン》という名の医師がホームレスのための義歯製作費を、毎回四名に限り負担してくれていたのだが、慈済のボランティア診療がその資源を中南部に移してからは、義歯の交換もかなり長い間中断されていた。

数年前、中興病院の院長が医療スタッフを率いて萬華河辺でホームレスの疾病スクリーニングを毎年行うようになり、X線から血液検査まで、一人当たり一千元〔約3800円〕のスクリーニング費用を全額、病院の社会サービス基金から負担することになった。その後、より多くのホームレスに来てもらおうと、病院の医療福祉課長が献忠《シエンチョン》のところにやってきた。

「わかりました。ホームレスを探しますが、一つお願いがあります。必要な人に義歯を作ってください」

「OK!」

「全額ですよ！」

「問題ないです！」

献忠《シエンチョン》は資源統合のやり方を把握して、「蔡衍明《ツァイ・イエンミン》基金会」*の毎年三節ごとの祝い金の配布場所を萬華河辺の疾病スクリーニング会場に変えたところ、ふだん来場するホームレスは多くても一〇〇人ほどなのに、その日はいきなり四〇〇人あまりが大挙して押し寄せた。医療スタッフはこれほど大ごとになったのを見て、うろたえて言った。「次はこんなに大勢の人を来させないで！」

「医療という枠組みで『義歯が作れる』なら、ぼくはそれで十分です」。献忠《シエンチョン》は嬉しそうだった。だがもし病院がさらに資源を提供してくれるなら、彼はもっと他にもホームレスの健康関連のニーズを提案できるのだ。例えば、柯文哲《コーウェンチュー》台北市長が求める「家庭に入ろう、地域社会に入ろう」という呼びかけの下に、和平病院のスタッフが萬華社福センターを訪ねてきたので、献忠《シエンチョン》は「栄養」方面に介入してくれるよう、同僚に頼んで協議してもらった。

「ホームレスはお金がないので、食べ物にはこだわることができないんです。砂糖と塩は控えるべきなのに、いつも油分と塩分が多くなりがちです」。献忠《シエンチョン》は病院の栄養士が各地の炊き出し団体に出向いて、栄養バランスの整った献立の作成に協力できるのではないかと思っている。

義歯を作るのであれ、栄養を改善するのであれ、そこには資源の調達についての献忠《シエンチョン》の一貫した哲学が見てとれる。「資源はすぐには現れないけれど、ニーズはつねに把握している必要があります。そうすれば資源が現れた時、すぐに必要なところにつなぐことができます」

＊「旺旺集團」（一五頁参照）が社会起業としての責任と公益精神の伝承のために設立した「旺旺中時基金會」の運営する非営利組織の一つ。二〇一五年から台湾全土の大学・専門学校などの学生を動員し、毎年三節の時期に社会的弱者や独居老人を支援するプロジェクト「旺旺公益青年送愛下郷趣」を展開している。

排除から管理へ

体制内で一連の制度が整ってくるにつれ、「なんだかわからないが、とにかくやってみる」の精神で生きてきた献忠《シエンチョン》は、またしても次の未知なるものに取り組みたくなってうずうずしてきた。

二〇一一年、献忠《シエンチョン》と第一線のソーシャルワーカーたちは大阪市立大学から間接的に「芒草心慈善協会」の立ち上げを促され、民間団体のパワーによって、ホームレスを対象課題とする政策提案的な仕事ができるのではないかと思い、「貧困体験キャンプ」や「街歩き」「ご飯食べた？　地域の食卓」〔ホームレスと地域住民が一緒に食事するイベント〕などの活動を通して、一般市民にホームレスとの距離を縮めてもらい、無理解による「社会的排除」を減らそうとしてきた。

「ホームレスのあらゆる問題の根本はすべて『排除』からきているんです」。職場は生産力のない人や中高年を排除し、社会福祉は県外・市外の人を排除し、社会は街をさまよう野宿者を排除している。例えば、艋舺公園のホームレスに対するのと同様、社会には様々な「駆逐」の考え方がある。議員の中には、寒波の中にいるホームレスに水をかけろとか、夜間に陽明山の人煙まれなところに移せなどと要求する人がいたり、公園の回廊を取り壊して、雨風をしのげる場所をなくせば、ホームレスは自然に離れてゆくだろうとアドバイスする人もいる。

「でも、そうすればホームレスは本当に出ていくんでしょうか？　以前、公園がなかったときも、萬華はホームレスだらけで、龍山寺そばの歩道や大通りの騎楼〔二階が歩道の上に突き出ている建物〕など、あちこちで寝泊まりしていました。回廊を取り壊せば、ホームレスは四散して問題はさらに大きな範囲に拡大してしまいます」

話しながら気持ちが高ぶってくると、献忠《シエンチョン》は台湾語で一言補足した。「こういう人たちは一体何を考えてるんだか！」

これについて、芒草心協会は「排除」ではなく、「管理」を提案している。「外での生活には基本的に二つの特殊な問題があります。一つは寝ること、もう一つは荷物です。その他のことはすべて同じ、私たちと同じということです。法を犯したら、警察を呼んで処理してもらいますが、法を犯さないなら、ホームレスを移動させてはいけません」

ただし、ホームレスの身になって考えるとき、献忠《シエンチョン》は同様に地域社会の人の身にもなって考えよ、と強調することを忘れない。適当な空間がなければ、ホームレスは家財道具を地上に置くほかないので、「通常、七、八〇人、多ければ一〇〇人のホームレスの荷物は地域住民にとって必ず迷惑になります」というのだ。

かつて、住まいを追われて野宿生活を余儀なくされた老人がいた。献忠《シエンチョン》は両手を最大限に広げて、彼の家財道具の量を表現したが、その老人は何としても他人に捨てられてはならぬと、毎日公園で荷物を守り、そこを離れようとしなかった。「多くの人はそれをゴミだと思っていましたが、彼にとってはとても大事な財産だったんです」。一年目に学んだ人との接し方を頼りに、献忠《シエンチョン》は再三苦労して老人をなだめすかし、一緒に大事なものを選び出すと、老人はようやく残りのすべてをトラックに載せて、処分していいと言ったのだ。

「ホームレス対応の仕事は、一対一のガチンコ勝負というわけにはいかないんです。むしろ、衝突を解消して社会を味方につければ、その後するべきことがうまく進みます」

お節介の手本

自称使命感なし、願いごとなし、信ずべき宗教なしの献忠《シエンチョン》は、体制内から体制外のことまで、考えているのはすべてホームレスのことと貧困問題だ。一体どのような力が彼を支えているのだろう？

「お節介です！　ぼくは人を助けるのが好きで、そのプロセスの中で課題を発掘して解決しようとすることに大きな喜びを感じるんです」

そこに喜びを感じるのであれば、なぜ十数年身を置いた萬華社福センターを離れようというのだろう？

資源不足とでもいうのでしょうか？　「いいえ、資源は十分です」

ホームレスの価値観と合わないからでしょうか？　芒草心協会のソーシャルワーカー・李盈姿《リー・インツー》は言う。「私が思うに、献忠《シエンチョン》は主流の価値観に囚われていないので、その点は問題ありません」。例えばホームレスが一〇〇元〔約380円〕稼ぎ、お腹が空いているのに、まずは八〇元〔約300円〕のタバコを買おうとしたら、一般のソーシャルワーカーにはおそらく受け入れ難いだろう。だが、献忠《シエンチョン》は完全に受け入れるのだ。「あなたが必要なものを選ぶのは、別に悪いことではありません」

ソーシャルワーカーがよく感じる「扱っているケースに変化が見えない」という挫折についても、献忠《シエンチョン》には献忠なりのやり方がある。「長い目で見る」ということだ。

「みんながとっくに諦めていた人が、長い時間をかけたら、ある日突然、不思議なことに変わったんです。変化は一瞬のことでした。私はそういう瞬間にその人のそばにいて、力になりたいんです」

献忠《シエンチョン》はホームレスをどの程度まで指導すべきか、前もって考えたことはない。「生活は結局本人自身のものです。どうしても変えなきゃいけない、ということではありません。もしうまくいけば、成果はその人のものです。私は折よくそのプロセスに立ち会っただけですが、やはり光栄に思います」

彼はさらにホームレスとソーシャルワーカーの関係をこのように喩える。「まさに一つの川の流れのようなもので、萬華社福センターはたくさんの食べ物が集まる池なんです。泳いで入ってくる人がいれば、食べ物を差し上げます。それでみんなの運が回るんです」

「運が回る」というのは、まさに変化のプロセスが様々な変数で満たされることかもしれない。「私はあらゆる精力と資源を一つのことに集中させようとは思わないし、今日私のところに来てくれたら、あなたのことをすぐ変えてやろうとも思いません。『それは神の仕事であって、私の仕事ではない』んです」。こう言って献忠《シエンチョン》はまた爽やかに大笑いした。

最後に献忠《シエンチョン》はホームレスの仕事に従事した十数年来の感想を真剣に語ってくれた。「私たちは皆幸運な人間です」と。

献忠《シエンチョン》の家庭は父親の病気のためにひどく困窮していたが、教育の機会を失うことはなかった。「多くの人は生まれながらにこのチャンスに恵まれません」。さらにもう一つ幸運だったのは、「私たちには深刻な病気も精神的な病もありませんでした。多くの人はそのために家族に捨てられ、浮浪するんです」という。

政府の仕事を離れると決めたとき、彼にこう勧めてくれる人がいた。「このまま続けていけば、なんとか終身達成賞だの、なんだかわかんないけど、いろんな賞をもらえるのに」。これはかつての献忠《シエンチョン》にとっては魅力的なことだったかもしれないが、今はさほど重要ではなくなっている。社会局のホームレス支援体制は既にほぼ整ったので、心地よい環境を離れて未知のことに挑戦したり、いろいろと異なる仕事についたりしてもいいだろう。ホームレスの友人たちと長く付き合っているうちに、彼は自分にとって何が一番大事なのか取捨選択することを身につけたのだ。

「今は自分のしたいことをするのが、やはり大事だと思います」

元には戻れない――梅英姉さん

台北県（現新北市）新荘《シンチュアン》の輔仁《フーレン》大学付近には工業団地がある。そこの連絡通路に一人のホームレスが住み着き、あっという間に十年がたっていた。路上で生活する彼は他の人から見たらゴミでしかない多くのガラクタを溜め込み、近隣の地域住民はしょっちゅう公的機関に苦情を訴えたが、警察は人権の点から彼を追い払うことはできなかった。区役所もお手上げで、人を頻繁に派遣して彼のゴミを掃除させたり、地域住民の不平に一時的に対処するしかなかった。

ある日、アウトリーチを請け負う台北県の担当者が台湾省立台北病院（現衛生福利部台北病院）のボランティアチームを探し当て、そこにホームレスのために何かしたいという梅英《メイイン》姉さんがいたことから、事態はようやく好転する。

きれいに着飾ったボランティア

台北病院でボランティアを始める前、梅英《メイイン》姉さんは三峡《サンシャー》で炭鉱会社を営む大家族に嫁いでいた。義理の父親には四人の妻がいて、梅英《メイイン》姉さんの夫には弟が九人、妹が四人いた。夫の第一夫人の間に生まれた息子の妻として、梅英《メイイン》姉さんは昼は集金のために外出し、夜は家に戻ると四十数人分の夕飯を作らなければならず、もし坑口や桟道《さんどう》の修理の日にぶつかると、さらに毎日一〇〇人分の弁当を作って現場まで運ばなければならなかった。義父の事業を義父の第二夫人の子どもが引き継ぎ、分家して独立すると、梅英《メイイン》姉さんにはようやく時間ができ、きれいに着飾って多くの非営利団体にしょっちゅう顔を出し、ボランティアをするようになった。

もともと婦人団体でキャンパス巡回講師*をしていた梅英《メイイン》姉さんは、一度、見事な講演をしてから台北病院のボランティア養成講座に招かれ、その後さらにボランティアチームのリーダーに推薦されたのだった。

「私は台北病院のボランティア活動を何度もピークの状態に引き上げ、李登輝総統から現総統まで、すべての総統にお会いしたことがあるんです！」。梅英《メイイン》姉さんのハスキーかつ爽やかでパワフルな声には、ある種「人との争いは好まず、一線を退いてもいつでもカムバックできるような」勢いがある！　一九九〇年に彼女が台北病院のボランティアに加わった当初、ボランティは六〇人あまりだったが、五年後初めて総統に招かれたときにはすでに一七〇人あまりに急増していた。このチームは求心力が強く、離職率は極めて低く、どのボランティアも一年間の訓練を経ないと一人前とは見なされない。

当時、ホームレスのためにアウトリーチを請け負う台北県の担当部署が台北病院によくホームレスを帯同して協力を要請してきたとき、梅英《メイイン》姉さんはボランティアチームのリーダーとして、自ら長い時間をかけて蓄積してきたライオンズクラブやロータリークラブの資源をホームレス緊急救助用の費用として提供したのだった。それゆえ、ホームレスのことはまったく知らないというわけではなかったのだ。

新荘の工業地域にホームレスがいると地域住民の通報を受けてから、梅英《メイイン》姉さんは台北病院のボランティアを連れて何度も様子を見に行った。ところが、このホームレスは毎回同じ調子で交流を拒むのである。彼にとって、ここにやってくるヤツはどいつもこいつも悪人で、彼を追い払うのでなければ、彼の荷物をきれいに片付けようとしたという。

寒波が押し寄せたある日、梅英姉《メイイン》さんがボランティアチームと共に再び訪問すると、このホームレスは上半身には拾ってきた綿入れの上着を着ていたものの、下半身は短パンで、黒光りする両足を露出していた。おそらく耐え難いほどの寒さだったのだろう。梅英姉《メイイン》さんが県政府から送られた寝袋で両足を包みましょうかと尋ねると、彼は思いがけず「まあ、いいんじゃゃね」と台湾語で答えた。これがボランティアに対して彼が初めて発したひとことだった。

ボランティアチームに教育訓練をするホームレス

接触が次第に頻繁になるにつれて、このホームレスの態度は回を追って気さくになり、梅英姉《メイイン》さんが彼のことを「おじさん」と呼ぶ度に必ず答えてくれ、基礎的な情報まで快く話してくれるようになった。「六十代」「読み書きはできない」「両親はすでに死亡」「戸籍は戸籍事務所にある」とのことだったので、ボランティアは個別ケースとして立ち上げることができた。

さらに少し親しくなって、梅英姉《メイイン》さんがおじさんに入浴を勧めると、答えはこうだった。「あんたたちはわかってないな、毛細管がようやく詰まってきたんだ。それをきれいに洗っちゃったら、どん

＊　台湾の学校では社会的弱者（ホームレスなど）、環境保護、ジェンダー平等などについて、NGOに講演を依頼したり、反対にNGOから学校に正しい観念の推進を働きかけたりすることがある。梅英姉さんは女性権益団体の代表として、ジェンダー平等や家庭内暴力について講演していた。

なに寒いかってんだ！」

翌年の春、花が咲いて暖かくなった頃、梅英姉《メイイン》さんは再びこう言った。「おじさんの服はテカテカ光ってるから、ちょっと引っ張ったら、指が滑っちゃうかも。ちょうど天気もいいし、お風呂に入らない？」

「入ってもいいけど、着替えがないよ……」

梅英姉《メイイン》さんとボランティアチームは狂喜した。二千元〔約7000円〕をかき集めると一目散に近所の雑貨店に飛び込んで洗面用具を買い、着替えの服や下着まで何セットも揃え、さらに派出所で浴室を借りることにし、おじさんを連れて行こうとした。

おじさんは言った。「いいよ、着替えだけくれ。おれは教会に行って風呂を借りるから。トイレだっていつも教会で借りてんだ」

ところが一週間後、おじさんはまた全身汚くなっていて、ボランティアに訴えた。「服を盗まれた」

だが、近隣住民は、「嘘ですよ、自分で売り払ったんです！」という。

実際は近所の意地汚い住民が、ボランティアが買ったものが新しくてとてもきれいなのを目に止めて、「どっちにしろおじさんにはいらないんだから、おれが二〇〇元〔約700円〕で買うよ」と持ちかけたのだという。おじさんは普段、物乞いで一〇元〔約35円〕、二〇元稼いで喜んでいたので、取引は当然すぐ成立したのだった。

「振り返ってみれば、あの頃は本当にお金を払って経験を積んでいました」。当時の県政府は正月になるとボランティアに頼んでホームレスにテレフォンカードを配ってもらい、実家に電話して無事を知らせるよう奨励していたのだ。梅英姉《メイイン》さんは笑う。「彼らには家があっても帰れないとか、もともと家がなくて野宿してるんだなんて、誰も思いもせず、実家に電話させようとしてたんです！」県政府とボランティアは考えが甘く、一方、ホームレスはずっと現実的で、彼らはテレフォンカードを手にするや、近所の店で現金に換えていた。

今や騙されることなどなくなった梅英《メイイン》姉さんだが、当時、おじさんがあんなことをしでかしたと知ったとき、彼女もボランティアもがっかりしたことを素直に認めている。だがそれでも、「きっとあまりに苦労したから、こういうことになったんでしょう」と理由を探そうとしていた。その後、おじさんにちゃんと体を洗ってもらえるよう、梅英《メイイン》姉さんは夫の家族から訓練を受けてトラックの運転を覚え、三トン半の浴槽用トラックを借りて運転席に乗り込み、ボランティアを二人連れて工業団地を目指したのだった。

「おじさん、好きなだけお風呂に入ってね」というと、おじさんは本当に長い間風呂に入っていた。出てきてからは、ボランティアに肩まであった長い髪を切ってもらい、口を覆っていたひげも剃ってもらった。着替えた薄手のTシャツからのぞいた彼の痩せこけた体を見た途端、梅英《メイイン》姉さんはハッと驚いて尋ねた。「おじさん、私より若いんじゃない？」彼が笑って否定しなかったので、梅英《メイイン》姉さんはそれから彼のことを「おじさん」とは呼ばずに、「兄さん」に改めた。

「兄さんはこんなに健康なんだから仕事をしたら？　ここにいるのは人生の無駄遣いだよ」

「おれだってそうしたいけど、金がなくて仕事が探せないんだ」

梅英《メイイン》姉さんによると、ボランティアの最大の欠点は「お節介」だという。兄さんに面接の機会があるたびに、ボランティアはすぐ三〇〇元〔約1100円〕、五〇〇元〔約1700円〕とかき集めてタクシーで面接会場まで行かせ、ついでに食事もさせていた。だが、何度も返ってきた答えはいつも同じだった。「社長はおれにここで待てっていうんだ」。梅英《メイイン》姉さんは笑いながら冗談を言った。「え～そんなに高くつくわけ。ここで待つと一度に三〇〇元とか五〇〇元とか要るんだよ。朝食店で『卵を追加』〔台湾語で「ここで待つ」と同音〕しても五元しかかからないのに！」

だが、梅英《メイイン》姉さんは自分の間違いにふと気づいた。「電話も住所もなかったら、社長がこの人を雇いたいと思っても、連絡できないよね？」

「兄さん」の仕事を探す

経験豊富な梅英《メイイン》姉さんは人脈が広かったので、職がなかなか見つからない兄さんのために、自ら歩くハローワークとなり、会う人ごとに仕事の空きがあるかどうか尋ねてみた。

ある日、新竹《シンチュー》の実家に帰ると、梅英《メイイン》姉さんがホームレス支援の仕事をしているのを、長年ご無沙汰していた農場の夫婦が耳にし、全く信じられないという様子で尋ねてきた。「なんでそんなことしているの？　ああいう人ってお酒を飲んで、すぐ暴力ふるったりするよね」

「そうだけど、ボランティアって他の人が嫌がることをするわけじゃない？　もし一〇〇人のうち一人でも引っ張り起こせれば、達成感があるんだよ」

農場主はそれを聞くと、いくらか同意して「やつらは使えるかい？」と聞いてきた。

「使えない」

「安定してる？」

「してない」

「じゃあどうやって使うんだ？」

「私の経験によると、彼らは大体酒飲みだよ。農場でもし鶏の餌やりとか除草をやらせるなら、彼らに少しお金を払って、食事と部屋付きで、夜にはちょっとお酒を振る舞えば、きっとちゃんと働いてくれるよ」

農場主はじっくり考えた末に試してみることにした。梅英《メイイン》姉さんはすごく喜んだが、どれくらいできるのか、兄さんには決して過分な要求をしなかった。「あそこから移動させることさえできれば、それが私の最大の成果だったんです」

農場は新竹の台泥《タイニー》ケーブルカーのてっぺんにあり、台北から農場までは車で二時間半の距離だった。「もし兄さんが仕事をせず、給料をもらえない場合、必ず歩いて山を降りなければなりません。うまいこと桃園《タオユエン》の龍潭《ロンタン》まで歩いて行けたとしても疲れちゃって、台北県までは行けないでしょう。だから、台北県のホームレスが一人減るってわけです」

一方、兄さんがこっそり考えていたのは、長いこと車に乗っていなかったので、誰かに乗せてもらって遊びに行ければいいし、もしそこで働きたくなければ、その車で帰って来ればいい、ということだった。

それぞれやましい考えを抱えて二人は農場に着くと、梅英《メイイン》姉さんは農場主に兄さんをよろしくとお願いし、兄さんの肩をポンポンと叩いて、堂々とその場を立ち去った。梅英《メイイン》姉さんは地域のために頭痛の種を片付けたことに満足して他の仕事に専念し、農場主も再び電話してこなかったので、兄さんのことは次第に忘れていった。

四ヶ月後、梅英《メイイン》姉さんが車で実家に帰り、ケーブルカーの下を通り過ぎたときのことだ。突然、「あっ、私はこの山のてっぺんに人ひとり捨ててきたんだ」と思い出したのである。彼女が即座にUターンして山を登り、農場に近づいたとき、ものすごく遠くから兄さんがまだそこにいるのが見えた。

兄さんは梅英《メイイン》姉さんと顔をあわせるや、まるで身内を見つけたように不満をぶちまけ、農場で毎日おかみさんにしかられていると愚痴をこぼした。

「仕事がうまくできないからでしょう。おかみさんに教えてくれってお願いしなきゃ」

「姉さんにちょっと聞くけど、鶏はいつ卵を産むか知ってるかい？」

「知らない。朝？」

「そうだよ。朝、おれは一通り集めに行くんだけど、おかみさんが検査に行く頃、ちょうどまた鶏が卵を産むんだ。それでちゃんと集めてないだろって、おれを責めるんだ。有機の卵は午後までそのままにしておくと新鮮じゃなくなるんだって。もし姉さんだったら、どうする？」

「私だってできないよ。でも、兄さんは仕事辞めたっていいんだよ！」

「おれは毎日ここから出ていきたいと思ってるさ。でも、姉さんはおれに金を残してってくれなかったし、旦那はあんなに忙しいから、申し訳なくて言い出せないんだ」

「歩くのは得意なんじゃないの？」

「ばか言うなよ。こんな人里離れた山の中で、ちゃんと歩ければいいけど、道に迷ったら餓死だぜ。おれはここでなんとか生きていける。夜には酒も飲めるし、三食付きだし」

兄さんはその後、鶏を懲らしめるという方法を思いついたのだった。飼料を減らせば、鶏は栄養失調になって卵を産めなくなるからだ。だが、農場主は卵の量が減ったとすぐに気づいて調べたところ、兄さんが鶏を懲らしめたわけを知ったのである。その後、農場主は兄さんが農場の仕事をもっとうまくできるよう自ら指導することにした。

「おれは十数年の間ずっと無駄に生きてきたけど、今は『自分がどんなに大事か』やっとわかったんだ！」

兄さんが梅英《メイイン》姉さんを農場の池に案内すると、魚の群れが人の影をみてすぐ集まってきた。兄さんは言った。「ほら、見て。もしおれが二、三日いなかったら、この魚たちはどうなる？ 餌をやるやつがいないから、すぐに死んじまう」

梅英《メイイン》姉さんは、「兄さんがいなければ、他の人が餌をやるよ！」と密かに笑ったが、彼女には、これは兄さんに責任感が芽生え、自分の存在価値を感じたことの現れだと思えた。

兄さんは続いてポケットから折り畳んだ紙幣を取り出した。「姉さん、見てよ。おれの金！」

「拾ったの？」

「姉さんのおかげだ！ 誰にも頼れないような辺鄙《へんぴ》なところに、おれを連れてきたから。『おばけ』*さえ出ないところで、どうやって金を拾うんだよ？ おれが自分で稼いだんだ！」

「ここにきてこんなに長いのに、稼いだのはたったこれだけ？」

兄さんはまたポケットから銀行の預金通帳を取り出した。そこには、四万元〔約15万円〕の預金が記帳されていた。

「稼いだお金は全然使わなかったの？」

「姉さんのおかげだ！ 誰にも頼れないような辺鄙なところに、姉さんがおれを連れてきたから。コンビニ一軒だってないんだぜ、どこに行って金を使えっての？」

お金を使う機会がないのであれば、どうしてポケットに数千元の現金を入れておくの？

「わかってねえな！ 旦那が教えてくれたんだよ。自分を励ます一番いいやり方なんだ。金を取り

＊ 原注 原文は「阿飄」。鬼の愛称。

出して、挨拶するんだ。毎日数えて、筋が痙攣するまで手で揉めば、これが夢じゃないってわかる。願いさえすれば、金はどんどん増えるんだ！」

梅英《メイイン》姉さんは兄さんが賢い農場主に出会ったことを喜び、彼に祝福を伝え、主人に礼を言って農場を後にした。

放蕩息子、家を思う

一年あまり過ぎた頃、梅英《メイイン》姉さんは突然、農場主の電話を受けた。「うちの一家団欒によっぽど感化されたみたいで、おれたちの使用人が自分の両親に会いたいっていうんだ……」

「そうなの？　兄さんに電話を替わって！」

彼が電話に出たとたん、梅英《メイイン》姉さんはいきなり尋ねた。「霊界旅行に行くってわけ？　ご両親は亡くなってるのに、どこに会いに行くのよ？」

「姉さん！　実はおれの両親はまだ生きてるんだ。最初、二人が死んだって言ったのは、あんたたちが二人に電話して騒ぎになるのが嫌だったから。でも、旦那さん一家が仲良くしてるのを見て、おれの母親もきっとおれのことを心配してるだろうと思ったら、家にすごく帰りたくなったんだ」

兄さんがまたみんなを騙しているのかどうか、梅英《メイイン》姉さんにもわからなかったが、農場主と相談した上で言った。「兄さんに行かせてください。兄さんには数万元あるので、万が一野宿者に戻ったとしても、自己責任だから」

兄さんはすでに十数年両親に会っていなかった。もともと地下銀行の借金取りに追われて、両親から着の身着のまま追い出されたばかりか、戸籍まで抹消されていたのだ。

兄さんが手にお札を握りしめて再び両親の前に現れたとき、彼の気持ちはこれ以上ないほど高ぶっていたが、母親の方は相当うろたえて、こう言った。「いらないよ。お前から一万元〔約3万5000円〕もらったら、逆に一〇万元よこせってことになるんだろ。お前が遠くに行ってくれたら、それに越したことはない」

父親の方もそれに輪をかけ、家族の頭痛の種にはもう会いたくないと言い、強硬な態度で警察まで呼ぶ始末だった。

警官は兄さんをなだめて言った。「これからまだチャンスはありますよ。ご両親には時間をかけて認めてもらい、また来てください」

がっかりした兄さんは梅英《メイイン》姉さんを思い出した。

梅英《メイイン》姉さんは警察から電話を受けるや車を飛ばして救援に駆けつけ、誇らしそうにこう言った。「以前、ボランティアチームにいた頃、私は毎日正装し、大事な場面では礼装もして、テレビにもよく出ていたんです。兄さんのご両親が私を見れば、私がまともな人間だとわかるはずです」

兄さんの両親に会うとすぐ、梅英《メイイン》姉さんは野宿中の兄さんを初めて訪問したところから話を始め、最後に二人をなだめて言った。「私たち外部の人間が皆、兄さんにチャンスを与え、手を差し伸べているのですから、ご両親ももう一度信じてみたらどうでしょう？」

母親は梅英《メイイン》姉さんの言葉に心を動かされはしたものの、条件を出してきた。「息子が戻って三日のうちに何か起きたら、あなたと警察が助けてください」

それで、三日の間に何か起こりましたか？

「兄さんはお母さんに教えあげたんです。鶏は何を食べれば『有機』になるのかとか、鶏卵が赤くなるのはキチン〔窒素を含む多糖類の一種〕を加えるからだとか。市場に卵を買いに行くときは大きいのを選んじゃいけない、大きいのは年とった鶏が産んだものだから。若い雌鶏の産む卵は幾分小さく、割ると色が濃くて、栄養価も高いってことを」

三日目に家を離れる時、兄さんは預金通帳と現金を再び母親に渡して、こう言った。「これを母ちゃんにやるよ。街に行って好きなものを買って、父ちゃんと一緒に食べて。もし旅行に誘われたら、父ちゃんと一緒に行って。おれが稼ぐ金は大したことないけど、父ちゃんと母ちゃんのために毎月一部をこの口座に入れるから、下ろして使って」

それは息子がこれまでの人生で唯一自分の力で稼いだお金だった。母親は感動して言った。お金はちゃんと貯めておき、一銭だって使わず、おまえが嫁をもらうとき、結婚資金にすると。

父親もこの三日間、改心した放蕩息子に対して、こらえきれずに何度も言い聞かせた。「幸せになったら、どうしてそうなったか忘れるなよ。お前を助けてくださった一人一人に感謝するんだぞ。特にお前のことを信頼してくれた農場の親父さんにはな。ちゃんと恩に報いろよ」

兄さんが車で家を離れる前、父親は最後にこう言った。「時間があれば、ちょいちょい帰ってこい」

ホームレス支援の仕事を正式に引き受ける

もともと、ただ誰にでもあるような人道的関心から動いていた梅英《メイイン》姉さんは、人ひとりの自己実現を可能にし、ひとつの家庭を助けられるなどとは考えたこともなかったが、兄さんの変化によってホームレス支援に対する理解はより深まった。しかも、台北病院ボランティアチームで成果を挙げたため、台北県政府から招聘され、より多くのグループを育成するよう求められたのである。その後さらに実務担当者によって組織された「台北県ボランティアサービス協会」（以下、「ボランティア協会」）の理事長にもなった。第一線での仕事の他、台北県のすべてのボランティア人材の統合や教育訓練、縦横の連携によるボランティア協会の統一事業計画も任された。

ある年、もともと台北県でホームレスのためにアウトリーチ業務を担当していた機関がそれ以上サービスを請け負わないことになり、社会局の救助課長がボランティア協会にやってきて、こう言った。

「それにしても、皆さんは以前、お金がなくてもやりたがっていましたよね！」

確かにそうだ！　そこで梅英《メイイン》姉さんは二人のボランティアと共に台北県全体のホームレスのためのアウトリーチ業務を一手に引き受け、昼間あちこち奔走するだけでなく、夜は毎晩交代でオン・コール〔緊急呼び出しにいつでも対応できるように待機していること〕に備えることになった。

ただし、梅英《メイイン》姉さんには二つの原則があった。一つは「ホームレスが酒を飲んだら、支援はしない」ことで、酒の匂いがする限り、食べ物さえ与えなかった。あるホームレスが怒りのあまり事務所で喚《わめ》きたてたことがあったが、梅英《メイイン》姉さんはそれにはかまわず、他のソーシャルワーカーを守るため、叱りつけて建物の下に降りてもらい、一対一で相手をすることにした。二人がエレベーターに乗ると、ホームレスは片隅に黙って立ち、動こうとしなかったが、一階に着いた途端、梅英《メイイン》姉さんに唾を吐いた。だが、翌日、酔いから覚めると今度は謝罪にやってきた。

第二の原則は、ホームレスが一週間仕事を続けたら、必ず部屋を借りて生活させることだ。彼らが最も頻繁に野宿するのは鉄道の「駅」だが、駅には時間制限があるばかりか、揉め事や盗みがしょっちゅうあるため、長期的な睡眠不足からくる精神的な疲弊によって仕事を失いやすい。そこで、労働能力のある多くのホームレスのために、安全な睡眠空間を確保すべく、梅英《メイイン》姉さんはホームレスの面倒を見ていた先輩に救援を求めたことがあった。だが、先輩には先輩なりの原則があり、「命を尊重するなら、食事を与えるだけでいい」という。梅英《メイイン》姉さんは自力でカンパを募り、ホームレス用に家を借りるしかなかったが、幸いなことに数年後、このアイデアは台北県政府の支持を得ることができた。火災後、数十年捨て置かれていた板橋《パンチャオ》区大仁街《ターレンチエ》のビルを「幸福居《シンフーチュー》」＊にリフォームし、すでに就労中の、あるいは就労意欲と能力のあるホームレスに三ヶ月から五ヶ月の間、安全な住居として提供することになったのである。

この時期、ボランティア協会の就労指導員は、ホームレスに規則正しいスケジュール管理や金銭管理を指導したので、それがうまくいったホームレスは、路上で十数元、二〇元〔約76円〕を物乞いする貧しい境遇から三万元〔約11万円〕、一〇万元〔約38万円〕などまちまちではあるが、金銭を持てる身分になった。幸福居を離れて自力で住まいを借りられただけでなく、中には給料をもらった後、ボランティア協会に一万元を寄付した人までいた。「もうちょっといい給水器を買いに行って、『観照園』の仲間たちに夏でも冷たい水を飲ませてやって！」と言って。

ホームレスの桃源郷

「観照園」は、諺に「何気なく挿した柳が陰をなす」〔打算なく無欲でいる方が良い結果が得られるの意〕とあるように、ボランティア協会が何の打算もなく、無欲で運営しているうちに一つの家庭になったホームレスの基地である。ボランティア協会がホームレスのためのアウトリーチ業務を引き受けてまもなくのあの年、SARSの脅威が台湾全土を席捲した。梅英《メイイン》姉さんと協会メンバーは古臭いやり方を踏襲して、「毎日街に出て昼から夜まで弁当を配り、体温を計り、ホームレスか否かを問わず、路上に座っている人を見つけ次第、その人に関する資料を集めて持ち帰った」のだった。最終的に一千名あまりの名簿から再三確認して七百名あまりのホームレスが確定された。当時の社会でホームレスはＳＡＲＳの歩く感染源と見なされたため、台北県政府は林口区後坑に位置し、荒廃したまま十数年になる、ドアも窓もすっかり壊され、建物も危険な状態にあった軍隊駐屯地を緊急に修繕し、一部のホームレスをそこに隔離して、ボランティア協会に無報酬の管理を要請したのであった。

　この駐屯地はＳＡＲＳ発生の翌年、正式に台北県ホームレス収容センター「観照園」へと変貌を遂げ、ボランティア協会とボランティアらが資源の調整と刷新を図ると、一万平方メートルほどのこの園は桃源郷となった。そこには木工場があり、革靴修理班や有機野菜班もあり、鶏や羊まで育て、一時は有給労働を実施し、労働時間に合わせて報酬を支払っていた。それは、ホームレスの大半を「刑余者」が占め、その多くが就労困難を抱える中高年層だったからだ。梅英《メイイン》姉さんは板橋地検に掛け合って資源を勝ち取った。検察官が飲酒ドライバーの「起訴猶予処分金」をボランティア協会の特別口座に直接寄付し、それをホームレス業務基金としたのである。この基金があったので、ホームレスは観照園内で働き、労働基準法に則った時給を受け取れるようになった。体調がよくない者は少し働けばよく、健康が許せば毎日八時間の労働で一ヶ月二万元〔約7万円〕あまりになり、すぐに外に家を借りて社会復帰することができた。

　かつて、若い頃から薬物に染まり、六十代になって観照園に入った後、「有給労働」制度によって一定の収入を得たホームレスがいた。ある日、彼が母親に会いたいとボランティアに言ったので、ボランティア協会はすぐ警察に協力を求め、とうの昔に再婚した母親を探し出してもらった。その後、彼はボランティアに付き添われ、長い間離れていた母親とついに再会し、以後、新年や節句のたびに

＊　火災後、長らく放置されていた新北市板橋区大仁街の三階建のビルを、二〇〇九年にホームレスの一時的入所施設にリフォームした。三人一部屋で生活環境は清潔に保たれ、ソーシャルワーカーと生活指導員が配置されている。

母に会いに行くようになった。すでに亡くなったこのホームレスによると、観照園で暮らしたあの一年あまりが彼の人生で最も平穏な時期だったという。

残念なことに、この起訴猶予処分金は二〇一六年以降、国庫に納めなければならなくなり、金銭という最も直接的な援助をホームレスに与えられなくなった。

二大原則の他、ボランティア協会のさらなる努力目標はホームレスと家族の関係を修復することである。

これにはソーシャルワーカーだけでなく、さらに多くのボランティアのバックアップが必要となる。梅英《メイイン》姉さんがホームレス支援活動に残した一大手柄は、面積の広い台北県で地元の多くのボランティア団体を連結し、ホームレス支援の後ろ盾としたことだ。

かつてこういうケースがあった。二人の若い兄弟が、薬物・アルコール中毒による犯罪事件で逃亡生活をしていたため、まともな職になかなか就けず、最終的に野宿生活に追いやられてしまった。祖父が亡くなったとき、彼らは帰郷して最後に一目会いたいと思い、ソーシャルワーカーに間に入ってもらい、葬儀場での出棺式に立ち会うことができた。その際、ソーシャルワーカーは彼らに、警察に自首して服役するようアドバイスした。「早く入れば、早く出てこられるよ。おばあちゃんだってあんな年なんだから」

兄弟は服役前、ソーシャルワーカーにずっと頼み続けた。「おばあちゃんのことをお願いします。おばあちゃんは一人暮らしなので」。こうして、毎週水曜日にボランティアが必ずおばあちゃんに電話して安否を尋ね、福祉身分も申請して補助金を受け取れるようにしてくれた。病院に行くときは毎回ボランティアが同行した。

梅英姉さんの夫も自分の担当ケースに

もっとも、梅英姉《メイイン》さんは「家族関係の修復」の最大の受益者がまさか自分自身になるだろうとは、それまで考えもしなかっただろう。

アウトリーチの仕事と観照園の両方でてんてこ舞いの状況が続いた頃、梅英姉《メイイン》さん自身の人生もひどく傷ついていたのだ。夫は中風で入院し、早くに結婚した息子は離婚が原因で自殺を図って重傷を負い、七歳の孫は父親の自動車事故に巻き込まれて、足の裏の皮は地面を引きずられて骨が丸見えになってしまった。一歳半の孫は常に誰かの世話を必要としていた。

家庭の災難でどん詰まりになった梅英姉《メイイン》さんは看護費用さえ支払えず、毎日下の孫を背負って仕事に行き、仕事が終わるとまた急いで病院に直行し、夫に食事をさせて下の世話もし、夜中になってようやく家に戻れるという始末だった。

実は夫が中風になったとき、二人はすでに別居状態であったが、梅英姉《メイイン》さんはそれでも毎日面倒を見に行ったのだ。唯一存命中の義父の第三夫人さえ見るに見かねて、こう言った。「あなたの旦那はあなたにすまないことをしていたのに、まだそんなに自分を犠牲にするの?」だが、梅英姉《メイイン》さんは「一面識もない人のことだって、私は助けてるんです。まして何十年も一緒に暮らしてきた人ですよ。あの人の戸籍は新北市にあるので、もし私が構わなかったら、最後は私の担当するケースになっちゃいます」と答えた。

夫にはまずいことがたくさんあったとしても、「ホームレスだっておそらくそうでしょう。たとえ間違ったことをたくさんしても、やはり家族には受け入れられたいのよ」という。

あの一時期、梅英姉《メイイン》さんは一日も休暇を取らず、知らず知らずのうちに鬱状態に陥っていた。毎日コーヒーを五杯飲んでも頭が回らず、ホームレスさえ恐れるほどイライラしていた。だが不思議なことに、ある日、梅英姉《メイイン》さんが突然考え方を一転させると、瞬時にポジティブな姿勢に切り替わり、薬をやめただけでなく、仕事のアイデアもひっきりなしに出てきたのである。「ああ、私はものすごくパワーアップしたみたい！」

梅英姉《メイイン》さんは、路上のアウトリーチであれ、あるいは観照園にいるホームレスのことであれ、人や資源を分けて進める「分流」〔詳細は次章参照〕の方法を推し進めることにした。施設に入れるべき人には施設を見つけて入所させたが、十二年も続けると、当初、契約してくれた三つの施設が、二十数箇所にまで拡大し、自立できないホームレスを収容してくれるようになった。

しかも、ボランティア協会は梅英姉《メイイン》さんの指揮下で、あたかも社会局に付属する裏の「救助課」のようになったのである。県政府の多くの部署はボランティア協会に「もしもし、救助課ですか？」と直接電話してくる。

ある場所で失火があり、住民が家を失ったとき、一本の電話が入って単刀直入に聞いてきた。「梅英姉《メイイン》さん、お米と掛け布団はありますか？」「あります」「こちらには荷物を運ぶトラックがないんですが」「わかりました。トラックを手配します」

台風が新店川《シンティエンチュアン》岸の渓洲《シーチョウ》部落を襲ったときは、「梅英姉《メイイン》さん、こちらはベッドが○○床、戸棚が○○台、テーブルが○○台必要なんです」との電話が入った。すると、一週間後には梅英姉《メイイン》さんが必要なものをすべて用意し、送料まで負担した。

さらに新米の警察官は夜半、梅英姉《メイイン》さんに頻繁に電話してくる。「もしもし、主任、一人見つけたんですが、どうすればいいですか？」梅英姉《メイイン》さんとソーシャルワーカーは、どのように捜索すべきか、死亡はどのように通報すべきか、彼らにしょっちゅう教えなければならない。現在、新北市のどの派出所にもすべて梅英《メイイン》姉さんの携帯番号が登録されており、梅英《メイイン》姉さんは苦笑する。「こちらが教えて、わかってもらえれば、お互いの利益になりますけどね」

移行できないホームレス

ボランティア協会は十二年の間アウトリーチ業務を請け負い、ホームレスの数は七〇〇名あまりから三〇〇名あまりになった。身障者補助金をもらっても家賃を引くと、残りわずか三千元〔約11万円〕で生活しているような人に対しては、ボランティア協会は慈済などの資源を導入して長期的なケアを行ない、自力の行動が不便な人に対しては、在宅サービスまで導入している。梅英《メイイン》姉さんとボランティア協会はさらに警政署や医療施設、収容施設の垣根を取り払って、ワンストップ・サービスを行えるようにし、個々のケースを引き受けたからには最後まで責任を負い、一人一人が正常な社会福祉システムに入っていけるようにした。

だが、二〇一五年、梅英《メイイン》姉さんはそれ以上アウトリーチ業務を引き受けないことにしたのである。なぜならボランティア協会には、官僚システムのもとでいつまでたっても一般の社会福祉制度への転換ができないホームレスをこれ以上負担する力がなかったからだ。

ホームレス支援業務の通常のワークフローは、市民が路上でホームレスを見つけたら、ボランティア協会が病院で受診させるか、適切な施設へ入所させるかし、さらに家族の捜索や家族関係の調整、低所得者用住宅などの福祉資格の申請、就労支援など、ホームレス状況を脱出して地域の正常な生活に戻れるようサポートし、ここまで行って一つのケースが終了したとみなされる。ホームレス業務担当の社会局社会救助課が「ケース移行」を行い、一般の社会福祉制度に移して、フォローアップを行う。だが、救助課は十数年来、担当者が十数人も代わり、よりよいポジションに移れることを期待するだけの人もいて、移行を待っている一群の存在について理解している人は極めて少ない。

支援したことのあるホームレスが借家で亡くなり、社会局と警察では処理できずに、大家が当初家を借りるのを手伝ったボランティア協会にコンタクトしてくることもある。

「私たちはまず顔を出して大家さんを落ち着かせ、警察に処理の手順を伝えます。葬儀場に電話して遺体を引き取りに来てもらい、それから家族を探し、見つからない場合は死亡広告を出し、それでも誰も現れない場合は、荼毘に付します」。それから梅英《メイイン》姉さんはボランティアを派遣して部屋を掃除させ、大家を安心させるために僧侶を呼んで水で空間を清めてもらう。

ケースが引き継がれないままだと、ボランティア協会の手元には永遠に爆発的な人数のホームレスが残ってしまい、しかも社会救助課は受託団体に対し不正防止の査察をするため、ますます多くの書類を考案し、そのためソーシャルワーカーは事務仕事に忙殺され、ボランティア協会の負担も雪だるま式に増えてしまった。そこで、梅英《メイイン》姉さんはアウトリーチを引き受けるのをやめて、観照園のホームレスの世話に専念することにしたのである。

もう元には戻れない

お金がなくなったら、どうすればいいのでしょうか?

「補助金がなくなっても、支援はできますよ」

事務所のソーシャルワーカーは、以前ホームレス業務をしていたかどうかにかかわらず、毎月一回は外に出て、ホームレスの面倒をみることになっている。もしすでにホームレス状態を脱した人がいれば、ソーシャルワーカーは夜や祝日を利用して彼らのお供で釣りをしたり、映画を見たり、ボーリングをしたりする。彼らは元ホームレスの暮らしや仕事上の様々な苦労に耳を傾けるのだが、それは「幸福居」の時期に立ち上がった「幸福クラブ」の活動である。ボランティア協会と新北市のその他ボランティア団体は協力して「愛が照らす路上」プロジェクト*を進め、「お金があればそれに見合ったことを、お金がなければそれなりのこと」をしている。政府の資源がなくても、少なくともホームレスに寄り添える人材はいるし、生活必需品の足りないホームレスがいれば、ボランティア協会は物資を募集した後、個別のニーズに合わせて配布している。すべてがアウトリーチを引き受ける以前の、「どっちにしろお金がなくてもやってみたいんだよね！」のような単純なところに戻ったようだ。

梅英姉《メイイン》さんは率直にこう語る。「ホームレスの一団は一度や二度ですぐ上手くいくわけではありません。時に腹が立って、悔しい思いや悲しい思いをしながら相手を突き放し、しばらく外を転々とさせることさえあるんです。けれど、涙を拭って怒りが静まると、あの人はやっぱり家族だし、向こうがもう一度やってみようというなら、こちらももう一度引っ張ってあげようという気になります」

一〇〇パーセント母親キャラの梅英姉《メイイン》さんは、必要とされるのは気にしないが、必要とされるときに、自分がいないのは心配だという。

「ホームレスの人たちは、私のことを『刀の口、豆腐の心』って笑うんです」。以前、梅英姉《メイイン》さんに

＊ 「愛点亮街頭《アイティエンリィァンチエトウ》」は毎年三節に新北市のボランティア団体が結集して、ホームレスに入浴・理髪・医療サービスや衣類を提供し、食事を共にする活動。蔡衍明《ツァイ・イエンミン》基金会からはご祝儀の提供がある。市長や社会局の代表らも出席する。

しょっちゅう懲らしめられていたホームレスの中には、現在、梅英《メイイン》姉さんがもうアウトリーチの仕事をしていないと聞いて、涙を流す者もいた。正直にこう語る者もいる。「姉さん、あんたは厳しいことは厳しいけど、おれたちはやっぱりあの頃のあんたのことが懐かしい！」

ホームレス支援をしたあと、人生で最も変わったことはなんですか？

梅英《メイイン》姉さんはテレビドラマ『結婚って、幸せですか』[*1]のセリフを真似て言った。「もう元には戻れない！」

ホームレス文化に溶け込むため、梅英《メイイン》姉さんにはもはやあの綺麗な礼服を着る機会はない。「今の私の『気品』はサイダー育ちなの！」[*2]

だが、彼女は言う。「自ら望んだことですけどね！」

自ら望むこと、それこそボランティアにとって最も大切な中心的価値であると、梅英《メイイン》姉さんは考えている。

＊1　原題『犀利人妻』。二〇一一年台湾最大の話題作として日本でもBS日テレで放映された。
＊2　「気品」を意味する中国語「気質《チージー》」と「サイダー（汽水《チーシュイ》）」を掛け、自分の気品はサイダーを飲むことで養われた、の意。

女性ホームレスから必要とされる場所にいる
——サマリア婦女協会

「サマリアの女」は『聖書』の「ヨハネによる福音書」の中でも度々言及される章節〔四章一節―七～四二〕で、一人の女が井戸に水を汲みに来たときイエスに出会い、人生が変わったという話である。

家のような場所

台中市の旱渓《ハンシー》〔台湾中部の烏渓水系に属する河川〕河畔にある「慈善サマリア婦女関懐協会」（以下、「サマリア婦女協会」）は台湾全土で唯一の女性ホームレス協会で、内部の人は互いに姉妹と呼び合っている。他の県や市のホームレス施設の事務室とは雰囲気が異なり、中に一歩入っただけで柔らかな照明と心地よいソファー、調和のとれた家具を目にして、ここがとても心温まる住まいであることに気づく。

もともとここは本当に一つの住まいだったのだ。

協会は二〇〇〇年に創設され、二〇一〇年に「安心家園《アンシンチアーユエン》」を設立するための準備が始まり、四年間の募金を経てこの築四十年の古い家屋を買い取ったのである。さらに一年間募金が継続され、建物の手入れもなされて、遂に二〇一五年に安心家園が正式にスタートしたのであった。

三階には八つのベッドのある大部屋、二階には共用の大テーブルが一つ、さらに臨時ベッドの置ける空間があり、寒波が来た時はより多くの姉妹を収容できるようになっている。私が訪問したとき、ちょうど朝陽科技大学《チャオヤンクーチー》の学生グループと出くわした。彼らは公益団体に経費を提供し、環境保護の改善策を進めることができるというので、サマリア婦女協会執行長の楊麗蘋《ヤン・リーピン》さんは、姉妹たちがより快適に暮らせるよう、最上階の断熱設備を学生たちに研究してもらいたいと願っていた。

当初、この家を購入したのはここの特色が気に入ったからだという。住所を記したプレートは路地に面した方に掛かっているのに、大通りの方から表門を出入りすれば、隣人と出会う機会を減らせるのだ。台中では、ホームレスに食事を提供するホームレス協会が、しばしば近隣住民の強烈な反発や抗議に遭い、一時的にサービスを停止させられるということが起きていた。

もともと、カトリック・メリノール宣教会の修道女、フィリピン籍の劉美妙《リュウ・メイミャオ》シスターが、野宿者が「お腹いっぱい食べる」という基本的な欲求さえ満たせないと、悪事を働くこともありうると心配し、「貧しい人を助け、弱い人を支える」を宗旨とするカトリックのヴィンセンシオ宣教会に支援を求めたのであった。そうしたところ、教会のメンバーが少額の寄付と人材を提供してくれたため、毎週末ホームレスが集まる台中駅と第一広場に行って、弁当を配るようになったのである。数年すると原価に近い価格で弁当を提供してもいいという飲食業者のおかげで、ようやく毎回一〇〇人分の支払いを支えられるようになった。

人安基金会、台中市街友関懐協会、キリスト教恩友センターが台中のホームレス支援の列に続々と加わるにつれて、劉《リュウ》シスターは関心の重点を弱者の中の弱者、つまり「女性ホームレス」に置くようになった。二〇〇三年、彼女は台中駅裏のスペースを借りて「慈善サマリア婦女関懐協会」を設立し、女性ホームレスが昼間ここに来て、入浴したり、洗濯したり、食事ができるようにした。やがてここは安全で、他人にいじめられる心配もなく、夜もここの騎楼の下で落ち着いて眠れると徐々に知られるようになる。だが、近隣住民に不審に思われたため、協会はここを思い切って開放し、女性ホームレスに屋内に入ってもらうようにしたのであった。当時、このような措置はまだ非合法であったが、行政は彼女たちの入居を大目に見てくれた。安心家園を旱渓河畔に移して以来、今では毎日、四、五名の収容を維持し、一年間に収容・補導する人数は三十数名に及ぶ。

劉《リュウ》シスターは十年近く奉仕した後フィリピンに帰り、現在は楊麗蘋《ヤン・リーピン》執行長が引き継いでいる。楊《ヤン》さんはサマリア婦女協会の設立時、すでに理事職にあったが、数年前に四センチの脳腫瘍が見つかって大手術を受けねばならなくなり、退職手続きをして自宅療養することにした。体力と精神力が徐々に回復してから、彼女は後半生を第一線で奉仕しようと決め、執行長の職を引き受けたのだった。

劉《リュウ》シスターがここに住む女性ホームレスに三ヶ月以内の自立を厳しく求めたのに対し、楊《ヤン》執行長はわりと融通がきく。「問題が完全に解決されたことを確認できないまま、彼女たちを追い出すのは忍びないのです」。なぜなら女性がホームレスになる原因は一般的に、精神障害、家庭内暴力、失業、婚姻の失敗、貧困等であり、最も切迫した食事と住まいを提供した後は、医療援助や福祉証明書〔各種福祉サービスを受けるのに必要な証明書〕の申請、心のケアなど長い時間をかけたサポートが必要になってくるからだ。心身の状況に応じて、精神的な施設や介護施設に転院させる人もいれば、職場復帰が可能な人には就労指導も行っている。

一人のホームレスをほぼ包括的にケアする「安心家園」の他に、協会はさらにクローズドの「中途の家」を設立した。「安心家園」の女性ホームレスに初歩的で安定した仕事が見つかると、中途の家に移し、そこをクッションとして生活に徐々に慣れさせるのだ。そこは彼女たちの一時的な私的空間で、三食は自分たちで用意し、協会は三ヶ月間の居所と生活指導を提供する。「彼女たちにはすでに家族や友人の支援システムがないので、付き添って指導する人がいるといいんです。失敗してまたホームレスに戻ってしまわないように」

取材の途中、ちょうどある姉妹が求職のため外出するところに遭遇した。私たちはばったり顔を合わせてしまったのだが、彼女は人見知りで、決まり悪そうだった。楊《ヤン》執行長は彼女に注意を促し、「お客さんにご挨拶して」と言った。

楊《ヤン》執行長はホームレスの収容という点では柔軟で融通がきくが、どの姉妹に対しても少しの手加減もなく細かい要求を出し、どんな機会にも教育をしている。これは、彼女たちが他人と関わったり、外に出て求職したりする際の立ち居振る舞いをサポートしたいからなのだが、この点は、楊《ヤン》執行長がかつて中学校の教師をしていた経歴にぴったり符合する。

協会のもう一人の要は張芳雪《チャン・ファンシュエ》主任である。彼女は弁当を配っていた頃から支援者の一員に加わり、退職後も協会のボランティアを続けている。彼女はある七十代の老婦人とその娘が一緒に「安心家園」に入ってきたときのことを話してくれた。ここに入る前、老婦人はファストフードのチェーン店ですでに二ヶ月も夜を過ごし、疲れたらテーブルに身を伏せて寝ていたという。「そうしていたのはお母さんだけで、娘の方はとても忙しかったんです！」芳雪《ファンシュエ》主任は語気を強める。娘は実際とても真面目に働いており、保険のマネージャーやヨーグルト売り場の販売員をしていたこともあり、葬儀会社で働いたこともあった。暇なときは、彰化《チャンホア》県いのちの電話協会*でボランティアもしていたという。

そんなに忙しくしていたのに、なぜ母娘二人でホームレスになったんですか？「一時的な困難に陥り、稼いだお金もうまく回らず、家賃が払えなくなると、すぐ大家に追い出され、ホームレスになってしまうということです」

幸いサマリア婦女協会は台中市の女性ホームレスの領域に力を入れて久しく、似たような状況が発生したときは、協会に通報するということが人々の間に知れ渡っていた。それゆえ、困難を抱えた女性たちを早い段階で受け入れる機会が次第に増え、女性ホームレスを正常な生活に戻すサポートは容易になっている。

通常の生活に戻れるホームレスは幸運だが、ホームレスの多くは「戸籍」のことだけでも困難に直面している。中には、現在野宿している地域に戸籍がないホームレスもおり、そうすると福祉サービスを受ける資格や補助の申請ができないのだ。また、大家から追い出された場合、戸籍を野宿している現地の戸籍事務所に移す必要があるのだが、そのような人は証明書を一通申請するのに、他の人より多めに罰金を支払わなければならない。楊《ヤン》執行長は不平を隠さない。「こういう人は行くところがないから、とりあえず戸籍事務所に行って、そこの所在地に組み込んでもらうんですが、証明書を何通かもらうのに数百元もかかるんですよ。弱者に対する懲罰に他なりませんね」

さらにある女性ホームレスが協会の指導を受けて故郷の高雄に帰り、仕事を探そうとしたところ、高雄のホームレスシェルターから、「彼女の戸籍は高雄にはないので、転入できません」と言われたという。芳雪《ファンシュエ》主任は頭を振ってこう言う。「彼女はすでにホームレスになってしまったんです。まずその地に仮住まいを確保しないと、安心して仕事も探せません!」

「ホームレス支援は戸籍次第だ」という問題については、毎年ホームレス関連の会議や研究会で提起する人がいるものの、政府はこれまで表立った解決策を表明していないという。

＊ 一九七九年に設立。自殺防止のための電話相談を中心に運営してきたが、近年は活動範囲を広げ、ひとり親家庭や国際結婚による新住民家庭、家庭内暴力被害者などの支援にも力を入れている。

分流は野宿を短縮する

ホームレスに関連する制度的な不備について言うと、楊《ヤン》執行長は「分流」が重要であると提起している。もし効果的に分流できれば、野宿から自立生活までの時間を短縮できるのだ。

「分流」とは、路上でホームレスを見つけた人が警察に通報すると、警察は社会局に通報し、次に社会局のソーシャルワーカーが初歩的な訪問をして状況に応じた「紹介状」を作成し、ふさわしい場所に移送することである。例えば、精神障害者なら精神療養施設に送り、慢性疾患のある人は療養施設に、六十五歳以上は老人施設に、身体障害者は台中市政府の「希望家園《シーワンチャーユエン》」＊に入所させるといった具合である。どんな福祉身分にも当たらないホームレスには、サマリア婦女協会またはその他の施設で継続的な支援を行う。

だが現在、台中市は一旦通報があると、社会局はすぐ警察に直接連絡して、女性ホームレスならサマリア婦女協会に送るよう要請し、台中市政府が本来行うべき仕事を民間施設に丸投げしている。だが、民間施設には政府のような資源が欠けており、例えば、公的システムではホームレスの身分を調査できるのに、民間施設ではできない。また、社会局のソーシャルワーカーはホームレスの健康診断や精神鑑定、福祉資格の申請を効率的にサポートできるが、民間団体の場合、ホームレスに同行して医療機関の各科を転々と回ることから診察結果が出るまで、やたらと無駄な時間がかかり、福祉資格が得られるまでには少なくとも半年以上かかる。その後ようやく社会局に移された途端、適切な施設に振り分けられるのだが、これではホームレスの入所先や処遇の決定が遅れるだけでなく、こうした過程で、民間団体は精神障害者が発病するリスクも引き受けざるを得ない。

「路上生活が長引くと、大部分は精神を病んでしまいます」と芳雪《ファンシュエ》主任は言う。「離婚して親権の放棄を迫られ、経済的にも不安定になり、さらに路上生活の絶え間ない痛手を経験し、収容施設もないとなると、このようなプレッシャーの蓄積が長引けば簡単に精神障害者になってしまうのです」

だが、協会が引き受けているリスクはこれにとどまらない。衛生福利部〔健康福祉省〕台中病院はサマリア婦女協会に若干の「問診票」を提供し、ホームレスの受診を受け入れているが、全身検査はできない。密閉された大家族的生活環境に、もし姉妹が入ってきたときに自分から言わなければ、最初期段階で彼女が法定伝染病を持っているかどうか他の人に知るすべはない。ひいては、本人さえどんな病気にかかっているのか知らず、ことが起きてからようやく肺結核を患っていると知ることもある。身体検査の資源がない場合、すべてはスタッフの観察や判断頼みで、それでようやく出来るだけ早めの治療支援ができるような状況である。大規模病院からすると、毎年三十数名の女性ホームレスの身体検査に協力することはさほどの負担ではないが、募金に頼って運営されている民間施設ではかなりの出費で、むしろこれは公的システムで支援できる部分であろう。

楊《ヤン》執行長は、台中市には「遊民輔導条例」があるので、社会局が条例にある「分流」の一部分を確実に遂行してくれれば、民間施設はずっと楽になると考えている。「台中市は公設民営のホームレス・シェルターを持つ他の直轄市には到底及ばないとしても、もし公的部門の権限でまず検査と分流をきちんとやってくれるなら、ホームレスにとって最も直接的で適切な助けになります。また、『市政府の不足を補う』民間施設を尊重することにもなります」という。

＊「台中市希望家園」は、台中市政府が二〇〇五年に財団法人向上社会福利基金会に経営管理を委託し、二〇〇六年三月から正式に運営されている。心身障害者の自主的な生活能力を高め、家族の介護の負担を軽減するため、全日的な入居ケアサービスを提供している。

資源は有限なので、サマリア婦女協会はボランティアによる奉仕、露店のバザー、チャリティー講演などの他、一部の経費は中央政府・地方政府を問わず政府から補助を受けており、例えば、労働部〔労働省〕からは「就労促進」プログラムの経費が、内政部〔内政省〕からは食事・日用品補助などが提供されている。ただし、政府の補助規定には、何を食べるか、何を使うかについていずれも制限があり、例えば、弁当の価格は五〇元〔約190円〕以内とされている。芳雪《ファンシュエ》主任は笑いながら、「今、どこに行ったら五〇元の弁当が買えますか？　五〇元の弁当を買って、彼女たちに食べさせることなど不可能です」と言う。卵と粉ミルクも審査で認められないのは、公的部門が必需品ではないと認定しているからだ。「朝食で牛乳は飲めないんでしょうか？」楊《ヤン》執行長は合点がいかないようだ。

日用品として、寝袋は買えても布団が買えないのは、内政部がホームレスに必要なのは寝袋であると考えているからだ。「けれど、私たちのシェルターで必要なのは、布団や枕、マットレスなんです。これについてはもう何年も伝えているのに、誰も取り合ってくれません」

政府のささやかな補助金と共同募金組織ユナイテッド・ウェイ*が長期的に支援してくれているソーシャルワーカー一人当たりの人件費を差し引いても、サマリア婦女協会の毎年の入居費用、人件費、医療費など様々な出費はやはり二〇〇万元〔約760万円〕の赤字で、それを補わないと、「安心家園」と「中途の家」は運営できない。

だが、たとえサマリア婦女協会ができることはしたいと願い、彼女たちの専門的なサービスもようやく台中市政府の授与する「優良組織」の名誉を獲得したというのに、彼女たちと最も密接な関係にある社会局は反対にキーになる事業計画案の補助名簿から彼女たちを外している。

楊《ヤン》執行長はある種の思いを隠せない。「台中市からはすでに公設民営のシェルターがなくなってしまったので、社会局は私たちのような民間団体をもっと大事にして、十分な資源を与えるべきなのです」。なんといっても、ホームレスのための募金は非常に難しく、一般市民が差し伸べる愛の手はほとんどが子どもや身障者、高齢者などに向けられてしまう。「ホームレスは食いしん坊の怠け者なので、資源を与えたり、ケアしたりする価値はないと思われているんです。でも、ホームレスの大部分は自ら願ってそうなったわけではなく、実際は皆、仕事を持っています。ただ、部屋を借りるだけのお金が稼げないってだけで」。そこで、サマリア婦女協会のようなホームレス支援団体は、生活のペースを整えたいと思っている人に一つの機会を与えているのだ。

どれもみな難しい

第一線に立って包括的なケアをするには、ホームレス支援の境界をどのように捉えるべきでしょうか？

「主任には境界はありません！」楊《ヤン》執行長は自分が尽くしてきたことにはほとんど触れず、焦点を張《チャン・》芳《ファン》雪《シュエ》主任に置いた。

「主任は本当に心から女性ホームレスのことを考えています。自由に慣れて『安心家園』に入りたがらない彼女らのことを、仕事が終わっても路上に出て考えているんです」

だが、そうしたことをすればするほど、怒鳴られたりすることも多くなる。芳《ファン》雪《シュエ》主任はかつてある女性ホームレスの同意を得た後、ささやかな補助金が無駄に使われたり、盗まれたりしないよう、

＊　一八七三年にイギリスで始まった募金専門の組織。社会資源を効果的に集めて統合し、資金を必要としている社会福祉団体に分配する。一般市民が繰り返し募金する手間を省き、民間のパワーを結合して社会事業を強化することができる。台湾では、一九九二年十月十七日に設立された。

善意から彼女のために銀行通帳と印鑑を保管したことがあった。ところが、そのホームレスは機嫌が悪いときに協会にやってきて、主任にお金を盗まれたと言い張り、テーブルをひっくり返さんばかりの大騒ぎをしたのだ。

さらにもう一人、協会に頼って障害者補助金を獲得し、『ビッグイシュー』の販売で自活できるようになった女性ホームレスがいた。彼女は雑誌販売エリアの近くに住みたいと言って、「中途の家」への入居はやめたのだが、服薬指導をしてくれる人がいなかったため、病気の意識が薄れ、最近また精神疾患を発症して『ビッグイシュー』の販売ができなくなってしまった。それでしょっちゅう協会に電話してきて、芳雪《ファンシュエ》主任から一〇〇元〔約380円〕を盗られたと抗議するのである。

さらに私が訪問する前日、かつてホームレスで、現在は男性パートナーと廃屋で同居している六十七歳の女性のために、芳雪《ファンシュエ》主任は資源回収の仕事を手伝っていた。「回収したものは、重量が軽すぎると買取金を引かれる」といって、この女性はゴミをすべて家の中に積んでおく。耐え難い臭いだが、捨てるにも忍びなく、食べ終えた弁当の箱までドアの上に吊るしてあった。ビニール袋まで取っておき、慈済に寄付して毛布を作ってもらうという。彼女と知り合ってすでに十年になる芳雪《ファンシュエ》主任は、彼女がしばらく前に肋骨を怪我したので親身にいたわり、養生のためによく鮮魚のスープを作ってあげていた。すると、このまま残って、部屋の片付けを手伝ってほしいと彼女から言われたのである。「お金を払うと言うのですが、私にはいただけません」。芳雪《ファンシュエ》主任は何度も逃げたが、結局はやむを得ず、お昼から夜まで片付けることにしたのだった。だが、完全にきれいになるまで、あと十日はかかりそうだ。「私はイエス様にこう言うことしかできません。私に忍耐力をください、ずっと続けさせてくださいと」

そんなやりきれない思いや苦労に向き合いながら十三年近くやってきて、ホームレス支援の場を離れようとは思わないのでしょうか？

見たところ、優しいお母さんのような芳雪《ファンシュエ》主任は、「必要とされる場所にいることがやはり大事なのです」と答えた。

一番大変だった補導ケースは何でしたかと尋ねたところ、楊《ヤン》執行長は、どれもみなとても大変でした！　と言う。

薬物で体を壊した女性が「安心家園」に入って二ヶ月が経ち、もう大丈夫だと思っていたら、なんと掃除の最中、彼女の枕の下から粉の包みが見つかったことがあった。

もう一人、幼い頃から母親に「酒を飲めば殺菌できる」と洗脳されてきた女性ホームレスがいたのだが、協会には毎月彼女を断酒センターに送るだけの費用がなかったので、ソーシャルワーカーに頼って自分たちで教導するほかなかった。酔いから覚めたとき、彼女はいつも絶対もう飲まないと真剣に誓うのだが、あるとき一度に飲みすぎて、パンツさえ脱がず便座に腰掛け、尿を放ったのだった。

この大酒飲みの原住民女性はかつてやむなく離婚を切り出した後、家に帰れなくなっていた。子どものことがどうしようもなく恋しくて、あるとき川辺に行って飛び込もうとさえしたという。「気分が落ち込んだときに、お酒は私を助けてくれるんです。もう四十数年も飲んできたのに、どうやって変わればいいんですか？　私だってすごく変わりたいけど、変われないんです……」

楊《ヤン》執行長は言う。「なぜ私たちは許せるんでしょうか？　なぜ私たちは誰からも助ける価値がないといわれている人を助けようとするんでしょうか？　なぜなら彼女たちは皆、背後に悲しみと無力感を抱えているからです」

サマリア婦女協会が収容している様々な人には、路上から連れ帰った人、警察が送ってきた人、家主から追い出された人、さらに路上生活をする前に自らやってきた人もいる。私は最後に協会が彼女たちを収容する条件は何か、楊《ヤン》執行長に聞いてみた。

「帰る家がないことです」。執行長によると、帰る家のない人はホームレスであると言う。「私たちは精神的、実質的な貧困を含む、最も困窮した人を受け入れます。なぜなら彼女らは皆、神様が創られた尊敬に値する人だからです」

サマリア婦女協会にやってくる女性の一人一人が、旱渓河畔で愛に出会って人生を変えられるよう、私は願ってやまない。

ホームレスの話し相手──翁パパ

住所を頼りに高雄市ホームレス協会〔高雄市街友関懐協会〕を訪ねたとき、まず線香やろうそくの煙が渦巻く廟を通り過ぎた。数人の老人が境内の中にも外にもまばらに座っている。まさか廟がホームレス支援の仕事をしているんだろうか。向かいの空き地に建築中のコンビネーションハウスをちらっとよそ見していると、廟に隣接した高雄市ホームレス協会をうっかり通り過ぎてしまうところだった。なんと協会と廟は一体だったのだ！

出迎えてくれたのはソーシャルワーカーの「翁《オン》パパ」である。彼が足を引きずりながら狭くて急な階段を上がり、私を二階に案内してくれると、そこは乾燥食品の匂いが充満する貯蔵スペースだった。彼がパイプ椅子を二脚運んでくれて、私たちのおしゃべりは始まった。

翁《オン》パパがホームレスの領域に足を踏み入れたことについては、国民党軍退役後の生活から語り起こそう。当時、彼は溶接工の仕事をしていたが、毎日仕事が終わるとカトリック・メリノール宣教会の葛素玲《ケー・スーリン》シスターが創設した「団結青年ボランティアセンター」に出向いた。「救国団」*と似たような

＊　前身は一九五一年に設立された「中華民国反共青年救国団」で、初代主任は蔣経国。二〇〇〇年に「中華民国青年救国団」に改称した。「公益、教育、奉仕、健康」の使命を遂行するＮＰＯ。

名前だが、実際は当時、労働者意識が高くない社会にあって、労働者に関心を寄せ、労働者の権益獲得を支援する組織であった。もともと大家族的な雰囲気に惹かれて活動を続けてきた翁《オン》パパだが、様々なボランティアの訓練を受けて幹部になり、さらにここで「成長していく団体」が好きになったのだ。彼は三年の時間をかけて、葛《ケー》シスターや呉麗雪《ウー・リーシュエ》副主任[*1]から団体の指導テクニックを学んだのだが、こうした訓練から翁《オン》パパが得た第一の収穫は「途方に暮れること」だった。つまり、「七時から五時まで働いて、タバコ・酒・檳榔《ビンラン》なんでもあり」といった溶接工の仕事では、心の落ち着き先を見出せなくなってしまったのだ。

ソーシャルワーカーの背景がまったくない翁《オン》パパは、社会全体が「ソーシャルワーカー」と「ボランティア」の区別を愚かなほど理解していなかった一九八八年、月給四万元〔約17万円〕ほどの溶接工から月給一万元〔約4万円〕にも満たない高雄市連合立人協会[*2]の「幹事」職に補欠で採用され、社会的弱者の家庭訪問や福祉の申請、フォローアップなど、ケースマネジメントを担当するようになった。

資源のない立人協会はある病院の一室を借りて事務室にしていたが、ある一時期、蜂窩《ほうか》織炎《しきえん》〔皮膚および皮下組織の急性細菌感染〕を患った六十代の男性が協会事務室の外をしょっちゅううろうろし、数日後ようやく、自分には金がなく、空腹なので助けてもらえないかと勇を鼓して訴えてきたことがあった。

翁《オン》パパはそれを聞くと、まず事務室のインスタントラーメンを彼に食べさせ、次に、「向かいの小学校のフェンスのところに行って、座るか、横になるかしていて」と言った。続いて、翁《オン》パパは一一九番に「路上に行き倒れがいます」と通報したのである。果たして救急車がやってくると、この男性をそこから百メートルも離れていない、翁《オン》パパがいる病院に搬送してくれた。翁《オン》パパはすぐ「高雄市行路病人対策法」を援用して、社会局に医療費を負担してもらい、この男性を救ったのだった。

これが、当時まだ「遊民」と呼ばれていたホームレスと翁《オン》パパの初めての接触だった。

だが、翁《オン》パパがホームレス問題を真剣に考えたいと思うようになったのは、別の「遊民」がきっかけである。その男は酒が原因で妻子と離別し、仕事も失い、友とは疎遠になり、ソーシャルワーカーの気遣いもまったく受け付けなかった。「おれはもともとこうなんだ。あんたはおれに何をしたいんだよ？」翁《オン》パパに向かって、彼は台湾語で怒鳴った。

動揺した翁《オン》パパはこう考えざるをえなかった。「人はちゃんと生活できるのに、なぜこんな境遇に陥ってしまうのだろう？　もし救いたいと思うなら、どうすればいいのだろう？」

シェルターの門を開く

二〇〇三年、立人協会は高雄市政府の遊民収容センター[*3]の運営を受託したが、事前にシェルターの実地調査を担当した翁《オン》パパから見て不可解だったのは、ホームレスを収容するまでのワークフローをわずか一人のグループ長に頼っていたことだ。そのグループ長が三重の鉄格子の中にホームレスを連れて行くだけで、最初から最後まで警察官もソーシャルワーカーも誰一人として実際にシェルターには足を踏み入れず、そこはまるで近寄りがたい深淵のようだった。

当時、収容されたホームレスの人数は多くなく、わずか三〇名ほどだったが、翁《オン》パパは「中はすごく臭かった」という。立人協会が床板を一枚一枚めくって張り直すと、臭いは半年後にようやく少し

＊1　原注　元高雄県社会処処長、現屏東県副県長。二〇〇七年に地方自治体の制度が変わり、組織条例も変わったため、「社会局」が「社会処」に変更された地方もある。ただし、人員編成上の変化はない。

＊2　原注　後に「高雄市慈善聯合協会」に改称したが、県市合併後、現在の「高雄市慈善団体聯合総会」に改称した。略称は「慈総」。

＊3　原注　現在の正式名称は「高雄市三民街友服務中心『惜縁居』」。

ずつ消えたのだった。

シェルターのサービス項目には、生活支援、就労斡旋、医療援助などが含まれ、他に家族捜索サービスも提供していた。自発的に入所したホームレスは困難が解決すると出ていくが、自己決定能力の欠如を理由に送られてきたホームレスは、ここに入るや五、六年は居ることになる。そのうちの一人、多重障害で癲癇《てんかん》を患う三十代の男性は、普段は車椅子に座り、食事の介助も必要で、話はできず大声で叫ぶばかりであった。癲癇の発作が一度起これば歯をくいしばって感情を爆発させ、四、五人のホームレスでも抑えきれない。翁《オン》パパは、「彼にはきっと家族がいるはずだ。いないわけはない」と思い、彼の資料を内政部のデータベースに登録した。

「台湾警察の中に捜査の達人がいて、人探し専門なんですが、本当にすごいんです」。実際、台南の張《チャン》さんという警察官は捜索願に添付した二十年前の中学卒業写真を照合して、なんとこのホームレスのお兄さんを見つけたのであった。

お兄さんがシェルターにやってきたとき、翁《オン》パパは遠慮なしに聞いた。「あなたは弟さんを探していたんでしょうか？」「もちろん！」「もちろんというなら、ここに来たことはありますか？」お兄さんは黙ってしまった。翁《オン》パパは腹立ちまぎれに言った。「行方不明者のことを警察に通報しようとしなかったんですか？　高雄には二つのシェルターがありますよね。鳳山《フォンシャン》に一つ、ここに一つ。ここに来て聞けたでしょうに！　でも、あなたは今までずっと来たことがなくて、根っから放り出すつもりで政府に処理を丸投げしたんですよね」

そのホームレスが家に戻って二週間後、翁《オン》パパが訪ねて行くと、彼がまた公園に置き去りにされているのが見つかった。まさに最初に失踪が報告されたあの公園である。彼は翁《オン》パパを見た途端、ニコニコ笑って大きな口を開け、イイアアという声を発した。翁《オン》パパは彼がまた捨てられるのかと心配したが、しばらくすると車椅子を押して迎えに来た人がいたので、ようやく安心してそこを離れた。

立人協会はシェルター事業を引き継いだ後、積極的にサービス項目を改善するようになった。もともと皆で弁当を食べていたのだが、翁《オン》パパがプロの料理人を見つけてきて食事を作ってもらうようになり、さらに白米と食材を提供してくれる賛助団体を探していて、弱者に弁当を提供している寺廟、行徳宮《シントーコン》の存在を知ったのだった。つまり現在の高雄市ホームレス協会の所在地であり、協会最大の支持者である。

SARSが人々を震撼させたあの年、台北の病院に続き、高雄の長庚《チャンケン》病院も感染してしまったため、シェルターと行徳宮は自発的に協力し合いSARSの予防に取り組んだ。毎日シェルターにやって来る人や、弁当を受け取りに来る人の体温を測り、夜間も必ずホームレスが集まる公園に行って体温測定を実施し、一滴の水も漏らさぬレベルだった。ところが、一年あまりの間SARSの症例は一つも見つからなかったというのに、「新聞にはホームレスがウィルスキャリアだと書いてあったんです。なんてこった！　せいぜい軽い風邪だったのに」

だが、メディアは火を放ってすぐ逃げだし、侮辱されたホームレスが汚名を晴らされたかどうか意に介する人もいなかった。

隠れホームレス

行徳宮の起源は、ゴミ箱を漁って残飯を探していた人を林阿罕《リン・アーハン》というおばあちゃんが目にして惻隠の情がわき、慈善団体を作って夕食を無料で提供しようとしたことに始まる。当時、おばあちゃんはご飯を食べず、六十日間水だけを飲み続けたのだが、それは、節約した食費を寄付して社会的弱者を助けるためであった。おばあちゃんはすでに亡くなったが、次の世代は彼女の意志を引き継ぎ、毎日、「あなたが来る限り、さしあげます」と弁当を提供している。

翁《オン》パパはホームレス・シェルターの主任ではあるが、余計なお世話から行徳宮は資金の流れを明確化すべきであると考え、ベンチを一つ探してきてその上に立ち、弁当を受け取った人の写真を上から撮ることにした。一人一人のインタビュー冊子をまとめ、「支援カード」[*1]も一枚一枚作制し、行徳宮とこれら社会的弱者の間で始まったばかりの交流活動に協力すると同時に、弁当が一体どのような対象に配られたのかも把握した。

六年後、行徳宮が初歩的な慈善活動を専門的なホームレス支援にまで引き上げようとして、翁《オン》パパに「高雄市ホームレス協会」の設立に協力してほしいと打診してきた。草創期で人材の最も足りない時期とあって、彼はもともと熱心に務めていた立人協会のソーシャルワーカーを辞めてしまった。

翁《オン》パパはさらに一歩進めて、「支援カード」を受け取ってくれた社会的弱者グループを細かく分類[*2]し、それぞれに最適な援助を与え、一人一人ときちんと話し合った。一度、ホームレスがうんざりしてこう言ったことがある。「弁当一個もらうのにこんなに面倒なのかよ!」だが、翁《オン》パパはあくまでこのやり方を続けている。「ホームレスが成長してきた背景を聞くと、たくさんのフェーズが飛び出してくるんです」。これらのフェーズから弱者になった「因」を見つけなければ、ソーシャルワーカーは根本から介入して指導することができないし、資源が入ってきたときに、最も必要とする人の手に渡せなくなってしまうからだ。

基本的な支援の他、翁《オン》パパが最も心血を注いだのは仕事と住居が不安定な「隠れホームレス」の追跡である。

社会的弱者の分類を行った六年後、翁《オン》パパが知ったのは、もともと二八〇名いた隠れホームレスのうちすでに三十数名が長期的な路上生活者になっていたことだ。「構造的な要因は当然ありますが、家庭のサポートと個人の心理的要因こそがキーなのです。飲酒・賭博・成育歴がDVや離婚を誘発し、これらが主な原因でホームレスになるのです」。さらに、翁《オン》パパの観察によると、ここ数年深刻になっているのは「薬物」と「精神障害」だという。

「社会の伝統的価値とモラルがなくなり、隣近所の関係も希薄になり、みんなが携帯やPCに向かうことで簡単に精神疾患になってしまうんです」。翁《オン》パパは苦笑する。「今後、心理カウンセラーの仕事はきっと流行るでしょうね」

薬物については、翁《オン》パパの口調は重みを増す。「『ケタミン』は絶対コントロール対象にすべきです。現在異常なほど氾濫し、公園を通り過ぎると、溶けたプラスチックみたいな匂いのすることがあるんですが、そこにいるのは皆若者です」

こんなに多くの要因があるとはいえ、「ホームレスになるのはさほど簡単ではなく、普通、『醸成期』がある」という。翁《オン》パパが長いこと関わったホームレス支援の経験からすると、おおよそ三～五年である。「一人の人間が自分を本当に放棄しようとするのは、さほど簡単なことではありません」もしこの五年の間に十分な支援が提供でき、初期段階から手を差し伸べられれば、弱者がホームレス

＊1　個人面談を経て、ホームレスを分類し、四種類のカードを作制してコンピューターで管理している。ホームレスの分類については次の原注を参照のこと。

＊2　原注　分類は全部で以下の通り。実際路上生活をしているホームレス、満六十五歳以上の老人、弱者層（心身障害者、中低収入戸、ひとり親）、および中高年求職者（短期失業中で住居のある者、刑余者を含む）の四種。主な機能は、毎日の食事受給者群の類別と人数を統計し、データ上の数量化と分析を行い、支援計画を制定する。二〇一〇年から一五年まで、毎日配布した弁当の数量は二四八個から二八〇個に増加した。

になって長期的に路上生活することは避けられるのだ。

ソーシャルワーカーの価値観

ホームレスのタイプは種々様々で、どんな人もいる。かつて酔っ払ったホームレスが路上の遠くから翁《オン》パパを見つけ、百メートル走の勢いでぶつかってきて、翁《オン》パパを殴り、怒鳴ったことがあった。「なんでオレをシェルターに入れてくれないんだよ?」翁《オン》パパは殴られたことが解せなかった。「あなたのことを入れないなんて、誰が言ったんですか? 私に聞いたことはありますか? 入りたいんなら今すぐ私と一緒に車で行きましょう!」結局、ホームレスは車に乗ると何事もなかったかのように大人しくなり、反対に打撲を負った翁《オン》パパは数年たった今でもまだズキズキとした痛みを抱えている。

だが翁《オン》パパもいつも殴られているばかりではない。かつて外で酔い潰れるまで飲んだ三人のホームレスがシェルターに戻って他のホームレス一人を挑発し、罵詈雑言の応酬の後、一触即発の事態となったことがある。翁《オン》パパにとって普段一番目障りなのは弱肉強食の生態だ。「健常者は老人や障害者をいじめ、老人や障害者は病人をいじめ、病人は這い上がれないから、ホウキや塵取りを取って鬱憤を晴らすんです」。そこで、彼はすっ飛んで行って止めた。「あんたら一対一でやるのはいいけど、三人で一人を殴るのはダメだ」。その結果、酔ったホームレスは三人揃って翁《オン》パパに拳を向けたのだ。

で、どうなったんですか?

「勝ったよ。パイプ椅子を持ち上げたんだ」

翁《オン》パパは「お節介な性格」と「正義感」に祟られて、なんとか長いことこの仕事をやってこられたと思っている。「そうでなければ、献忠《シエンチョン》がいうように、男はソーシャルワーカーになるべきではありません！　三万元〔約11万円〕あまりの給料で、もし子どもが二人とも大学に行くとなったらどうします？　これは経済的に『後顧の憂い』のある仕事なんです」

ただ、翁《オン》パパがたとえ「好きですする、喜んで引き受ける」〔慈済基金会の創設者證厳法師の言葉〕としても、社会全体はソーシャルワーカーに仕事の価値や意義を感じさせないような仕組みになっていて、福祉施設も第一線のソーシャルワーカーの実務経験を重視しないため離職率は高く、ソーシャルワーカーを道具扱いし、事業計画を立てて人件費を申請しても実際は支給されないことさえある。さらに様々な名目を立ててソーシャルワーカーに「回捐《フゥイチュアン》*」と呼ばれる寄付を要求しているが、これは誰もが知ってはいても明るみに出せない規定である。かつて学術機関が、「施設はソーシャルワーカーに回捐で運営経費を補助するよう要求していますか？」というアンケート調査をしたことがあった。答えはまさに質問の中にある。「けれど、在職中に誰が本当のことを言えるんでしょうか？」

溶接工出身の翁《オン》パパは専門性が足りないとたまに馬鹿にされることがあったので、より良いサービスを提供するため、発奮して国立大学の大学院に合格し、より高度な知識や技術を身につけた。だが、ソーシャルワーカーが努力して質を高めても、政府はただ量的成果しか見ようとしない。翁《オン》パパはこういう。「ソーシャルワークの及ぼす作用というのは遅々としたもので、人ひとりが変わるのを見ようとしたら非常に時間がかかるのです。まずそのひとの背後にある要因を見て、彼が数年後にホームレスの状況から自分の足で出ていけるかどうか、忍耐強く見守らなければなりません。こうしたこと

＊　ソーシャルワーカーが毎月の給与から「寄付」として直接控除され、自分の所属機関に戻すこと。一千元から八千元まで金額は様々。機関の経費不足が原因と言われている。社会福祉の世界では長年暗黙の了解とされてきた。

は、短期的に数量化できるものではないのです」

六十代の董《トン》さんがいい例だろう。彼は以前、牛肉麵店の主人で、商売は繁盛していたが、やがて賭博ゲームに熱中し、病的なまでに惑溺してしまった。「動いている器械が目に入りさえすれば、気持ちが沸き立ち、やってみたくてうずうずしてくるんだ」

翁《オン》パパは董《トン》さんと知り合って六年になるが、じっくりとしたコミュニケーションを何度も重ねることによって、今や董《トン》さんは清掃会社の仕事を見つけ、グループリーダーにまで出世した。さらにしばらくして、董《トン》さんは翁《オン》パパに言った。他のホームレス仲間にもこの仕事を紹介できますよ、と。

ある時、翁《オン》パパが董《トン》さんの十坪ほどの小さな部屋を訪問しようとしたところ、いつもはもったいなくてエアコンをつけないのに、なんと翁《オン》パパのやってくる三十分前からエアコンをつけて待っていてくれたのだ。

董《トン》さんは、収入がもう少し安定したら、かつて彼から借金を申し込まれるのを恐れていた兄弟姉妹を訪ねたいという。彼らにやはり受け入れてもらえるだろうと信じているのだ。

翁《オン》パパはことさら満足そうにこういう。「今の段階でホームレスに仕事がないのは二の次で、考え方を変えられれば、その他のことは心配ないんです」

本当にしたいこと

ホームレス支援はなかなか達成感が得られない。だが、「彼らが喜ぶのを見ると、私も嬉しい」という翁《オン》パパは、仕事を始めたばかりの頃、シェルターで毎日少なくとも十二時間働き、特殊な状況にぶつかると一日中指令を待つことさえあった。夜間にアウトリーチの仕事があるときは夜の十一時に出て行き、夜中の二時、三時にようやく家に帰り、翌日は正常業務を続けていた。その結果、『水滸伝』の拚命三郎《ピンミンサンラン》〔石秀のあだ名。義侠心に富み、命を投げ打つのも惜しまない三男の意味〕のように何ごとにも全力で取り組む翁《オン》パパは、十数年来の苦労が重なって体を壊してしまった。両足が痺れて痛むほど脊椎神経の圧迫が深刻になり、歩くのに足を引きずり、すでに手術は避けられないほどだ。そこで、彼に初めて現役引退の気持ちが芽生えたのであった。

「もしソーシャルワーカーの組織が私を講演に招いてくれたら、専門的なことだけでなく、健康についても必ずちゃんと話します。健康管理をきちんとしなくて、一体何が支援サービスだっていうんでしょう？」

手術の前に特に完成させたいホームレス支援の仕事はありますか？

「おしゃべり！」

翁《オン》パパは団結青年ボランティアセンターでかつて身につけたスキルを利用し、「自己認識と成長」をテーマに二セッションのグループ・ワークショップを企画し、参加者を募集したことがあった。毎日昼食後、ホームレスに参加してもらい、一セッションにつき八つの講座を行ったのである。

翁《オン》パパによると、長い間、路上生活をしていた人は自衛のために他人をあまり信用しないが、十分に安心できる関係がありさえすれば、大部分はやはり自分の話を他人に聞いてもらいたがっているという。特に好んで話すのは、自分の存在感を示せる話題で、「例えば、彼が以前はどれほど輝いていたか！」ということだ。たとえそれが過去の栄光に過ぎなくとも、自分の価値を思い出せるからだ。

ホームレスに関心を持ちたいという人への翁《オン》パパのアドバイスは、最初の一歩として彼らの話し相手になれれば、まずは成功という。「断続的な物資の提供は皆が競ってやりますが、持続的に『彼らの話を聞く』ことはあまり大事だと思われていません。けれど、それは人と人との間の基本的な欲求ではないでしょうか？　あなたは友だちと食事し、お酒を飲んで、何をしますか？　おしゃべりでしょう！　お互いの近況や思っていること、単に関心のあることを喋ります。けれど、ホームレスの人たちは醸成期から本物のホームレスになるまで、誰にも自分の話を聞かれたことがないのです」

グループ・ワークショップを始めたばかりのとき、心ここに在らずの人もいたし、ひとの発言を遮りがちな人もいたし、独りよがりの人もいた。「だから、ファシリテーターはとても大事なのです。テーマがどこにあるのかしょっちゅう注意を促さなければなりませんが、テーマに沿って発言してくれるなら、その他のことは彼らに任せて勝手にやってもらっていいんです」。「くそったれ」などの荒っぽい言葉も、ときおりグループの中で発せられることがあるという。

だが、信頼関係が一旦出来上がってしまうと、ワークショップ・メンバーたちのより深い考え方を度々聞くことができるのだ。例えば、土地公廟〔地区の守り神を祀った廟〕の近くで寝泊まりしていたホームレスがいた。彼は、自分によくしてくれる七十代の老人に出会ったが、その老人が二年前に亡くなると、大きな喪失感に襲われた。翁《オン》パパはグループの中に彼を開放して心情を思う存分述べてもらい、彼がなぜこの老人を懐かしむのか、他のメンバーにも受け止めてもらった。

「話す」ことを通して、翁《オン》パパは彼らに自分自身の問題を少しずつ見つめてもらうようにしているが、問題が意識されて初めて考え方を解きほぐせるようになり、さらに行動の上でも少し変わりたいと思うようになるのだ。「ソーシャルワークの理論でよく言われるのは、『我々は支援対象者を変えなければならない』ということですが、率直にいうと、デタラメです！　自分で変わろうと思わなければ、本当には変われないんです！」

家庭のようなホームレスセンター

おしゃべりの他、ホームレス支援への翁《オン》パパの究極的な願いは、実は「本物のホームレス支援センター」を作ることだ。このセンターには家庭的な雰囲気が必要で、ホームレスがやってきてお茶を飲みながらおしゃべりしたり、何か作って食べたりできるのだが、それは彼が若い頃、「団結青年ボランティアセンター」で味わった最も懐かしい雰囲気である。「ホームレス支援であのような環境を作ろうとしても簡単にはいきませんが、やろうと思えば、必ずできます」

この家庭は、まずホームレスに安心感を与えなければならない。なぜなら彼らは夜、落ち着いて眠れないからだ。蚊や蒸し暑さ、寒波などはすべて我慢すべき自然環境であり、時には夜中、暴走族に出会ったり、糞便をぶっかけられたり、ひどい時は殴られたりもするので、皆いくつもの寝場所を行ったり来たり移動せざるを得ない。例えば、高雄駅裏の公園ではかつて三人のチンピラが金属バットでホームレスを脅し、強奪を働くという事件が起きた。その日はちょうど一週間分の工賃八千元〔約3万円〕あまりをもらったホームレスがいて、さらに他の人の持ち分を加えると、全部で一万元〔約3万8000円〕あまりが残らず奪い去られたのである。翁《オン》パパはそれを知った後、憤慨して言った。「あんたたちはバカですか？　八人が三人に奪われたって？　みんなで団結して相手を殴れなかったんですか？」悪態は悪態として、翁《オン》パパはこの事件を通して、ホームレスにはリーダーがいないため、「困難に出会ったら、まずは自分を庇う」という傾向があることを知ったのである。もし恐怖の中で生活している彼らに緊張した神経を少しでも休めてもらえる場所があれば、たとえ数時間であってもいいだろう。

次に、協同組合的な運営組織を付設することだ。協同組合が表に出て清掃関係の仕事や学歴がなくても任せられる工事などを請け負い、意欲や能力のあるホームレスにより多くの就労チャンスを摑んでもらえるようにし、また、彼らの労働権益を保障し、対外的なサービスのクオリティーをコントロールするのである。

「ホームレスは決して仕事をしたくないというのではなく、反対に騙されるのを恐れているのです。五日働いて賃金未払いのこともあり、一週間働いて二日分の工賃しかもらえないこともあります。雇用主にいじめられて、仕事をきっぱりやめた人もいます」。中には銀行債務を負った人もいて、給料をもらったそばから銀行に三分の一を引かれてしまうため、翁《オン》パパに、「『今日仕事が終わったら、すぐ現金がもらえる』ような仕事を紹介して！」と嘆願してくる。

頭の中に見事なビジョンを描きながら、翁《オン》パパは急に実務的になって自嘲気味に言った。「このホームレス支援センターと協同組合には曖昧な名前を付けないといけないですね。看板を掛けたらホームレスの拠点だとバレて、抗議されないように」

ホームレス・コミュニティーでは、翁《オン》パパのことをほめる人とけなす人が半々だという。「この主任は言うことがキツイ」と形容する者もいれば、「この主任はひどいやつで、人を殴る！」と互いに警告し合う者もいる。だが、現役引退の気持ちが芽生えたときでさえ、翁《オン》パパが寝ても覚めても考えているのは、ホームレスの避難港をどうやって作れば、彼らに冒険に飛び出してもらえるか、ということだ。

この港の外にいる私たちは、もしかして通りすがりに中に入ってお茶を飲んだり、隣人同士のようにおしゃべりしたり、互いにおれは昔……と自慢し合ったり、一緒に政治家にツッコミを入れたり、どうでもいいことで暇つぶしをしたりするかもしれない……つまりこれは台湾人の最も平凡で、最も直接的で、最も情のあるつき合い方ではないだろうか！

路上の神話——李盈姿（台湾芒草心慈善協会秘書長）

ホームレスはみな食いしん坊の怠け者か？

七〇パーセントのホームレスは仕事をしているが、多くは特殊な内容で収入は限られ、不安定である。彼らがよく従事する職種は、人間看板、建築現場での肉体労働、チラシ配布、出陣頭、資源回収、雑誌販売、給付代替就労などで、大半は多大な労力を要するわりに収入は微々たるものである。一部の仕事は非常に危険でさえあり、保険もなく、多くのホームレスは労災が原因で路上生活者になってしまう。仕事のあるホームレスは慈善団体で食事をする頻度は減るものの、収入は低く不安定なため部屋が借りられず、健康保険料も負担できない。

ホームレスが集まるのは食べ物があるからで、食べ物を配りさえしなければ自然に消える？

ホームレスが集まるのは食べ物の他に、仕事、社交、安全などを考えてのことであり、食べ物のルートを中断するのは追い払うことに等しく、問題を真に解決することにはならない。むしろ良い方法は、資源の投入を増やし、ホームレスの状況から脱出できるよう支援することだ。

ホームレスはみな自由を愛し、外で暮らすことを願い、他人に管理されたくない人か？

生まれながらに放浪を愛する人はごく少数で、九〇パーセントのホームレスは経済的な苦境から部屋が借りられず、路上生活に陥ってしまうのだ。シェルターの管理は日増しに厳しくなり、ホームレスも入居したがらない。もしホームレスに「中途の家」など一時的宿泊施設への入所を勧めたいなら、収容施設の管理や居住のクオリティーを改善することこそ一番の近道だろう。

ホームレスはみは生活が滅茶苦茶で、不潔なのか？

多くの人は、ホームレスは風呂に入らず、不潔で、体からは悪臭がプンプン漂ってくると思っているが、実際、決してそうではなく、ホームレスの多くは場所を探して入浴している。だが、入浴施設は不便なため、回数は多くない。本当に汚いホームレスはごく一部なのだが、これがホームレスに対する市民一般のイメージになっている。

ホームレスはすべて精神的に問題のある人か？

ホームレスの中には当然精神疾患者がいるが、ごく少数である。メンタルヘルスはホームレスにとってかなり重要な課題であり、ホームレスの鬱傾向は社会全体の平均値の五倍である。ホームレスの中には、精神疾患にかかっても適切なケアと援助が受けられず、そのために仕事ができなくなったり、職場で和やかな人間関係が築けなかったりして、路上に出てきた人もいる。メンタルヘルスのサポート範囲を施設から路上にまで延長することこそ有効な支援方法である。

居住から考えるホームレスの社会的援助の現状

——許哲韡（台湾芒草心慈善協会専案執行）

台湾では公的部門がホームレスに様々なサービス資源を提供しているが、中央政府の直接的な管轄ではなく、地方政府が資源の提供と施策立案の責任を負っている。全台湾の県や市の中で、台北市のホームレス人口は最多を数えるが、予算に最もゆとりがあるため、支援体制は最も整備されている。台北市のホームレス支援に関わる公的資源は、主に社会局、労働局、衛生局などに分散し、同時に市政府は民間の非営利組織もサポートし、両者が協力してアウトリーチ・サービスや短期中継宿泊所〔路上から地域の賃貸住宅に移るまでの中継点となる宿泊所〕、食事提供、就労指導などの事業を展開している。それぞれの事業はいずれも複数の施設によって運営され、どの施設もそれぞれのサービス方式を展開し、ホームレスの多様なニーズに対応している。

とはいえ、公的部門の資源が社会福祉に投入される際、残余化（residual）[*1]という考え方も依然として存在するが、一方で、一部の一般市民と議員がホームレスの困難を自己責任[*2]に帰し、ひいては、スティグマ化の視点から社会福祉資源の投入を制限するよう圧力をかけることがある。今のところ公的

＊1　原注　家庭、市場、社会がすでに崩壊し、個人の生活を支えきれないときに限り、公共部門が介入すること。
＊2　原注　その行為と境遇はすべて個人の行為や考え、選択に由来するものであり、外部とは無関係であると認識すること。

部門は短期的、あるいは一時的な支援や指導に専心するばかりで、完全な支援体制を確立しておらず、非営利組織への支援も不足している。

芒草心協会によるホームレスの中継居住の実践

芒草心協会は、二〇一三年から一五年まで社会局の宿泊助成事業を引き受け、中継居住サービスを提供した。協会は萬華《バンカ》の二箇所のアパートを借り入れて、安心できる居住空間にネット環境・パソコン設備・書籍などを備え、就労支援もある自立支援センターを設立した。主な支援対象は、自分で身の回りのことができて、安定した就労能力があればなおよしとされる自立生活を目指すホームレスである。

ソーシャルワーカーの仕事は、入居者の生活平等思想[*1]の育成から始まり、居住環境の維持、同行とエンパワメント、貯蓄サポート、揉め事の仲裁、入居者間のピアサポートの養成、生活の自己管理支援などの項目が含まれる。自立支援センターの精神に基づき、今のところ各拠点では出入りのチェックは行わず、入居者が共同で生活のタイムスケジュールを決めている。

芒草心協会の業務経験を通して入居者の入居理由は、心身の疾病問題や不安定な職業、家賃支払に満たない収入など、様々であることが明らかになったが、より踏み込んだ同行指導を経て、さらに多くの潜在的な原因が見えてきた。例えば、現代産業のニーズに合わない学歴、社会関係の断絶、文化・社会資本の脆弱さなどが挙げられる。換言すると、自立支援センターの第一の意義は、居住空間など基本的生活環境の提供、第二は、入居者の複合的な困難を掘り起こし、そこから脱出させるための支援、である。

二〇一六年、芒草心協会は社会局の宿泊助成事業には申請せず、募金と特別プロジェクトの方法によって自立支援センターに必要な経費をやりくりしようと試みた。そのおかげでソーシャルワーカーにとって、担当ケースの指導とそれを受け入れる基準がかなり柔軟になり、文書作成の行政的な仕事の負担も減った。ただし、募金による運営スタイルを取ったことで、公的部門から提供される資源でソーシャル・セーフティ・ネットワークを構築するという責任からは外されることになった。理想は、宿泊支援を行う施設に公的部門が経費を提供し、施設の方では専門的な業務と明確な成果を提供し、同時に公的部門も施設の独立性と専門性を尊重することだろう。

台北市の中継居住サービスの概況

台北市には芒草心協会のような中継居住サービスを提供している機関がかなりあり、台北市ホームレスシェルター（台北遊民収容所）[*2]の他、民間の昌盛教育基金会[*3]、キリスト教恩友センター、人安基金会平安站などが挙げられる。各機関の支援方法は若干異なり、ホームレスは各自のニーズによって

＊1　自立支援センターの入居者は一般成年と同様、自分自身の生活に対する主導権や時間に対する支配権を持つべきであり、自己管理能力によって仕事と休みの状態に合わせて生活のリズムをコントロールし、共同生活のルールも共に作っていくという考え方。

＊2　台湾では数少ない公的ホームレス支援シェルターの一つ。一九五〇年の「台湾省取締散兵遊民弁法」に基づき設立された。ベッド数八四床、職員十八名（内ソーシャルワーカー四名）。収容対象は主に高齢・虚弱なホームレスだが、身元不明の高齢者・身体障害者も収容する。収容期間は最長二年。

＊3　二〇〇〇年五月十五日、台北市政府教育局の認可の下、「一日一善」「人助けは喜びの本質」の精神によって設立された公益慈善型の文教基金会。人文教育と環境保護教育の理念によって社会的弱者層の指導と救済を進めている。ホームレス問題の解決を図るために「中途の家」（Half-way home）を運営している。

選ぶことができる。

　台北市社会局直属の公的な台北市ホームレスシェルターは、経費は潤沢で空間は広々とし、ベッドの他に食事や生活物資が提供される。看護師や二十四時間対応の警備員も配置されているが、ここは自活能力が低く、就労困難なホームレスのための居所である。公設民営の「天主教聖母聖心会平安居」は、入居には自立能力のあるものが望まれ、同様に食事や生活物資が提供され、当直員が二十四時間常駐している。

　助成事業の制限により、各施設の入居者は原則三ヶ月から六ヶ月しか居住することができず、ケースワーカーが入居者のニーズを評価・確認し、台北市社会局に報告してからでないと延長はできない。現在、各施設が提供するベッド数の総計は一七〇床だが、台北市のホームレス人口（現在、路上生活者は少なくとも三〇〇名前後）には到底及ばない。同時に、居住スタイルがある程度決まっているため、生活習慣の異なる路上生活者の入居希望はそれによって左右されてしまう。

　台北市の中継居住サービスの資源は全国的に最も豊かであるとはいえ、ホームレスにとってはやはり短期的で基本的な生活補助を提供しているにすぎない。芒草心協会の二〇一五年度業務成果のアセスメントを例にすると、約五割の入居者が路上生活への回帰という循環を徐々に脱出できてはいるものの、台北市の路上で生活する三百人以上のホームレスには、より強力な支援態勢が必要であろう。そうしてはじめてより多くの人を自立に向かわせ、再び社会とも繋げ、いつまでも路上生活を続けたり、各地の中継居住施設を渡り歩いたりするような運命からも遠ざけることができるのである。

社会住宅の欠乏とホームレスの自立の困難

一部のホームレスは各種の支援サービスを受けた後、複合的な困難を乗り越えて、再び安定した生活を築くようになっている。ただし、現在、台湾の社会住宅*の割合はわずか〇・〇八パーセントで、ホームレスが社会福祉施設を離れてから唯一選択できるのは低家賃住宅や貸し間など民間の賃貸住宅で、選択の幅は限られている。

目下、民間住宅の家賃に関する最大の問題は、賃貸市場に対する政府の管理が不行き届きで、的確な現状把握すらできていないため、社会的弱者が部屋を借りにくくなっていること、また住宅及び社会福祉の支援システムからも問題が見えず、支援もされないことである。

よくあるのは、大家が借主に家賃の補助申請をさせず、貸し間がある事実を隠して、納税を避けようとすることだ。もし選んだのが低家賃の違法建築となると、様々な家賃補助に繋げるのは難しい。たとえ、上記の難関を突破したとしても、補助金の申請には一定の敷居があり、例えば、内政部営建署が規定する「第十五類特殊境遇者」は関連書類を添付しないと補助金は優先的に得られない。その内、社会福祉制度のお墨付きを得た低所得者には最優先権があるが、ホームレスは往々にして最後尾に置かれ、補助金を得るのは容易ではない。

もう一つ別の大きな問題は地域社会の支援が不足していることである。壮年、あるいは高齢のホームレスは人的ネットワークや家庭的つながりと断絶しており、アパートの部屋に一人で引きこもりやすい。日本で流行った「無縁社会」に見られる状況によく似ている。仕事が終わって部屋に帰り、一人ぼっちでテレビを見ながら食事する場面を想像すると、多くのホームレスが一時的に安定した仕事と住居を得たにもかかわらず、支援体制がないために仕事をやめて再び路上に出てしまう理由が容易

＊ 政府の補助を受け、市場より低い家賃で社会的弱者に貸し出す住宅。

に理解できる。

まとめ――非営利組織の仲介機能

台湾では、ホームレス問題が非主流なことは明らかで、公的部門の補助も限られ、一般市民の募金も他の課題に比べてかなり難しい。困難な状況に置かれたホームレスは限られた支援の下で、市場や社会の中から自力でチャンスを見出し、仕事や住居、社交的な安定を求めなければならない。だが、彼らは往往にして客観的な条件が不十分であるため――例えば、収入の不足や心身の不健康など――、真に自立した生活を実現できないのである。

もっとも、ホームレスの困難は多々あるとはいえ、それを乗り越える方法がないわけではない。もし国家を、「政府―市場―社会」からなる三重構造に大まかに分けるとしたら、非営利組織は仲介的な機能を発揮し、従来とは異なる創造的なやり方で、社会の注目や市場の関心を集め、公的部門から重視されるようになればいいのである。そうして、ホームレスが理解され、可視化され、住居や職業が再び自由に選べるようになれば、彼らも余裕をもってどうすれば尊厳のある生活が送れるようになるか考えるようになるだろう。

第三部

路上の仕事

台北市北投区の地熱谷付近　2016 年

人間看板

人間看板とは、路上の決まった場所で大型の広告看板を掲げて通行人に広告を見せる仕事で、一番多いのが不動産広告である。この仕事は通常、ポスティング会社が募集した臨時工が行い、日給は約 700〜800 元（約 2,600〜3,000 円）で、ホームレスが最もよく従事する臨時仕事の一つである。通常、臨時工が決められた場所に集合すると、会社の車が彼らを乗せてそれぞれの場所で降ろし、夕方、また一人一人をピックアップし、賃金を支払う。労働時間は 8 時間と規定されているが、会社の送迎や列に並んで証明書を確認し、賃金を受け取る時間を加えると、往往にして合計 10 時間から 11 時間はかかってしまう。投資収益率は低いが、多くの底辺労働者にとっては止むを得ない選択である。

台北市公館　2013 年

台北　2014 年

個人事業主

一部のホームレスは非営利組織の協力を得て、イノベーション養成事業に参加し、ミクロ経済的な自営スタイルを生み出している。比較的成功した例として、人安基金会の指導による「シングルマザーの焼き芋売り」や、桃園市安欣関懐協会〔*〕の指導で生まれた「路上者コーヒー」がある。この種の事業はメディアの宣伝によって大衆の注目を一時的に集められるものの、商売を続けて安定した顧客層を積極的に開拓できなければ、往々にして一時の徒花で終わってしまい、永続的な経営はできない。

*社団法人桃園市安欣関懐協会は、2015 年 10 月に設立された。翌年から桃園市政府社会局社会救助課の委託を受け、ホームレスに対し全方位的な支援を行っている。「路上者コーヒー」は成功した例だが、他にもホームレスを対象としたアウトリーチ業務、一時生活支援業務、就労サービス、医療サービス、食事・入浴サービスの提供、セックスワーカーの保護などを行っている。

台北市永康街　2014 年

『ビッグイシュー』の販売

『ビッグイシュー』は 1991 年にロンドンで創刊された雑誌。内容は、時事から社会的課題、芸術・文化情報にまで及ぶ。仕入れるのはホームレスや社会的弱者で、彼らがこの雑誌販売を通して自活し、個人の自信と尊厳を回復して生活の主導権を取り戻すことを目的とする。台湾版は 2010 年に大智文創志業有限公司が版権を取得して創刊した。仕入れコストは売値の 50%で、一冊の販売で路上の販売者は 50 元（約 180 円）の収入を得られる。販売場所の多くは地下鉄出口や駅など人出の多いところである。

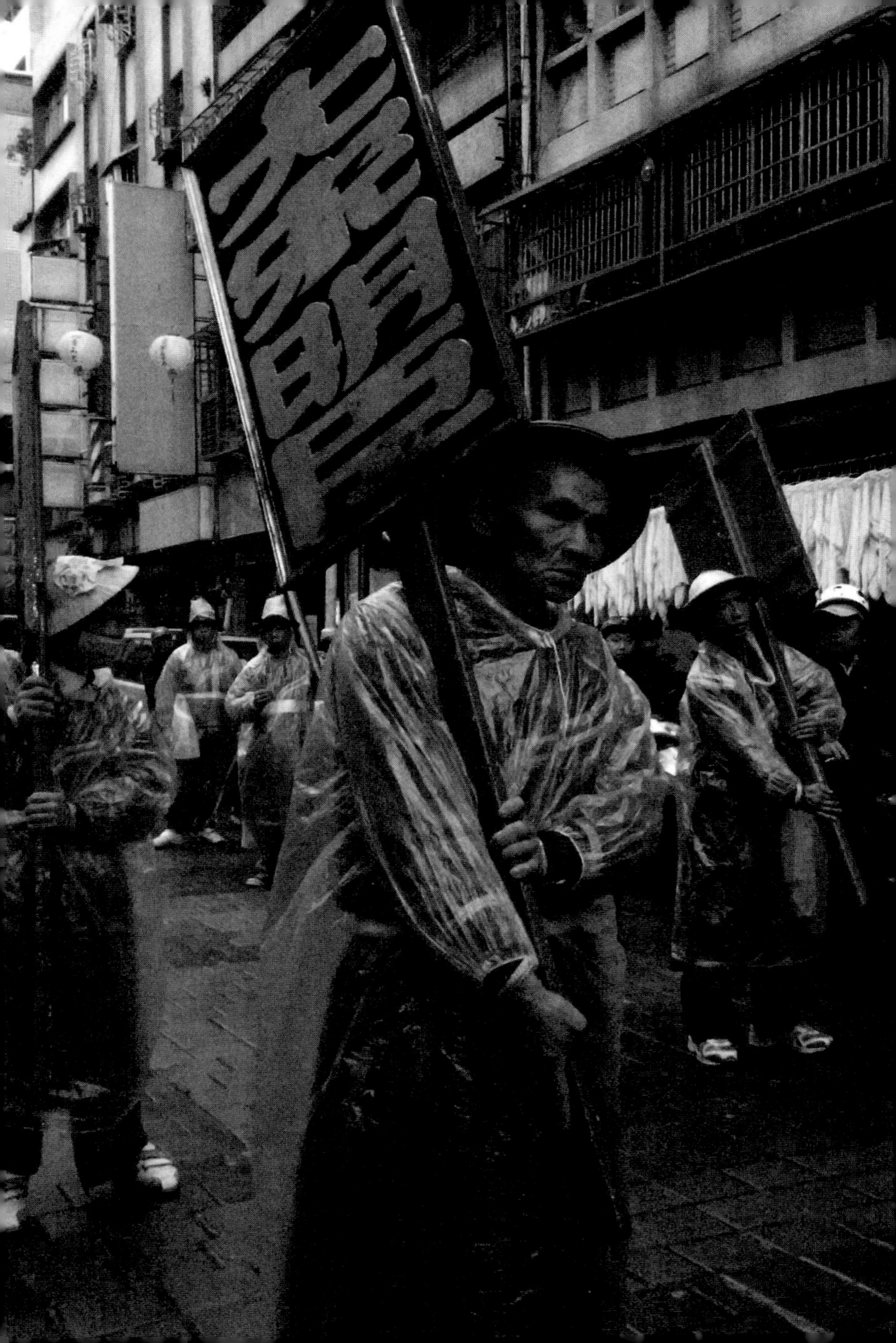

台北市萬華区の貴陽街　2015 年

出陣頭

ホームレスがよく手がけるもう一つの臨時の仕事は「出陣頭」である。廟会、すなわち廟の縁日のめでたいお祭りは「紅陣頭」、葬儀や埋葬などは「黒陣頭」と呼ばれる。廟会の活動中、ホームレスは旗を担いだり、風帆車（ジャンクの帆の形をしたリヤカーのような車で、廟の祭りには欠かせない）を押したり、比較的簡単で専門技術の要らない仕事を担当する。一方、黒陣頭では、ホームレスは葬列隊の一員になったり、旗や棺を担いだりする。こうした陣頭活動で、ホームレスはささやかな収入が得られ、衣類や軽食も無料で供される他、大事なのは一時的にでもどんよりとした暗さから抜け出て、地域社会の賑やかな気分に触れられることである。

台北市萬華区の寺廟・青山宮（楊運生撮影）　2014 年

街歩きガイド
「街歩き」（中国語では「街游」jiē yóu。ホームレス「街友」jiē yǒu と言葉遊びになっている）は芒草心慈善協会がロンドンの Unseen Tour から触発されて進化させた台北の街歩き活動である。ガイドはいずれも野宿経験者で、漂泊の人生と路上のサバイバル経験のため、一般の人とは視点が異なる。このような活動を通して、観光客はホームレスの視点から台北の別の一面を探検できるだけでなく、ガイドもその中から自信と経済的な自立の機会をつかんでいる。

阿俊はメモ帳を手にしてガイドのポイントを暗記する。
台北市西門町　2016 年

ガイドの阿俊　台北市西門町　2016 年

阿俊《アチュン》は 12 歳で嘉義《チャーイー》から台北に出てきてがむしゃらに働いた。まず西門町の洋装店に弟子入りした後、他人名義の店を買い取ってオーナーになり、商売のピーク時には 7 つの店舗を所有し、月収は 30 万元（約 135 万円）に達していた。だがその後、二度の株の大暴落のために、株式市場で蓄えをすべて使い果たし、人生は谷底まで落ちこみ、西門町で野宿するようになった。昔、ミュージックホールの 100 人の女性たちから西門町の 10 大美男子の第 2 位に選ばれた彼はユーモラスで、ガイドのときは冗談ばかりだ。テンションも高く、おばあちゃんやおばちゃんから若い女の子まで女性の間で幅広い人気を得ている。

台北市西門町　2015 年

チラシ配り、ポスティング

チラシ配りとポスティングを行うのは通常、人間看板と同様に広告会社傘下の派遣スタッフである。仕事の内容は広告宣伝品（チラシ、ティッシュペーパー、プレゼント）をクライアントの指定した場所を拠点に交差点や街頭に立ち、対象の通行人に配って広告宣伝効果を図ることである。よくあるチラシ広告は、不動産広告や民間の貸付ローンなどである。

台北市忠孝東路と基隆路の交差点　2015 年

台北駅裏　2015 年

資源回収

商店のゴミ掃除や資源の分類・回収なども多大な労力を要する仕事だが、誰にでもできるので、ホームレスの中にはこれに頼って暮らしているものもいる。回収した各種資源は整理・分類した後、資源回収ステーションや家具・家電回収機関に運ぶことになっている。基礎体力と運搬用具が欠かせないため、病弱なホームレスにとってはどうしても敷居が高い。

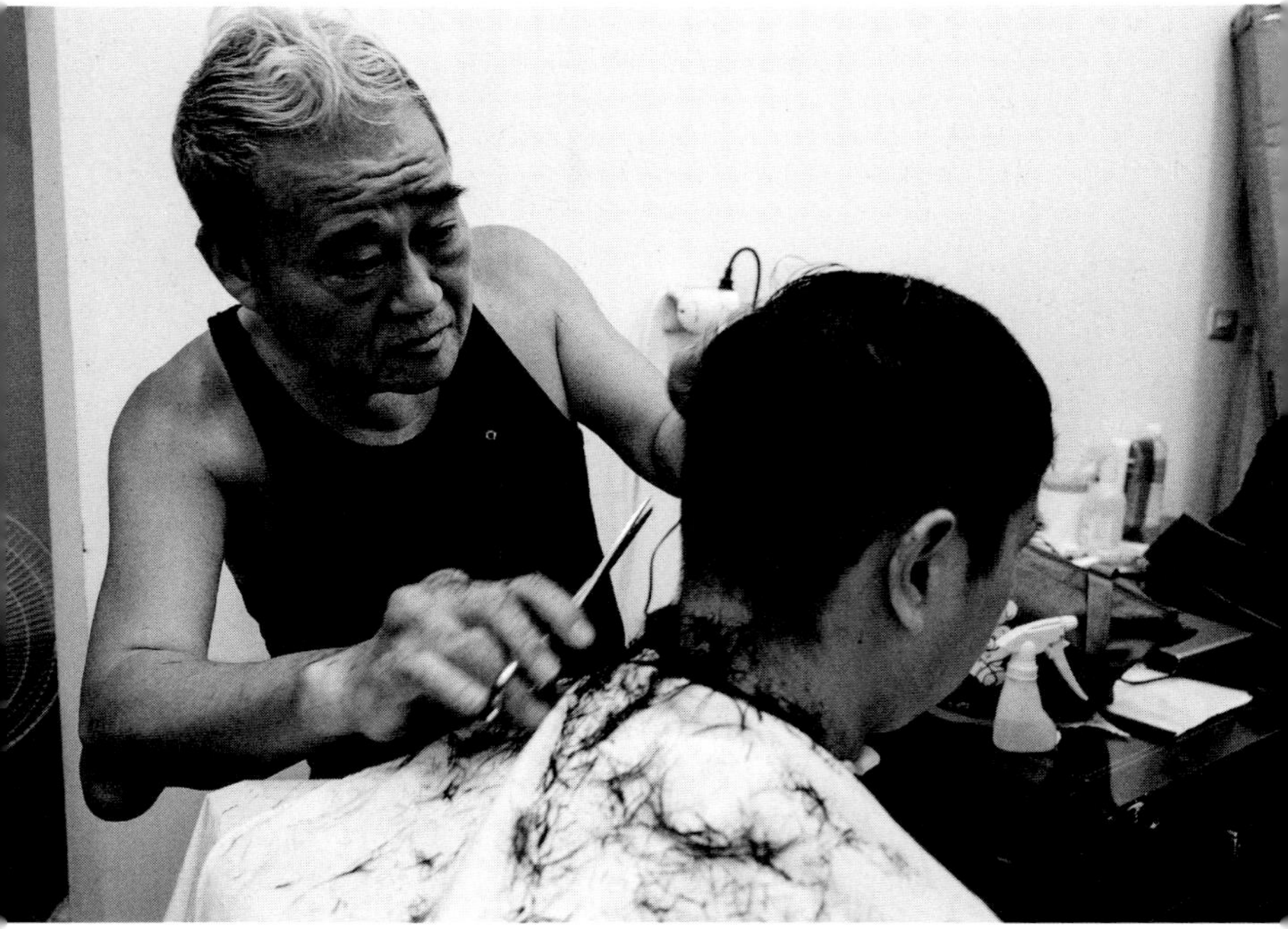

理容師の方さん
方《ファン》さんは若い頃、美容師として台北と香港で働いた。ヘアデザインの仕事を熱愛していたが、実人生の巡り合わせでその仕事を中断してしまう。芒草心協会の初めての活動で、再び髪を切ったり梳いたりして、彼はこの仕事に対する情熱を思う存分発揮した。

起業工作室
芒草心協会は技術をもつホームレスを路上から探してきて、「自助から他者支援へ」を理念とした職業集団「起業工作室」を設立した。主な目的は社会的弱者のための住宅の修繕である。プロジェクトを通して、資金の申請と募集を行い、弱者家屋の修繕に必要な財源を調達すると同時に、修繕が必要なのに負担できない弱者を積極的に掘り起こしていく。修繕の機会があれば技術者は報酬が得られ、一つの修繕費で二つの家庭が「立ち直る」のをサポートすることができる。

台北市西門町（楊運生撮影） 2015 年

玉蘭花売り

一部のホームレスや経済的弱者は玉蘭花《ユーランホワ》を路上販売のアイテムに選ぶ。通常、路上販売者は「卸売業者」に固定の数量を予約して販売するのだが、玉蘭花の保存期限は一日だけなので、当日売れなければ、それ以上は売れない。また、玉蘭花は買い切りのため、路上販売者は損失のリスクを自ら負わねばならない。彼らの多くが寺廟のそばに集中しているのは、廟の信徒たちは玉蘭花を買って神に捧げるだけでなく、一般的に慈悲深いため、弱者を見ると買ってくれるからである。

第四部 ホームレスの「家」

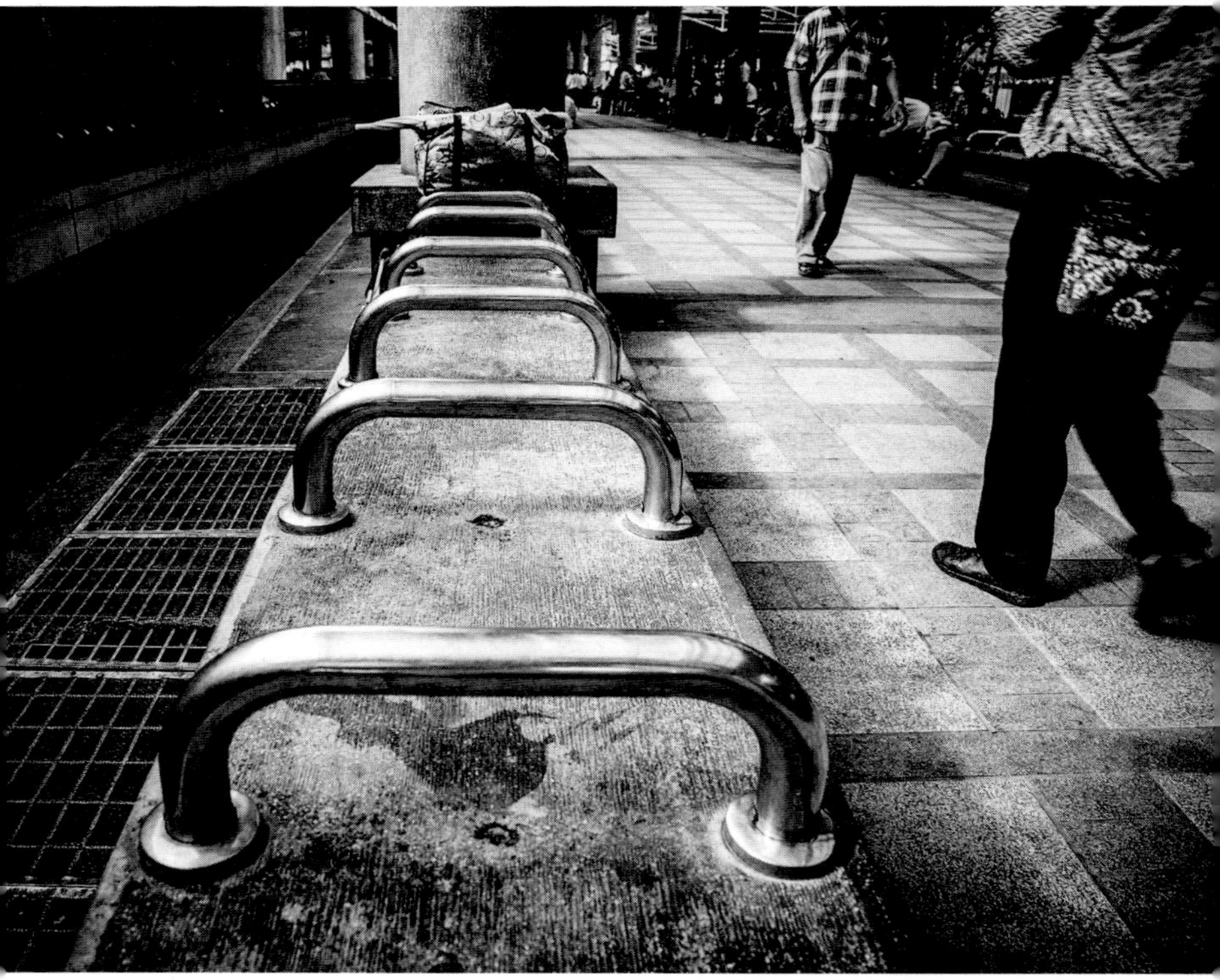

台北市萬華区の艋舺公園　2015 年
もともと公園の椅子に障害物はなかったが、
人が横になって休めないように、障害物を加えている。

台北市北門の捷運駅出口付近　2016 年
一つのスーツケースに一つの長椅子、そこは往々にしてホームレスの家である。

台北市萬華区の艋舺公園　2015 年
艋舺公園のホームレスは、毎朝早く家財道具一式をきちんと片付け、
一箇所にまとめて置いておく。

ダンボールは一番基本的な寝具だ。地上からの冷気を防ぎ、風邪をひかないように守ってくれる。ホームレスは朝起きると、ダンボールを畳んで地下道の脇に置き、通行人の邪魔にならないようにしている。彼らは個人のプライベート空間を持たず、もちろん身を寄せるところもないので、自分の「住まい」と公共空間を結合せざるを得ない。

台北北門に跨る忠孝西路の地下道（現在すでに封鎖されている）　楊運生撮影

台北市萬華区の低所得者住宅のトイレ　2014 年

台北市萬華区の低所得者住宅　2015 年

台北市萬華区の低所得者住宅　2014 年

台北 101 付近の閉鎖された伝統市場は社会的弱者のねぐらになった。　2015 年

台北市西門町のネットカフェ　2015 年
たまに少しの収入があるとホームレスはネットカフェに行き、
蚊や虫に煩わされることなく、安心して眠れる一夜を求める。

萬華の独居老人住宅　2014 年
社会的弱者である独居老人の最後の拠り所。風の通らない地下室には約 1 坪の部屋が 10 間あり、共用の和式トイレが二箇所ある。トイレは体を洗う空間も兼ねている。これでも、このあたりではかなりいい方だ。

台北駅　2015年

訳者あとがき

本書は、台湾芒草心《マンツァオシン》慈善協会（以下、芒草心協会）企画、李玟萱《リー・ウェンシュエン》著『無家者《ウーチャーチュー》——従未想過我有這麼一天（家なきもの——まさかこんな日が来るなんて）』（游擊文化）の全訳である。オリジナルの黒地の表紙にはさらに小さな白い文字で「ホームレス一〇人のライフヒストリー、ベテランソーシャルワーカー五人の真情告白」と記されている。地味な内容ではあるが、台湾で二〇一六年十二月に出版されるや一週間も経たずに増刷となり、優れた出版人および優秀作品に贈られる金鼎《チンティン》賞を受賞し、一八年には台北国際ブックフェア大賞（ノンフィクション部門）にも輝いた。編集者の李晏甄《リー・イエンチェン》によると、当初の企画が形になるまでには並々ならぬ苦労があり、だからこそ関係者全員が心を一つにし、困難を乗り越えて完成させた本だという。

出版の鍵を握っていたのは三人の女性——芒草心協会秘書長の李盈姿《リー・インズー》、游擊文化の編集者・李晏甄、著者の李玟萱——だが、李盈姿に代表される芒草心協会については中山徹氏の解説に譲り、ここでは著者と編集者に焦点を当てて出版に至るプロセスを紹介し、さらに、日本で本書を刊行する意義について述べたい。

当初、本書の企画はささやかなものだったという。まず、芒草心協会がホームレスのオーラルヒストリーを自分たちでまとめ、寄付してくれた人に送ろうと、執筆を李玟萱に依頼した。すると、彼女は多くの人に理解してほしいなら本にして出版する方がいいという。そこで、出版社にコンタクトしたところ、人生に失敗したホームレスの話など、誰も聞きたがらないとの理由で軒並み断られ、その総数はなんと一七社に上った。

ところが、李盈姿からこの企画を聞いて、心を動かされた編集者がいたのである。小さな独立系出版社・游擊文化の李晏甄だ。「ゲリラ」を意味する「游擊」という名にふさわしく、同社の方針は「反体制的な素材を積極的に選んで、民衆の中から・民衆の中へという作品を出版し、書斎と街頭を繋げ、知識と行動の差を埋めること」である。性暴力を受けた少女の精神的崩壊を描き、台湾社会を震撼させた林奕含《リン・イーハン》『房思琪《ファン・スーチー》の初恋の楽園』も他の出版社から断られた後、游擊文化によって日の目を見た。邦訳は本書と同様、白水社から刊行されている。

実は、李晏甄が游擊文化に入って初めて担当したのが本書『無家者』であった。彼女が企画の段階で同書の潜在力を見出せたのは、もともと台湾大学でソーシャルワーカーを養成する学科に学び、現在、編集の仕事をしているとはいえ、過去にソーシャルワーカーの経験があったからだ。彼女から見て、この本を刊行すべき理由は二つあった。まず、ホームレス支援には直接的な支援だけでなく、一般市民の理解を得るための社会コミュニケーションや出版を通した政策提言も必要であるということ。次に、台湾ではホームレス関連の書籍が三、四冊しか出ておらず、しかも出版社は海外書籍の翻訳を重視するため、台湾の事情がさほど知られていなかったことである。

幸い李晏甄の企画案は通ったが、そこから上梓されるまで実に三年もの歳月を費やすことになった。李盈姿は当初、第一部「路上の人生」のみを想定し、ソーシャルワーカーのパートはいずれ別に本にしたいと考えていた。だが、李晏甄はそれをここに入れることにしたのである。もともと第一部にソーシャルワーカーが登場することもあり、第二部でその仕事を詳しく紹介できれば、ホームレス問題を多角的に捉えられるだろうと考えたのだ。

写真については、単にホームレスが路上で寝ているようなステレオタイプのものではなく、やはり政策提言につなげたいと考え、「仕事」と「住居」に焦点を当てた。撮影は、芒草心協会でボランティアをしていた林環瑋《リン・チンウェイ》とカメラが趣味のソーシャルワーカー、楊運生《ヤン・ユンシェン》である。挿絵は、芒草心協会がホームレス経験者の姜《チャン》さんに自分の才能を伸ばすよう励まして、実現した。

刊行後、同書は高い評価を受け、第四一回金鼎賞を受賞したことで図書館にも入り、それまでとは異なる読者層が開拓された。次の段階としてオーディオブックを出すことにしたのは、文字の読めない人にも届けたかったからだ。ナレーターを探す段になって再び次々と断られ、暗礁に乗り上げるも、映画『大仏＋』《ターフォー・プラス》を撮った黄信尭《ホアン・シンヤオ》監督と制作メンバーの協力が得られた。これは、貧困層の中年男性二人を主人公にした地味な映画だが、二〇一七年の台北映画祭や金馬賞で数々の賞を受賞している。何と監督自ら「王子」の部分を朗読し、主役を演じた荘益増《チュアン・イーツェン》と陳竹昇《チェン・チューシェン》の他、著名なミュージシャンや声優も参加した。その多くは手弁当か、受け取ったギャラは芒草心協会に寄付してくれたという。一部がYouTubeで視聴できるので、ぜひご覧いただきたい。末尾にURLを記しておく。

インタビューと執筆を担当した李玟萱はポップミュージックの作詞家として知られ、若くして病に倒れた夫への思いを綴ったエッセイ集『失去你的三月四日（あなたを失くした三月四日）』（寶瓶文化、二〇〇八年）は、二〇一五年、映画監督周美玲《チョウ・メイリン》により連続ドラマ化されて話題になった。

高雄《カオション》に生まれ、嘉義《チャーイー》の眷村《チュエンツン》で育った李玟萱は、生活環境が貧困とは無縁であったため、ホームレス問題を意識したのはかなり遅く、「はじめに」にある通り、野宿生活を体験した映画監督の話がきっかけであった。直接ホームレス支援の活動に加わったのは、大学院の指導教授徐敏雄《シュー・ミンション》氏に請われてのことである。徐氏は二〇一四年、台北市萬華《バンカ》区に経済的弱者と地元の若者がまちづくりのために共に学び、行動することを目的とした団体、台湾夢想城郷営造協会を設立した。現在に至るまで街ガイドの養成や木工工作社、路上芸術家教室などを運営している。実は、徐氏が後半生を経済的弱者支援に捧げようと誓った背景には、ショッキングな出来事があった。寒波が到来した二〇一一年冬のある日、台北市公園管理処が艋舺《バンカ》公園の地面に水を撒いたのだ。段ボールを敷いてそこに寝泊まりしているホームレスたちが抗議すると、それを知ったある市議が管理処長にこう言った。「処長さん、次はそんなふうに水を撒いちゃいけませんよ。そうじゃなくて、水はホームレスに直接ぶっかけて、奴らを追っ払ってください」。徐氏はそれに胸を痛め、ホームレスを対象とする絵画教室と音楽教室を始めたのである。李玟萱は徐氏から請われて教室を手伝っているうちに、芒草心協会に推薦され、ホームレスの聞き書きをすることになったのだが、徐氏が彼女を推薦したのは偶然ではないだろう。李玟萱は、一九九九年九月二十一日の台湾大地震の後、南投《ナントウ》県の山間部にある原住民族居住区で復興作業に五年間従事したことがあったのだ。敬虔なクリスチャンでもある彼女はもともと社会的弱者に深い関心を寄せていた上、筆力の確かさは『失去你的三月四日』ですでに証明済みだった。

李玟萱はホームレスの聞き書きに際し、ペンをカメラに見立て、語り手の人生をドキュメンタリー映画のように記録する方法を取った。余計な加工や美化はせず、彼ら自身の言葉を大量に取り入れたという。話の順序があちこちに飛ぶので、テープを何度も巻き戻して繰り返し聞き、編集には特に力を入れて語り手の長い人生が読者の眼前に無駄なく展開されるよう工夫した。「こんな負け犬の話なんて、誰が聞くんだ」というホームレスには、この本を出す意義を繰り返し説明した。インタビューには毎回かなりの時間をかけ、終了後は疲労感が抜けず、しばらく何も手につかなかったという。

李玟萱は『無家者』が呼んだ反響について、「私の書き方がよかったからではないのです。私は語り手の話をほぼ引用しただけです」「彼らが自分の人生を勇敢に語ってくれたのは、芒草心協会と信頼関係ができていたからです」と、どこまでも謙虚だ。だが、あくまで黒衣に徹した彼女の「聞く力・記録する力・整理する力・構成する力」は決して侮れない。彼女の何気ない質問は語り手から本音を引き出し、ライフヒストリーを構成するに際しては、個人の歴史を華人社会の近現代史につなげ、段ボール一枚の生活空間を台湾の社会構造と結びつけ、平易な文章に有用な情報を大量に注入している。翻訳作業を通して通読する度に啓発書としての完成度の高さに目を見張り、私の中で本書をどうしても日本の読者に紹介したいという気持ちは高まるばかりであった。

ただ、『無家者』以前にはホームレス関連の書籍が三、四冊しか出ていなかったという台湾と違い、日本ではほぼ半世紀も前から現在に至るまで、釜ヶ崎、山谷、寿町という日本の三大ドヤ街関連だけでも膨大な書籍が途切れることなく出版されている。著者も、研究者からソーシャルワーカー、ジャーナリスト、活動家、宗教家、作家まで多岐にわたり、視点も多様である。そんな日本であえてこの本を出す意義はどこにあるのかと問われたら、簡単には答えられないかもしれないが、以下で考えてみたい。

まず、本書の狙いはひとことで言って「ホームレスに対する一般市民の認識を深めてもらう」ことにある。その理由についてては、ベテランソーシャルワーカーで本書の企画者でもある張献忠《チャン・シェンチョン》が巻頭の「刊行に寄せて」で述べている通りだ。「一般市民がホームレスの境遇やニーズを全面的に理解しないことには、有効的な方法によってホームレスの自力更生をサポートすることはできないと思うようになった」と。ホームレスに対して一般市民がネガティブなイメージを抱き、排除の方向に向かうと、行政も及び腰になって公的資源の投入を控え、ソーシャルワーカーや支援団体にとっても活動の障害になるからだ。つまり、私たち一般市民がホームレス問題解決の鍵を握っていると言っても過言ではないのである。

実は、日本の「ホームレスの自立の支援等に関する基本方針」（平成三〇年七月三十一日厚生労働省・国土交通省告示第二号）にも、「ホームレスに対する偏見や差別的意識を解消し、人権尊重思想の普及高揚を図るための啓発広報活動を実施する」とあり、一般市民の理解を促進していることが見て取れる。

ただ、「ホームレスに対して理解を深めよ」と言われても、私たち一般市民はどういう方向で深めればいいのか戸惑うところだ。その点、本書はホームレス問題の入門書として、ベテランソーシャルワーカーが長年にわたって蓄積してきた経験や知恵、知識はもちろん、最新の研究成果を惜しげもなく提供し、ホームレス問題を考える枠組みをわかりやすく提示してくれている。それは日本の読者にも参考になるはずだ。

もっともホームレスのオーラルヒストリーも、日本では繰り返し書籍化されてきた。ホームレスに自ら語ってもらうことで、生きるに値する人間であることを再認識し、自信を取り戻してほしい、あるいは、彼ら彼女らの声を聞くことで主流社会の価値観を相対化し、社会変革につなげたい——そうした願いは、書き手の立場がどうあれ、ほぼ共通している。また、主流社会の中で規範的に生きざるを得ない一般市民にとって、そこから外れたホームレスの破天荒な生き方は、自己責任論で片付けてしまえる反面、どこか魅力的に映るのだろう。それも繰り返し書籍化される理由かもしれない。

本書第一部に登場する一〇名の元ホームレスもすこぶる魅力的だ。生まれ育った背景や路上に出た経緯は全く異なるものの、彼ら一人一人の人生は小説以上にドラマチックである。だがこのような話は、下手をすると「感動ポルノ」的で安直なヒューマンドラマとして消費されかねない。底辺まで落ちてしまった人間が再び立ち上がるサクセス・ストーリーというのは大衆受けするし、大学でホームレスの話をしても、学生たちは社会の片隅で空き缶拾いなどをして必死に生きている人たちに対しては非常に好意的だ。ところが、アルコール、薬物、ギャンブルなどに依存し、昼間から路上でクダを巻いているようなホームレスに対しては、税金を使った支援などもってのほかと、手厳しい。だが、「善良で真面目なホームレス」と「悪辣で怠惰なホームレス」という二極化された固定的イメージはホームレスについての理解を阻害する。

では、どうすれば理解が進むのかというと、本書が取った方法は、昼間から路上で寝ているホームレスと清掃や人間看板の仕事を必死にこなすホームレスが実は同一人物であり、前者と後者は人生の異なる段階に過ぎないと示すことであった。そのため、一人一人のライフヒストリーを、ホームレスになる前、なってから、ホームレスをやめた後、という長いスパンで捉えている。キリスト教の伝道者になった阿忠《アチョン》が、「ホームレスはただいっとき行くべきところがない、一時的なものなんです。この段階を過ぎたら次の段階に進むはずなので、これが永遠の『身分』であってはいけません」と語るように、昼間から路上で寝転ぶ姿は「一時的」なものでしかない。

では、ホームレスが「次の段階」に進むには何が必要かというと、本書では、社会にそれを可能にするシステムがあるかどうか、信頼できる人間関係のネットワークがあるかどうか、という点に主眼が置かれている。つまり、路上に落ちた人が社会復帰するために必要な「自助努力」を、個人のレベルから社会の支援システムや周囲の関係性へと開いていったのである。実際、ここに紹介された元ホームレスの背後には、萬華社福センターがあり、教会や寺廟があり、シェルターや就労支援施設があった。萬華の労働者に理解を示すポスティング会社があり、低家賃で部屋を貸し出す親切な大家がいた。楊運生や張献忠のように支援システムを運用できるプロのソーシャルワーカーがいて、台北市以外にも梅英《メイイン》姉さんや翁《オン》パパがいた。のべ二十三年を刑務所で過ごした強哥《チャンコー》には、更生保護会の陳《チェン》さんというソーシャルワーカーがいたのである。そこから見えてくるのは、人は関係性の中で変化するということだ。『無家者』の日本語版タイトルを「私がホームレスだったころ」、サブタイトルを「台湾のソーシャルワーカーが支える未来への一歩」としたのは、人と人との関係性の中で起こる過去から未来への変化を強調したかったからだ。

支援システムについては、「分流」というワークフローが紹介されている。それは路上でホームレスを見つけた人が警察に通報すると、警察は社会局に通報し、次に社会局のソーシャルワーカーが初歩的な訪問をしてホームレスの状況に応じた「紹介状」を作成し、相応しい場所に移送する、という流れである。初期の対応が早ければ早いほど、ホームレスの社会復帰も早いという。台湾でも日本でも一般市民にそのようなシステムがどれほど認知されているのか定かでないが、それが可視化されれば、私たちは今、目の前に困った人がいたらどこに繋げばいいか、万が一自分がそうなってしまったときにはどうすればいいか、容易に判断が下せるし、行動にも移せるだろう。そうして、はじめて私たち市民は安心して暮らせるようになり、政治に対する信頼も生まれるはずだ。実は、そんなことを考えていた矢先の二〇二〇年十一月、渋谷区で路上生活をしていた六十代の女性が殺害されるという事件が起きた。実は彼女の存在に早くから気づいていた人もいたと聞き、「分流」のようなシステムが市民に広く共有される必要性を改めて痛感させられた。

本書にはまた、大小さまざまな民間の支援団体が紹介されており、それぞれが独自の理念のもとに運営されているようなので、煩瑣になることは承知の上ですべてに注を入れてみた。一つ一つ調べてみると、大企業の運営する基金会から個人が立ち上げたNPO、宗教団体まで実に様々である。台湾では、そうした民間組織が相互連携し、地方自治体とも協力関係を結び、「共助」と「公助」を柔軟に組み合わせながら、ホームレスの「自助」を緩やかにサポートしているように見える。

私は二〇一八年九月に本書で度々言及される台北の恩友《エンヨウ》教会（基督教恩友中心）の日曜礼拝と夕方の炊き出しを見学させていただいた。教会の狭いスペースをびっしりと埋めていたのは、炊き出しの配食を待つまでの間、礼拝に参加した中高年の男性たちである。後ろの方でうたた寝する人もいたが、前方の席に座った人たちはそれ以上ないほど真剣な表情で牧師の言葉に耳を傾けていた。その日の説教が「放蕩息子のたとえ」だったこともあり、教会がまさに行き場のない「放蕩息子」たちの「家」となり、牧師が「父」となっているように見え、信仰心のない私は衝撃を受けた。教会を案内してくださった方も路上生活の経験者だった。

台南の恩友教会では『角落微声――聴見窮人的聲音（片隅の小さな声――貧しきものの声が聞こえる）』（劉奇峯主編、二〇一六年）という本を出版していて、かろうじて住む「家」はあり、家族もいるものの、例えば、年老いた末期癌の母親が重度知的障害者の息子を二人抱えているなど、最貧困状態に置かれた人々の四六の事例を紹介している。行政の手が回らないところを、あるいは行政に見捨てられた人々を、キリスト教会がカバーしているようだ。

ただ、ホームレス問題を含め、地域住民の抱えた困難は、役所に任せておけばいいというものではないのだろう。本書の出版企画は芒草心協会によって練られたものだが、この協会は台北でもホームレス人口の最も多い萬華区に事務所を構え、地域住民を巻き込む形で、ホームレスの自立と地域の自治を進めている。実際、萬華には目的も性格も異なる大小様々な組織が貧困支援を軸に、独創性あふれるまちづくりを活発に進めていて、上述の夢想城郷のホームページには組織間のコラボレーションが一目でわかるようなイラスト地図が載っている。これを見ているだけでも街が生き生きと動いていることが想像できてワクワクしてくるが、誰のことも排除しない包容力のあるコミュニティを作ることで、ホームレスを含めた住民一人一人が生きる意味を見出し、それが地域の活性化につながっているようだ。

結局、「ホームレスに対する理解を深める」という課題は、最終的にはホームレスを生まない地域・ホームレスになっても次の段階に進むことのできる地域を作るというまちづくり、あるいは地方自治の課題になるのかもしれない。だとしたらそれは、私たち市民一人一人が取り組むべきものだろう。

例えば、まちづくりの活動に加わり、家を失って路上に出てしまった人、あるいはその一歩手前にいる人と直接接することで、私たちの意識は確実に変わるはずだ。ただ、それは決して簡単なことではない。本書で阿輝《アフウイ》が語っているように、路上生活の長いホームレスなどは、「性格的に極端になりがちで、突然キレたり、無理な要求をしたり、汚い言葉で悪態もついたりする」からだ。ソーシャルワーカーもよく騙されるし、翁パパなどは殴られたこともあった。そんなことがあると、簡単に失望し、諦めてしまいそうだが、翁パパが寝ても覚めても考えていたのはやはりホームレスのことだった。なぜそれが可能なのかというと、単に仕事に対する情熱ややりがいということではなく、おそらく「長い目で見る」

というホームレス支援に最も必要とされる態度が身についているからだろう。それについては、本書に登場するソーシャルワーカーが異口同音に語っている。

「みんながとっくに諦めていた人が、長い時間をかけたら、ある日突然、不思議なことに変わったんです。変化は一瞬のことでした」（張献忠）、「ソーシャルワークの及ぼす作用というのは遅々としたもので、人ひとりが変わるのを見ようとしたら非常に時間がかかるのです」（翁パパ）、「ホームレスの一団は一度や二度ですぐ上手くいくわけではありません。時に腹が立って、悔しい思いや、悲しい思いをしながら相手を突き放し、しばらく外を転々とさせることさえあるんです。けれど、涙を拭って怒りが静まると、あの人はやっぱり家族だし、向こうがもう一度やってみようというなら、こちらももう一度引っ張ってあげようという気になります」（梅英姉さん）というのだ。

では、このような忍耐力はどうしたら養えるのだろうか。サマリア婦女協会の楊《ヤン》執行長はこう言う。「なぜ私たちは許せるんでしょうか？　なぜ私たちは誰からも助ける価値がないといわれている人を助けようとするんでしょうか？　なぜなら彼女たちは皆、背後に悲しみと無力感を抱えているからです」と。おそらく、彼ら・彼女らの「背後にある悲しみと無力感」がわかれば、「長い時間をかけ」て待つことができるし、信頼関係も築けるのだろう。私たち一般市民にホームレスのライフヒストリーを聞く必要があるのは、そのためかもしれない。

本書の特徴は、ホームレスのライフヒストリーに社会的な支援システムや信頼できる人間関係のネットワークが詳細に書き込まれている点であろう。それによって、読者の視点はホームレス個人の物語から、ホームレスに向き合うソーシャルワーカーへ、さらに地域でのまちづくりや地方自治に移動し、最後に自分自身へと注がれる。そのような視点の転換は私たち読者の意識を確実に変えてくれるだろう。本書を日本で刊行する意義があるとしたら、助ける側と助けられる側が同時に変わることで社会も変わると気づかせてくれる点にあるのかもしれない。もう一つ大事なのは、日本の読者が台湾のホームレス事情を知ることにより、社会の底辺から国境を越えた連帯が育まれ、それによって、貧困を生み出すより大きな構造が理解できるようになることだ。そのためのささやかな一歩として、本書を開いて街に出ていただければ、訳者としてこんなに嬉しいことはない。

翻訳に際しては、日本の読者に経済的な実感を摑んでもらうために、台湾ドル（元）、マカオドル、香港ドル、人民元をすべて日本円に換算して記した。極力時代背景に即して換算し、為替レートの変動を反映させたが、概算するしかない部分もあった点はご了承いただきたい。

補足として、登場人物二人のその後についてご紹介しよう。

まず、周《チョウ》爺さんだ。ある読者が芒草心協会に連絡をくれ、周爺さんが里帰りできるよう四川までの飛行機代を出したいと申し出てくれたという。ところが、周爺さんはまもなく亡くなってしまい、残念ながら夢は叶わなかったそうだ。

もう一人は強哥《チャンコー》である。彼は街ガイドになった後、『ビッグイシュー』の販売員になり、台北市の地下鉄古亭《クーティン》駅で販売している。ある日、古亭にある私立小学校に李玟萱と一緒に招かれて話をすると、無邪気な子どもたちは強哥に、「刑務所の中はどんな感じでしたか?」などと遠慮なくたくさんの質問をしたという。その後、子どもたちは駅で強哥を見かけるたび、「チャンコー、チャンコー」と遠くから大きな声で呼びかけてくれるそうだ。強哥はとても喜んでいる。

コロナ禍が台湾のホームレスコミュニティに与えた影響についても簡単に触れておこう。芒草心協会の李盈姿によると、萬華区でも二〇二一年五月半ばに感染が広がったが、幸いホームレスの中からコロナ感染者は出ておらず、隔離の必要な状況も生まれていないという。ただし、コロナ禍発生以来、人間看板やチラシ配布、玉蘭花《ユーランホワ》売りのような路上販売の仕事は、外出制限や外出自粛による人出の減少に伴って激減し、出陣頭のようなイベントは全面禁止になってしまったそうだ。政府からは労働保険加入者に臨時給付金が支給され、のちに適用範囲が労働保険に未加入の臨時工にまで拡大されたが、住所のないホームレスにその恩恵が届くことはなかった。結局、ソーシャルワーカーが証明書を発行する形でようやく受領資格を得たという。台湾のコロナ対策は世界的な高評価を受けているものの、スピーディーで効果的な防疫政策にはホームレスや下層労働者に対する十分な配慮が欠け、一旦、感染者が出た場合、隔離の方法や適切な隔離場所も想定されていないため、危惧すべき点は多いという。だが、本書でも繰り返し紹介されているように、二〇〇三年のＳＡＲＳ危機をバネに発展してきた台湾におけるホームレス支援活動は、今回のコロナ危機もおそらく無事に乗り越えるだろう。

最後に翻訳の途上で助けてくださった方にも触れておく。

ホームレス問題やソーシャルワーカーの仕事を理解する上では、日本社会事業大学の卒業生に大変お世話になった。まず、二〇一一年から一二年にかけて上月あずささんからホームレスシェルターでのボランティア経験を詳しく聞く機会があり、それが今回の翻訳をお引き受けする原動力になったことを記しておきたい。現横浜市職員の青木尚人さんには東京社会福祉士会・低所得者支援委員会の特別合宿に呼んでいただき、ベテランソーシャルワーカーの皆さんから貴重なアドバイスをいただくことができた。青木さんには寿町も案内してもらった。木村彩花さんからは、寿町のなか伝道所と日雇い労働者組合の近藤昇さんにつないでもらい、近藤さんから日本の貧困事情や地方自治の魅力を教えていただいた。社大生に支えられ、寿町での炊き出しやワークショップ、越冬闘争などに参加し、そこで出会った方々と言葉を交わしながら、本書を訳してきたことを思うと感慨深い。

二〇一九年十月には台湾国立成功大学の「人文サロン」で「無家者」と題したワークショップが開催され、李盈姿さん、李玟萱さん、李晏甄さんと一堂に会することができた。貴重な機会を作ってくださった同大人文社会科学センター博士後研究員の許倍榕《シュー・ペイロン》さんにお礼申し上げる。唯一の心残りは、芒草心協会を訪ね、「街歩き」に参加する計画がコロナ禍のために中止になったことだ。

翻訳に際しては、著者の李玟萱さんに何度もメールで教えていただいたり、専門用語については、李盈姿さんにもご教示いただいた。また、校閲をしてくださった黄耀進さんには、不明な点を丁寧に説明していただいた。大阪府立大学人間社会学研究科修了生の山田理絵子さんには最終段階で貴重なアドバイスをいただき、専門用語の日本語訳もご教示いただいた。ここに記してお礼申し上げる。

編集者の李晏甄さんは『無家者』を出そうと思った根底に深い「愛」があったと語っているが、私自身、本書には深い「愛」を感じており、白水社の杉本貴美代さんには、訳者に選んでいただいたことを心より感謝している。

『無家者』オーディオブックの抜粋

https://www.youtube.com/results?search_query=無家者有聲書

二〇二一年五月

橋本恭子

解説

中山徹（大阪府立大学名誉教授・大阪市立大学都市研究プラザ特別研究員）

本書は、台湾のホームレスに関する日本で最初の書籍である。日本では、一部の報告書や研究論文を除き、台湾、特に台北市におけるホームレスの当事者の生活歴や支援策をとりあげたものは少なく、貴重である。

ここでは、本書を理解する上で必要と思われる台北市におけるホームレス支援策について、日本と比較しながら解説する。

日本における「ホームレス」の定義と支援策の概要

日本では一九九八年の金融危機・不良債権処理などによる不況で、ホームレスが大きな社会問題となった。それに伴い、九〇年代後半から、東京都、大阪市などの地方自治体では、ホームレスの数を数える概数調査と調査票による生活実態調査が実施された[1]。これら調査をもとにホームレスへの支援のための法律制定の動きが活発化した。その結果、二〇〇二年八月、「ホームレスの自立の支援等に関する特別措置法」（以下、ホームレス特措法）が成立、施行された。十年間を期限とするものであったが、二回延長され、二〇二七年までの法律となっている。

日本におけるホームレスの定義は、ホームレス特措法第二条で「都市公園、河川、道路、駅舎その他の施設を故なく起居の場所とし、日常生活を営んでいる者」と規定されている。この定義は、一般的に狭いと言われる。

日本では、現在、「ホームレス特措法」と生活保護制度に至る前段階の支援制度として創設された「生活困窮者自立支援法」が併存状態にあり、このことが、支援策の理解を難しくさせている。

整理すると、日本では、以下の三つのセーフティー・ネットが重層的に構築されている。

第一のセーフティー・ネット：社会保険制度（労働保険制度を含む）

第二のセーフティー・ネット：生活困窮者自立支援制度（ホームレス特措法の「ホームレス自立支援センター」や一部支援事業が一時生活支援事業として再編）、求職者支援制度（雇用保険が切れた者、雇用保険に加入できなかった者に対して職業訓練を実施し、訓練期間中に生活費等を支給する制度）

第三のセーフティー・ネット：生活保護制度

第二と第三のセーフティー・ネットの間に「ホームレス特措法」がある。

ホームレス特措法の特徴として、第一に「国の責務」と「自治体の責務」を明確にしたことがある。第二に、年に一度の概数調査と五年に一度の面接による生活実態調査が定められ、その結果を受けて国が支援の具体的な基本方針を作成することが挙げられる。同時に、地方自治体は実情に応じて実施計画を作成して具体的なホームレス支援を行う仕組みとなっている。支援団体がホームレス特措法の再延長を要望した理由は、この二つの特徴を重要と考えたためである。なお、後述するが、台湾では公的扶助の根拠法である社会救助法がホームレスについて言及しているが、ホームレスへの対応の責任を地方自治体に委ねるものであり、国の責任や国としてのホームレスの定義は明確にされていない。

次に、ホームレス特措法による支援を簡単に説明すると、巡回相談チームが野宿現場に出向き、彼らの希望・要望を聞き、状況に則した支援メニューを示すことが前提となっている。そして「働く能力があり、就労する意欲のあるホームレス」については、「ホームレス自立支援センター」に入所して、健康と生活のリズムをつくり、就労するための準備をする。「医療・生活保護等の福祉的支援を必要とするホームレス」に対しては、病院への入院や生活保護の申請・適用の支援を行うことになっている。

だが、ホームレスに対する生活保護の適用については、路上から生活保護の申請を受け付け、適用した自治体もあったが、少数であった（鹿児島市や北海道・旭川市が知られている）。長らくホームレスへの生活保護の適用については、住所がない、働ける年齢であるといった理由で、制限する運用をしていた。ホームレスが生活保護制度を利用しやすくなったのは、二〇〇〇年以降、特に〇八年のリーマン・ショック以降である。派遣切りで仕事と住まいを同時に失った働く能力のある労働者にも保護を適用するようになった。

そして、様々な複合的な問題を抱える生活困窮者が大きな問題としてクローズアップされるようになり、新たな生活困窮者への対応として登場したのが生活困窮者自立支援法である。

紙幅の都合上、生活困窮者自立支援法の詳細は省くが、住居のない人への支援としては一時生活支援事業がある。ホームレス特措法の緊急一時宿泊事業とホームレス自立支援センター事業は、この一時生活支援事業へと統合された。緊急一時宿泊事業は、かつてホテルや旅館の部屋を借り上げて利用することが可能となったことから全国的に拡大し、現在の一時生活支援事業の基礎となったものである。ホームレス支援団体の中には一時生活支援事業の担い手となった団体も多い。

これらの政策を展開した結果、ホームレス特措法第二条で規定するホームレスの数は、同法成立時点では全国で約二万五千人であったが、二〇二一年一月現在では、三八二四人と大幅に減少した。その理由としては、二〇〇〇年以降、特に〇八年以降、失業者の増加に伴って厚生労働省が通知を出し、ホームレスにとっても生活保護が利用しやすくなったことが大きい。それまでは六十五歳未満の稼働年齢層であること等を理由に生活保護を受けられない者が多かった。就労による自立を目指した「ホームレス自立支援センター」(「生活困窮者・ホームレス自立支援センター」に改称)も一定の役割を果たしているが、大都市のみの施策であり、退所者の中でも就労による自立は四〇%ほどである。実際には、日本では生活保護によって路上から脱したホームレスの方が多い。

台湾におけるホームレス支援の法的枠組み

台湾のホームレスへの支援策のあり方は、公的扶助制度の根拠法である「社会救助法」の第一七条で規定されている。

公的扶助制度は、「一般扶助主義」と「制限扶助主義」に大別される。「一般扶助主義」とは、貧困者に対する救済や扶助を行う場合、労働能力の有無や困窮の原因の如何等にかかわらず現に生活に困窮している状態にあれば、保護の対象となるという考え方をいう。これに対し、生活困窮の状態にあっても、その原因等について制限を設けて保護の対象としない考え方を「制限扶助主義」という。日本の公的扶助制度である生活保護制度は、その運用の実際は別として、「一般扶助主義」を採用している。一方、台湾の社会救助法は「制限扶助主義」を採っている。

ホームレス支援という観点から台湾における社会救助法の特徴を見てみる(2)。

第一に、現金給付を受けられる「低収入戸」(日本の生活保護受給者に該当する)として認められるには、まず申請先の自治体に戸籍がなければならない。本書の第一部や、第二部の張献忠《チャン・シエンチョン》氏とサマリア婦女協会の章でも、台北市や、高雄市に戸籍がないための苦労が語られている。「低収入戸」として認められれば効果的な支援となりうるが、台北市のホームレスの約七割は、台北市に戸籍がない。

日本の生活保護制度では、住所がなかったり不明だったりする場合、「現在地保護」を活用することが可能である。また、「住所設定」ができれば、住民票をそこにおかなくても生活保護の申請と受給は可能である。

第二に、社会救助法には「みなし」収入の規定がある。台湾では障がい者などを除く十六歳以上六十五歳未満の健康な者は、全くの無収入であっても、最低賃金額に基づき収入があるものとして計算される。この場合も「低収入戸」の認定は受けられない。

第三に親族扶養が義務付けられている。子ども、配偶者、あるいは親がいるために、たとえ縁が切れていても「低収入戸」として認められないケースは多い。

これらの規定があるため、「低収入戸」として認められることは容易ではない。そのため六十五歳未満で健康な者にとっては、就労が野宿を脱するほとんど唯一の手段であるが、継続して安定した仕事に就くことは容易ではない。生活保護によってホームレスの数が大幅に減少した日本と比べると、路上に留まらざるをえない構造がある。

次に、少し長いがホームレスへの対応の法的根拠である社会救助法第一七条を引用する。（台湾ではホームレスは法的には「遊民」となっている）

「警察機関は遊民を発見した際には、その他の法律の規程のある場合を除き、社会行政機関に連絡し、共同して処理し、また身元を明らかにし、社会救助施設に送って収容する。その身元の明らかになった者は、ただちに親族に連絡する」、「遊民の施設入所および指導の規定については、直轄市、県（市）の主管機関がこれを定める」、「遊民の施設入所および指導の機能強化のため、直轄市、県（市）を単位として、警察行政、衛生行政、社会行政、民政、法務および労働行政機関（部門）は、遊民の施設入所・指導体系を作り、定期的に遊民輔導連絡会議を開く」となっている。

このように中央政府はホームレスについて定義していない。また社会救助法が定めるホームレスへの対応は身元の調査、施設収容、親族への連絡などにとどまる。中央の内政部はホームレス支援における標準プロセスのモデルを示してはいるが、具体的な支援のあり方は自治体に委ねている[3]。

台北市におけるホームレスの定義と動向

台北市のホームレスに関する規定は、以前は「台北市遊民輔導辦法」であったが二〇一四年に「台北市遊民安置輔導自治条例」へと改訂され、ホームレスの定義は、「恒常的に公共の場所または一般の人々が出入りできる場所で寝泊まりする者」（同第2条）となり、「野宿場所への恒常性を示すもの」へと修正された。また「自治条例」に格上げされることにより、主な担当である社会局以外にも、各部局の役割や連携について明確化された。[4]

全国のホームレスの数は、健康・福祉省（衛生福利部）のデータでみると、二〇一八年末現在で二六〇三人であるが、おおよその数である。[5] ここ数年では、一六年末は二五五六人、一七年末は二五八五人である。日本と異なり、減少傾向にあるとは言えない。自治体別では、台北市が最多で二〇一七年末には六六九人であり、全国の約四分の一を占めている。周辺自治体の新北市で一七四人、桃園市で一九八人、台中市は二一九人である。ちなみに、台北市の二〇年の四半期毎のデータによると、一月～三月は五九一人、四月～六月は六五〇人、七月～九月は六四五人、十月～十二月は六一五人であり、約五〇〇～六〇〇人で推移している。

また、ホームレスの約八〇％は萬華区、中正区に集中している。萬華区は、本書でも詳しく紹介されている通り、台北市発展の基礎となった地域である。有名な龍山寺、清朝時代の町並みが残る剝皮寮歴史街区、近年リニューアルされた戦前の伝統的市場などの観光資源がある。また、戦前は物乞い等の救済に当たり、現在は高齢者福祉施設となった愛愛院や、戦前以来、貧困者の医療に貢献している仁済医院も同エリア内にある。

そして、龍山寺前にある艋舺《バンカ》公園とその周辺は、ホームレスの集中する地域でもある。後述する公的支援機関である台北市社会局の「ホームレス専門チーム」（萬華社会福祉センターの一部）、ホームレスの就労支援を担当する労働局の「萬華就業サービスステーション」（職業安定所）や多くの民間支援団体も集中している。芒草心《マンツァオシン》慈善協会も創設時から艋舺公園の近くに事務所を構えていた。張献忠氏が影響を受けたという基督教活水泉教会は、同地域の迷路のような路地の一角にあった。中正区には、地下街のある台北駅や図書館などがあり、ホームレスの集中エリアである。

台北市の「ホームレス生活状況調査」（二〇一六年）⑥で基本属性をみると、男性が約九〇%、約七〇%が五十〜六十九歳、七十歳以上は五・六%である。婚姻状況は、未婚が半分以上、約三二・四%が離婚している。子どもや兄弟等がいる者も多いが、関係はなくなっている。戸籍地については台北市が三三%、隣接市の新北市が約三〇%であり、残りは他県市となっている。そして、約七〇%が福祉サービスの受給資格がないという状況にある。利用できる制度は限られているのが現実であり、そのような状況下で効果的な支援を行うために行政のソーシャルワーカーや、民間支援団体が様々な支援の仕組みを作り出してきたとも言える。

台北市におけるホームレス支援策と支援団体

以下に台北市による支援の内容を整理する。⑦公的なホームレス支援の主な拠点としては、社会局の「萬華社会福祉センター」と労働局の「萬華就業サービスステーション」がある。

（1）中途の家

ホームレスの状況に応じて、短期収容施設である中途の家へ入所を薦めるサービスである。生活に支援が必要な人は「ホームレス収容センター」（八四床）へ、比較的健康で働ける人は公設民営の「廣安居」（第二部に書かれている「天主教聖女聖心会平安居」は一九年に運営を停止した）へ入居する。他にも複数の民間団体が補助金を受けて中途の家を運営している。

（2）食事等の日常的な生活支援やアウトリーチ

萬華社会福祉センターの五階にはホームレス専門チームが常駐しており、ホームレスが直接相談に訪れる。またアウトリーチも重要な業務である。寄付された衣類の提供や無料の弁当の配布を行う他、ホームレスが利用できるトイレ、シャワー室、洗濯機、相談窓口が整備されており、ホームレスの日常生活を支える様々なサービスを提供している。日本の公的機関ではほとんど見かけない施設である。

（3）医療支援

路上生活により様々な疾患を抱える者が多く、健康問題は重要な生活課題である。台北市では市立病院と連携し、定期的な健康診断や訪問診察を実施している。医療費については、ソーシャルワーカーによる判断の上、医療費の補助金等が支給されるなど、他市に比して手厚い医療支援がなされている。この医療支援は、張献忠氏による既存制度の活用が契機となった。

（4）就労支援

「仕事と生活の再建事業」（「街友工作暨生活重建方案」）は台北市独自のホームレス支援事業であり、中でも就労支援は重要である。

台北市労働局では、二〇〇〇年前半より働く能力のあるホームレスを「経済型遊民」と呼び、支援していた[8]。〇七年以降、予算面も含めた社会局との連携・協力体制の強化により、就職面接時や就業初期に必要な交通費・食費の補助金、就業後の家賃補助（最長六か月）などが支給されている。就労後のアフターフォローも行っている。「萬華就業サービスステーション」が支援の拠点である。

一方、労働市場への復帰が難しい中高齢者や施設入所者は、社会局が提供する福祉的就労によって収入を得ることができる。能力と状況に応じて公園や街頭清掃を行い、生活費や家賃補助が手当てされる。本書の第一部の王子がこの清掃の仕事をしている。この仕組みには地域の里長も協力しており、制限扶助主義に基づく制度から排除される人々を支援する役割は大きい。その意味で「補完的貧困政策」とでもいうべき事業である。

（5）居住支援

「中途の家」入所者を対象に、民間賃貸物件の紹介や契約手続き等、地域生活へ円滑に移行するための支援や、その後のアフターフォローが行われている。ホームレスは入居拒否されることも多く、ソーシャルワーカーによる家主への説得が行われる。また台湾では賃貸収入による所得を申告しないケースも多く、賃貸住宅市場の地下経済化は社会的弱者の居住に様々な問題をもたらしている。間仕切り部屋などの劣悪な住宅もホームレスの受け皿となっており、居住問題は深刻である。一方、低所得者向け公営住宅は少なく、単身者の入居は想定されていない。

（6）冬季などの緊急シェルターの開設

気温が一二度以下の時や台風の際には緊急シェルターが開設される。

（7）ホームレスの人権と地域住民との間の軋轢への対応

日本と同様、根強い偏見に基づく嫌がらせや地域住民との軋轢が発生している。ホームレスを排除するために市議会議員が公園での放水を命じる事件も発生した。

また、ホームレスの所有物が清掃業者等によって捨てられる事件が多発していたため、野宿場所が固定しているホームレスの多い台北駅や艋舺公園では、社会局、鉄道局、公園処が連携し、大きな専用袋に入っている荷物は捨てないという取り決めを作り、所持品の管理も行っている。これは、地域住民との摩擦をできるだけ少なくするためである。

次に民間による取り組みであるが、台北市には、多くの宗教団体をベースとした民間支援団体が萬華区を中心に存在しており、主な団体だけでも一〇団体に達する。本書にも多くの支援団体が登場し、支援団体間の協力ネットワークも構築されている。詳細については注を参照されたい[9]。また、宗教団体による無料健康診断や、寺院や廟による食事提供等もある。

台北市における民間団体のホームレス支援の特徴として、その多くが、宗教団体を背景にもっている。

本書に登場するホームレスも燈塔教会、人安基金会、キリスト教恩友センターなどの支援を受けている。また支援内容は食事や物資の提供、シャワー利用など、ホームレスの日常生活支援や市からの委託による「中途の家」の運営、そしてアウトリーチが中心である。

日本でも、ホームレス支援は自治体によって異なり、特に山谷、寿町、釜ヶ崎などの「日雇労働者市場」を抱える大都市では様々な取り組みがなされてきた。ただ、昼食と夕食の提供やトイレサービスといった路上生活を続けるためのきめ細かい支援は日本では少ないと思う。台北の支援のあり方は、路上から脱することが簡単でない台湾の状況と呼応していると思われる。一方ホームレス数が減少した日本では、民間団体による炊き出しなどは継続されているものの、支援の軸足は路上から脱するための支援やその後のアフターフォローに移ってきている。また、ホームレス支援団体も生活困窮者支援などより広範化する貧困問題に取り組むようになっている。

次に、台北市のホームレス支援の中で、芒草心慈善協会の支援活動をどのように捉えたらよいのか紹介する。

社団法人台湾芒草心慈善協会の支援活動の展開

本書を企画した社団法人台湾芒草心慈善協会は、設立経緯と事業展開からみて、民間支援団体の中でも極めて特徴的である。同協会は、いくつかの段階を経て発展してきた[10]。当初は、「ホームレス文化・政策に関する国際交流」を目的としていたが、地域の社会的弱者を視野に入れた「自立支援」プログラムと新しい「居住支援」の仕組みの担い手へと変貌しつつある。現在の理事長は張献忠氏、秘書長は李盈姿氏である。先に述べたように、日本における民間の支援団体の多くは、ホームレス支援だけでなく、生活困窮者自立支援制度の運営団体となっており、また地域での生活の安定を目的としてアフターフォローを自主的に実施している団体もある。芒草心慈善協会の目指すものとも共通点があると言える。なお、台湾での出版当時の支援活動の経緯と内容については、第二部で許哲韡《シーチェーウェイ》氏が詳しく述べている。

日本では、一九九〇年代後半から、ホームレスが大きな社会問題となった。また二〇〇〇年代初頭には英国、フランス、ドイツ、アメリカや台湾、香港、韓国といった東アジアにおいても、大きな社会問題となっていることが判明してきた[11]。そこで、大阪市・大阪府のホームレス調査研究に関わる専門領域の異なる研究者たちが、欧米のホームレスだけでなく、東アジア（台湾、韓国、香港）のホームレスの実状、民間支援団体の活動、支援の仕組み等に着目し、海外現地調査（支援団体や行政への聞き取り調査と支援現場視察等）を開始した[12]。筆者もこの調査研究チームに参画し、大阪市や大阪府等のホームレス調査や、欧米のホームレスに関しては英国班として加わった。

台湾での調査は、台北市社会局のホームレス専任ソーシャルワーカーであった楊運生《ヤン・ユンシェン》氏[13]や張献忠氏による積極的な受け入れにより可能となった。

その後、大阪市立大都市研究プラザの台北サブセンター構想の下、すでに萬華社会福祉センターを離れていた楊運生氏等に受け入れ団体設立の可能性を打診し、楊運生氏や張献忠氏を中心に台湾各地でホームレス支援に従事するソーシャルワーカー等が組織化され、二〇一一年に社団法人台湾芒草心慈善協会が設立された。当初の主な活動内容は、「ホームレス文化・政策に関する国際交流」であった。萬華区の古いアパートの二階の一室に事務所が設けられ、その後、台湾大学等の研究者や若いスタッフが参画するようになった。

その後、芒草心慈善協会は当事者への直接支援を行うようになり、萬華区の艋舺公園近くの三階建ての物件一棟を借り上げ、「三水楼」（一階部分事務室、共有スペース、キッチン等、二〜三階居住空間、定員一〇名）を立ち上げた。後には拠点と定員も増えた。

一四年からは支援活動を「無家者自立支援策」と再設定し、新しい支援プログラムを始めている[14]。第一は、ホームレス当事者による「街歩き」事業である。彼らがかつて生活していた場所等を案内し、その時の諸事情等を説明しながら萬華区周辺を案内する事業である。複数の当事者によるコースが用意されており、参加費からガイドへの報酬が支払われる。筆者も他の研究者と一緒に、若者で賑わう「西門」地域周辺の「街歩き」に参加したことがある。日本でも大阪市・釜ヶ崎地域で、フィールドワークが行われているが、当事者による説明はプログラムのあくまで一部でしかない。

第二は、就業支援策として「起業工作室」を創設したことである。ホームレスの中から建物修繕・内装等の熟練者を組織化し、社会的弱者の住まいの修繕などを対象とした仕事づくりのプログラムである。

第三は「ホームレス生活体験」プログラムである。若者を対象に、事前に炊き出し等の情報を伝えた上で、実際に二日ほど萬華区周辺で路上生活を経験してもらうプログラムである。日本で実際に数日路上生活を経験するというプログラムはないと思われる。

その後「三水楼」を閉鎖し、移転を経て現在の事務所は雅江街にある。そして、ホームレスを主たる対象としつつ、萬華区等の社会的弱者にまで対象を広げ、就労支援と居住支援を通した当事者の自立を図るプログラムや地域住民等への啓発活動等を展開し、他のホームレス支援団体より広い視野に立った活動の方向性を目指すことになった。芒草心慈善協会の活動プログラムの柱である「自立支援」、「OPENDOOR」の具体的メニューにそれが端的に示されている。「自立支援」は当事者への実際的な支援とエンパワーメントであり、「OPENDOOR」はホームレスを取り巻く社会への働きかけを目的としている。特に「OPENDOOR」は彼らが日々の業務で偏見にぶつかって来た経験に基づいた取り組みであり、「街歩き」「ホームレス生活体験」などが含まれる。

一時的な居住施設である「中途の家」は、これまで民間の家主から物件を借り上げ、主に市からの補助金によって運営されてきた。脱ホームレス支援策としての居住支援が脆弱な台北市において、その果たす役割は重要である。現在、龍山寺の隣など三か所の拠点を運営している。なお、うち一つは女性専用で、企業より支援を受けている。

また、低所得者向け公共住宅の絶対的不足の中で、民間賃貸市場では安い賃貸住宅の環境の劣悪さや、賃貸住宅市場の地下経済化といった問題が指摘されてきた。芒草心慈善協会は、台北市の「中途の家」の役割を担う一方、社会的な弱者への居住支援を行う「崔媽媽基金会」との協力のもと、公営住宅政策(「社会住宅政策」)として始まった「借上・管理システム」(「包租・代管」)を利用した支援[15]にも取り組んでおり、台北市の居住支援の一翼を担いつつある。

最後に、台北市のホームレス支援から、あるいは本書から得られる知見について触れたい。

第一に、台北市のホームレス支援策は「ホームレス専門チーム」が担っており、その身分は嘱託ではあるが公務員であり、支援策の実施に権限をもっているということである。このような専任チームを持っているのは、台湾でも台北市だけだと思う。日本でも、行政にホームレス支援、生活困窮者支援に熱心な「キーパーソン」はいる。しかし、野宿の現場で直接支援を担う行政のチームは日本にはない。一方、台北市は、社会局だけでなく労働局もホームレス専門のチームがある。このようなチームを、日本のホームレス支援や一時生活支援事業での支援の担い手として導入することは(その業務量や処遇、人材確保など)難しいものの、これに近いチームの可能性についてのヒントになると考える。

第二に、現場のソーシャルワーカーによる取り組みが積極的に行われていることである。戸籍地や六十五歳未満であるなどの理由で社会救助法の「低収入戸」として認められないホームレスが多い中、既存の制度を創造的に活用するしくみを作り出す等、ソーシャルワークの原点ともいうべき支援活動が行われていることは、極めて重要である。台北市独自の「仕事と生活の再建事業」は、現場のソーシャルワーカーの創意工夫の結果生まれた事業と考えている。以前、桃園市にホームレス担当のソーシャルワーカーを訪問した際、「ホームレス支援の制度や仕組みがなければ「つくる」のが、我々の仕事です。

大学のソーシャルワークの授業で習うでしょう?」と語っていたのが印象的だった。

第三に、本書の第二部の楊運生の章に書かれているホームレス支援方法としてのホームレス向けの新聞「台北平安報」の発行やホームレスをテーマにした漫画、それを活用したマグカップ作りなどは、日本との経験交流がヒントとなったものであり、国際交流の大切さを示している。楊運生氏も触れているが、二〇一一年より始まった日本、台湾、香港、韓国の研究者と実践家による「東アジア包摂型都市ネットワークの構築に向けた国際ワークショップ」は、東アジアでのホームレス調査を通じて作られたネットワークがきっかけで生まれたものである。それぞれの経験や問題を共有、共感する貴重な機会となっている。

社会資源の選択肢が日本より少ないという制度的制約の中での創造的活動について、これからも私たちが経験の交流を通じて学んでいくことは重要である。

二〇一一年五月現在の状況について述べたい。新型コロナウィルスの抑え込みに成功してきた台湾でも感染が拡大し、萬華区ではクラスターが発生し、支援者たちはホームレスが感染拡大のスケープゴートにされることを恐れている。ホームレスへの食事提供も止まるなか、芒草心協会ではスタッフが夜の野宿場所を回り、防護服を着て食料やマスク、消毒液等を配っている。感染対策であるのはもちろんだが、装備が厳重なのは世間に「感染防止の破れ目」と非難されないためでもある。他にも社会的弱者を支えてきた行政、民間のネットワークが積極的に行動しているという。日本でも台湾でも、非常時にこそ、支援者たちの経験に裏打ちされた強さ、明るさ、そして創造性が如何なく発揮される。そのことを改めて感じている。

注

（1）日本のホームレス特措法とホームレス支援策やホームレス概数調査や生活実態調査については、厚生労働省の以下のサイトが役立つ。　https://www.mhlw.go.jp/stf/seisakunitsuite/bunya/hukushi_kaigo/seikatsuhogo/homeless/index.html

（2）中山徹・山田理絵子「台湾における社会救助法と遊民支援策」（『社会問題研究』六三巻、二〇一四年三月）を参照されたい。

（3）中山徹・山田理絵子「台北における遊民支援の制度的枠組みと補完的生活支援」（『社会問題研究』六二巻、二〇一三年三月）四三～五二頁。

　また、山田理絵子『人間社会学研究科社会福祉学専攻修士論文　台湾におけるホームレス（遊民）の形成と支援資源に関する考察――台北市を事例として』（未刊行）、二〇一六年七月二十日、がある。同修士論文は、台北市の五七人のホームレスに対する生活歴等の聞き取り調査を踏まえ台北市のホームレスの実態に迫った数少ない論文である。

（4）「台北市遊民安置輔導自治条例」については、中山徹「『不安定居住者』に対する居住保障の模索――台北市を事例に」（URP『先端的都市研究』シリーズ2、二〇一五年三月）一八～二二頁。

（5）台湾のホームレス数の推移については、台湾衛生・福祉省の一九九一年以降の暦年毎と自治体別のデータがある。

https://dep.mohw.gov.tw/dos/cp-1721-9439-113.html

　台北市のホームレス数の四半期毎のデータは、台北市社会局で公表されている。

https://dosw.gov.taipei/cp.aspx?n=B6EEFA7AD812EE02

（6）台北市では、日本と異なり定期的にホームレスの生活実態調査を実施していない。最も新しい調査結果は、「ホームレス生活状況調査」（二〇一四年）である。社会局のホームレス専門チームによる実態調査も実施されているが、公表されていない。

（7）台北市のホームレス支援策の概要は、台北市社会局の以下のサイトでみることができる。

　台北市社会局ホームレスサービス内容

https://dosw.gov.taipei/News.aspx?n=BF0AA04F04D0B3ED&sms=B7C63CB6D029BC9D

　また、台北市のホームレス支援については、右記の中山・山田論文の他に、中山徹「台北における遊民支援施策研究の意義について」（『地域福祉研究センター年報』二〇一三年三月）九～一一頁。張献忠「台北市における不安定居住者問題と非営利組織」（『地域福祉研究センター年報』二〇一三年三月）一一～一三頁。張献忠「台北市における遊民職業・生活再建及び社会救助」（『地域福祉研究センター年報』二〇一三年三月）一三～一六頁を参照されたい。

（8） 社会局と連携している労働局のホームレス支援の経緯と現状については、中山徹・山田理絵子「台湾におけるいわゆる『経済型』遊民に対する就労支援——台北市を事例に」（『地域福祉研究センター年報』4、二〇一五年三月）を参照されたい。

（9） 台北市には多くの宗教団体をベースとした民間支援団体が萬華区を中心に存在しており、主な団体だけでも十団体に達する。

1．社団法人中華民國恩友愛心協会　2．財団法人昌盛教育基金会（「中途の家」・アウトリーチ）　3．社団法人台湾芒草心慈善協会（国際交流から「中途の家」の運営、さらに自立支援に転換）　4．財団法人人安社会福利慈善事業基金会（萬華区で「平安ステーション」を運営）　5．財団法人基督教救世軍（シャワー・食事提供、アウトリーチ等）　6．当代漂白協会（ホームレスの権利主張等）　7．基督教活水泉協会（シャワー、食事、医療支援、アウトリーチ等）　8．台湾愛鄰コミュニティ　9．ビッグイシュー台湾（当事者本人の収入となる雑誌販売）　10．基督教艋舺燈塔教会（食事の提供）である。

（10） 社団法人台湾芒草心慈善協会の支援活動については、中山徹「一般社団法人台湾芒草心慈善協会の事業展開と特徴」（「第二回先端的都市研究拠点国際実践セミナー報告書」大阪市立大学　都市研究プラザ、二〇一八年）二四～二五頁、蕭閎偉・城所哲夫・瀬田史彦「台北市龍山寺地区における住民と地域の自立の関係性を実現するまちづくり：社団法人台湾芒草心慈善協会（Homeless Taiwan）の活動による効果に着目して」（「都市計画論文集52」（3）二〇一七年）五六〇～五六七頁を参照されたい。

（11） 欧米のホームレスの実状と支援政策については、『欧米のホームレス問題（上）』（小玉徹・中村健吾・都留民子・平川茂編著、法律文化社、二〇〇三年）、『欧米のホームレス問題（下）』（中村健吾・中山徹・岡本祥浩・都留民子・平川茂編著、法律文化社、二〇〇四年）を参照されたい。

（12） 東アジアのホームレス支援については、水内俊雄ほか「ソウル・香港・台北におけるホームレス支援施策の現状」上・中・下（『季刊 Shelter-less』二〇〇四年）二三号：八七～一一九頁、二四号：一六三～二〇〇頁、二五号：一七一～二一四頁を参照されたい。

（13） 本書の第二部に登場する楊運生氏は、台北市社会局の最初のホームレス専門ソーシャル・ワーカーであり、ブログで情報発信を行っていた。それを邦訳するとともに、台北市におけるホームレス支援の日本における研究を整理したものとして、楊運生・蕭閎偉「台北市におけるホームレス支援のユニークな取り組みとその顛末——台北市の前「社会福利工作員」楊運生氏のブログより」（『空間・社会・地理思想』二二号、二〇一九年）一〇五～一二四頁が参考になる。

（14） 現在の社団法人台湾芒草心慈善協会のホームレス等の支援活動については、ホームページでみることができる。
社団法人台湾芒草心慈善協会 Homeless Taiwan　https://www.homelesstaiwan.org

（15） 財団法人崔媽媽基金会の「借上・管理システム」については、十分紹介されていない現状にある。
財団法人崔媽媽基金会のサイト　https://rent.tmm.org.tw

参考文献

大阪市立大学都市研究プラザの「東アジア包摂型都市ネットワークの構築に向けた国際ワークショップ」が日本語で読めるため、ＵＲＰのレポートシリーズのサイトを紹介しておきたい。

https://www.ur-plaza.osaka-cu.ac.jp/publications-and-archives/report-series

本書の有用サイト

台北市のホームレスの仕事や住居などのイメージは、本書第四部の写真で知ることができる。また、楊運生氏が撮影した動画があるので、以下、YouTube のサイトを紹介しておく。字幕がついていないが、ホーレスの仕事の一つである「陣頭」の風景や「中途の家」の状況など、イメージを摑むことができる。

・ホームレスの食事の風景　https://youtu.be/D2vJdwkWXNo
・ホームレスの住居（大阪市・釜ヶ崎のシェルターへの入所券配布のシーンが少し写っている）　https://youtu.be/4s068_4EXRE
・ホームレスの仕事の一つ「紅陣頭」　https://youtu.be/WcvnqY8xg3g
・ホームレスの仕事の一つ「黒陣頭」　https://youtu.be/aagC5DUiI7w
・ホームレスの「中途の家」の中の状況（財団法人昌盛教育基金会運営「中途の家」）　https://youtu.be/rk3lqIO-qYs

装幀：天野昌樹
カバー写真：林璟瑋
本文写真：林璟瑋、楊運生

［訳者略歴］
橋本恭子（はしもと・きょうこ）
一橋大学言語社会研究科博士課程修了。博士（学術）
日本社会事業大学、津田塾大学、東洋大学、横浜創英大学、駒澤大学非常勤講師。
著書に『「華麗島文学志」とその時代――比較文学者島田謹二の台湾体験』（三元社）、『島田謹二――華麗島文學的體驗與解讀』（涂翠花・李文卿訳、台湾大学出版中心）、共著に『思想・文化空間としての日韓関係　東アジアの中で考える』（佐野正人編著、明石書店）、訳書に『フェイクタイワン　偽りの台湾人から偽りのグローバリゼーションへ』（張小虹著、東方書店）がある。

私がホームレスだったころ
――台湾のソーシャルワーカーが支える未来への一歩

2021年6月15日　印刷
2021年7月10日　発行

著者　李玫萱《リー・ウェンシュエン》
企画　台湾芒草心《マンツァオシン》慈善協会
訳者　© 橋本恭子
発行者　及川直志
発行所　株式会社白水社
〒101-0052
東京都千代田区神田小川町3-24
電話　営業部　03-3291-7811
　　　編集部　03-3291-7821
振替　00190-5-33228
www.hakusuisha.co.jp
印刷所　株式会社三陽社
製本所　誠製本株式会社

乱丁・落丁本は，送料小社負担にてお取り替えいたします．
ISBN978-4-560-09793-9
Printed in Japan

台湾海峡一九四九

龍應台　天野健太郎 訳

時代に翻弄され、痛みを抱えながら暮らしてきた「外省人」と台湾人。〝敗北者たち〟の声に真摯に耳を傾け、一九四九年を見つめ直す。

彭明敏

蔣介石と闘った台湾人

近藤伸二

李登輝と同時代を生き、民主化運動のシンボルと言われた人物の波瀾万丈の人生を貴重な証言と史料で再現したノンフィクション。

我的日本

台湾作家が旅した日本

呉佩珍、白水紀子、山口守 編訳

甘耀明、呉明益、王聡威ら気鋭の台湾作家一八名は日本に何を見たのか。日本文化への考察から東日本大震災の体験まで。東山彰良氏推薦。

房思琪《ファン・スーチー》の初恋の楽園

◆林 奕含　泉 京鹿 訳

房思琪は高級マンションに住む十三歳の文学好きな美少女。憧れていた国語教師から性的虐待を受ける関係に陥り……。台湾社会の闇を抉る衝撃作。

海峡を渡る幽霊　李昂短篇集

◆李 昂　藤井省三 訳

寂れゆく港町に生きる女性、幽霊となり故郷を見守る先住民の女性など、女性の視点から台湾の近代化と社会の問題を描く短篇集。中島京子氏推薦。

冬将軍が来た夏

◆甘 耀明　白水紀子 訳

レイプ事件で深く傷ついた私のもとに、突然あらわれた終活中の祖母と五人の老女。台中を舞台に繰り広げられる、ひと夏の愛と再生の物語。解説＝高樹のぶ子

グラウンド・ゼロ　台湾第四原発事故

◆伊 格言　倉本知明 訳

台北近郊の第四原発が原因不明のメルトダウンを起こした。生き残った第四原発のエンジニアの記憶の断片には次期総統候補者の影が……。大森望氏推薦。